宁夏固原博物馆◎编

固原历代碑刻选编

GUYUAN LIDAI BEIKE XUANBIAN

黄河出版传媒集团
宁夏人民出版社

# 编辑委员会

# 前　言

韩　彬（宁夏固原博物馆党支部书记　副馆长）

　　我馆继 2008 年宁夏回族自治区成立 50 周年之际《固原铜镜》出版之后，2009 年经专业人员共同努力编辑的《固原历代碑刻选编》在中华人民共和国成立 60 周年之时又要付梓出版了，备感欣慰。我想在这里为本馆专业人员以及全馆职工写几句话，对他们多年来为固原乃至宁夏文博事业所做的辛勤工作鼓鼓劲。

　　碑刻是我国历史文化遗产中的重要组成部分和重要载体，包括碑、建筑刻石、摩崖刻石、墓志等，是以雕刻为表现手段的造型艺术，是综合雕刻、书法、文学、历史，集实用性、观赏性、文献性于一体的艺术作品。在中华民族的历史上，碑刻是一座丰硕的文化宝藏。无论是帝王将相歌功颂德的碑记，还是政府要事的勒石，或是芸芸众生的墓志铭，都记下了民族的兴衰和历史的沧桑，也反映了区域社会历史的变迁和普通民众的社会生活。

　　愚以为碑刻资料至少有如下三个作用。

　　第一，碑刻资料既反映国家制度与政治变动，也反映区域社会历史和民间生活，特别是老百姓的生活。碑刻资料既有对历朝重大政治、经济、军事、宗教、文化等活动的记载，也有对地方重要人物和重要事件的描述，而更多的则是正史和地方史无法也不愿记载的，它们大多不是名家手迹，记载的多是民间生活，描绘了一幅幅普通老百姓的生活画面。

　　第二，碑刻资料可纠史书之谬误，补载籍之缺佚。宋人赵明诚《金石录序》说："史牒出于后人之手，不能无失；而刻辞当时所立，可信不疑。"诚然，碑铭为时人所作，必然可信。碑刻资料是传世文献之外的史书、民间的历史档案馆，具体、详备而真实地记载了当时的历史事实，成为补史证史的第一手资料，弥足珍贵。

　　第三，碑刻资料也反映了中国书法演变发展的前进足迹。从先秦的《石鼓文》大篆，到秦代的《泰山刻石碑》小篆；从汉代《乙瑛碑》《曹全碑》《张迁碑》的隶书，中经晋《爨宝子碑》隶楷间书体、北朝《郑文公碑》的魏碑体，至隋代《龙藏寺碑》，唐代《九成宫碑》《多宝塔碑》《玄秘塔碑》等诸碑的楷书，可清晰看到我国文字、书体的演变和发展历程。

正由于此，各地搜集、整理碑刻资料蔚然成风，以使碑刻继续"垂名迹于不朽"。

《固原历代碑刻选编》就是对固原境内现藏历代碑刻的搜集、整理与汇编。

固原，有着悠久的历史和丰厚的文化积淀，更有着两千多年的文明史，厚重的历史在这片热土上绽放着璀璨的光芒。《诗经·小雅·六月》以诗的形式叙述了周宣王时大原发生的一场战争，大原即今日的固原，随后这里便纳入了周的版图。蜿蜒起伏的战国秦长城、汉代的重要关隘——萧关、丝绸之路上中西文化交流的辉煌遗迹——须弥山石窟等近 20 座大大小小的石窟寺、宋夏之间著名的战役——好水川古战场、一代天骄成吉思汗的避暑圣地——六盘山凉殿峡、元开城安西王府遗址、始筑于汉代的高平第一城暨明代修筑的闻名遐迩的砖包城——固原古城墙、清代的文澜阁等等，它们都是固原悠久历史的佐证。固原，文物古迹众多、名胜星罗棋布，1981 年发掘的北魏墓，出土的漆棺画、波斯银币；1983 年发掘的北周李贤墓，出土的波斯萨珊王朝的镏金银壶、凸钉装饰玻璃碗震惊中外；随后在固原南郊隋唐墓地上发掘的一批"昭武九姓"之一的史姓粟特人贵族墓葬，更是让国内外考古学界刮目相看。一件件历史文物的传承、收藏与整理，一座座古代墓葬的发现、发掘与保护，使固原这座西北历史文化名城焕发出了昔日的荣光。在固原博物馆灿烂夺目的馆藏文物中，有一合合或高大或矮小、或圆或方的刻有文字的石碑，它承载的文字不仅具有书法艺术性，它书写的内容更有很高的文献价值，这就是历代碑刻。

固原历代碑刻地方特色鲜明，具有一定的文献学意义和研究价值，特别是墓志在其中占居主导地位。随着地方历史、地理研究的不断深入，碑刻的史料价值也日益凸现，为了便于学界检阅研究，我们组织馆内专业人员，从固原市五县（区）文博单位现存的碑刻中，经过重新搜集、整理，以图文并茂的形式，汇编集成《固原历代碑刻选编》一书，使文物及文史研究者对固原的古代碑刻有一个较为全面、系统的了解和掌握，同时也为后人留下了一份可供参阅的文史资料，我们也算做了一件有意义的工作。

《固原历代碑刻选编》将固原现存历代碑刻作了系统整理，力求全面反映固原地区的碑刻全貌，并从他地编著的碑刻中总结教训，不作零敲碎打，而要努力编集成一本大型的、从古代到近代的碑刻集。全方位地搜罗，既重视前人文献中的碑刻记载和已成拓片的成果，更注重新资料的补充和发掘。除按时代顺序对固原各个时期文物考古和碑刻简略叙述介绍外，重点选录了上迄前秦建元十六年（380年），下至民国二十八年（1939年），时间跨度1 600多年的80帧重要碑记资料。书中碑刻主要是历代政治、军事人物的墓志、墓碑和一些形胜古迹如筑城修路、立寺建庙落成或竣工时的碑记，这些碑刻都程度不同地包含有当时那个朝代的大量信息，对于我们今天研究历朝历代固原当地的政治、经济、文化、军事、社会等各个方面的情况都具有很高的文献参考价值。其中代表性的碑刻有北周柱国大将军、大都督、原州刺史李贤墓志，北周柱国大将军、大都督、原州刺史田弘墓志，隋正议大夫、右领军、骠骑将军史勿射墓志，唐平凉郡都尉、骠骑将军史索岩墓志等。除了史书记载和考古发现外，境内还有许多有一定价值的碑刻，如宋代靖康铁钟铭文，元代开城墓地及碑刻，清代《重修固原州城碑记》以及由晚清著名学者吴大澂书写的《三关口修路碑》等。这些碑刻文字优美、内容丰富，有的还配以精美的雕饰图案，兼具学术研究性和书法艺术性，它们都是我国文化遗产中的瑰宝。把这些宝贵的碑刻集成一册、付诸出版是我们文博人义不容辞的责任，也是我们继承发扬、推陈出新祖国优秀文化的一个有益尝试。

《固原历代碑刻选编》亦为固原区域史、文化史的研究提供了珍贵的史料，在学术研究领域起到了存学、励学的作用。《固原历代碑刻选编》把两千余年来固原历史文化碑刻资料公之于世，是为社会做了一件大好事，具有开创性，使固原碑刻超出了少数人的范围而被广大的研究者所知。学者们如果探赜索隐，认真研读，定会补正史和方志之不足而大有收益。《固原历代碑刻选编》的出版，不但是对前人的尊重，也是对后人的奉献。我相信随着碑刻材料的公布，将会有更多的研究成果不断推出。

本书在整理、汇编过程中，倾注了工作人员的大量心血，由于专业性较强，对每一帧碑刻都需要认真核对、校勘，以避免不必要的谬误，参与工作的每一个同志都能恪尽职守、一丝不苟，敬业精神令人感佩，在此，我谨向他们表示衷心的感谢。我们的整理、汇编工作因为时间紧张和经验不足，一定还有不少缺点甚至错误，期望能够得到学界有关专家和读者朋友们的批评指正。

2009年9月

# 序　一

陶雨芳（宁夏文化厅副厅长）

碑刻被称为"民间的历史档案馆"，是补史证史的第一手资料，具有珍贵的史料价值。但由于碑刻的特殊性，保护起来十分困难。有学者提出了保护碑刻的四条基本原则：原地保护为最佳；集中管理为其次；搜集整理为必需；依旧立新为创举。在无法原地保护的情况下，集中起来管理保护是较好的方法，而搜集整理历代碑刻并将其编撰成册则是碑刻保护的一项必须的工作。

固原有悠久的历史和丰厚的文化积淀，境内四县一区存有大量有一定价值的历代碑刻。有些重要碑刻已得到了较好的保护，有的则长期暴露在风雨侵蚀之中，日渐风化剥落，也有的人为破坏严重。而且这些碑刻散布于各地，找寻起来比较困难，也不便于人们查阅、研究和利用。固原博物馆和各县区文物管理部门长期以来致力于碑刻的收集和保护，将它们集中起来统一管理，取得了较好的成绩。在此基础上，固原博物馆的同志们将各县区的重要碑刻集中收录起来并编撰成书，这样既能长久有效地保存这些碑刻的档案资料，使之能得以传承久远，又为碑刻研究者和爱好者们提供了便利的条件。从这个意义上说，《固原历代碑刻选编》的出版，做了一件功在千秋、利在当代的大好事。

《固原历代碑刻选编》选录了自前秦建元十六年（380 年）至 1939 年一千多年间 80 篇重要碑记资料，内容较为丰富，承载着大量信息，涉及固原历史沿革、建制变迁、交通建设、文化教育、民情风俗、名胜古迹、历史人物等各个方面。透过这些碑文记载，可窥见固原历史风貌之一斑。

《固原历代碑刻选编》有三个特色。

其一，材料收集全面。碑刻文献材料的零星、散碎，不易获得，一直是制约对其进行研究与利用的瓶颈。本书编者通过多种渠道，全面搜集前秦以来固原各个时期的碑刻，包括已公布的所有图版，亦有部分属于首次刊布。除固原四县一区的碑刻外，曾是固原辖区的海原县部分碑刻，甚至青铜峡等地有关固原籍名人董福祥的碑刻也一并收录，以体现其全面性。

其二，体例科学严谨。该书借鉴了其他地方编著碑刻的经验，吸收了已有的编撰成果。著录的所有碑刻，一律按朝代先后排列。同一朝代者，则以刻碑年代为序。碑刻本身虽无具体年月提示，而根据内容可考知者，放到相应的年代。所有无具体年月者，放在同一朝代相应的碑刻之后。书前有图版目录，检索极为方便。

所收碑铭以繁体录文，对碑铭中的异体字、古体字、假借字、俗讹字等依样照录，以保持原貌；原刻中的衍文、脱文、倒文等能考辨者——改正，不能考辨者均保持原貌，未予改正。对残损严重，文字无法缀读成句的碑刻，依残存现状录文，不作断句。碑刻录文与原碑照片或拓片图版放在一处，同时刊出，便于比勘复核。每一种碑刻都在碑铭正文之前注明主要资料来源，并扼要介绍碑刻的质地、形制、尺寸、书体等。这对于"考镜源流，辨章学术"，意义重大。

其三，地域特色鲜明。《固原历代碑刻》地域特色鲜明，全面展示了固原千余年的历史文化，收录了大量记录政治、经济、教育、宗族、社会等各方面情况的碑刻。如前秦梁阿广墓志，不仅是宁夏境内发现最早的墓志，也是目前全国发现较早的墓志之一，对于确定此一时期的固原历史状况提供了宝贵的实物资料，具有重要的研究价值。固原南郊隋唐墓地出土的"昭武九姓"之一的史姓家族墓志对于确定主人身份意义重大，是我国首次发现的唐代粟特人墓地，对于我们了解固原在魏晋隋唐时期丝绸之路上的地位具有重要的学术价值。重修朝那湫龙神庙碑对于了解元代固原开成州政治、军事、经济、宗教等具有重要意义。其他如墓地契约碑、地券碑、讲经碑、功德记碑、地震碑、修城碑、修路碑等对于了解固原历史文化均有重要的史料价值。

谨以为序。

2009 年 9 月

# 序 二

钟 侃（宁夏博物馆原馆长 研究员）

　　缘于我从事的职业，自上世纪 60 年代初期起，我便遍访宁夏固原各地。乡绅耆老向我提供的大量文物信息中，就有许多碑刻、墓志的线索。查《嘉靖固原州志》和《万历固原州志》所录碑文，也见《重修朝那湫龙神庙记》《干盐池碑记》等近四十通，文字虽存，但碑石则不知下落何处。由于那个年代文物保护的意识不强，许多墓志、碑刻流失、残毁，以致现在保存下来的墓志、碑刻为数甚少。宁夏固原博物馆历尽艰辛，广泛搜集整理，将固原各县（区）至今保存下来的墓志、碑刻汇编成册，付梓出版，既可将这些墓志、碑刻保存于久远，又可使其为社会各方面所便于使用，此举善莫大焉。

　　碑刻墓志，除个别例外，大多为当时之人刻于石质之上的文字，其内容或是刻石记事、歌功颂德；或是记录死者生平事迹、埋葬时间地点，以防陵谷变迁、后世无所稽考。由于碑志是有文字的文物，"刻辞乃当时所立，可信不疑"（见赵明诚《金石录序》），"史牒出于后人之手，不能无失"，历史记载典籍尽管多可充栋，但大多"出于秉笔者私意，或失其实"，"以金石刻考之，其抵牾十常三四"（见赵明诚《金石录序》）。正是由于墓志、碑刻、铜器铭文较之其他历史文物可信性更高这一特点，自宋、元以来得到了学者的广泛重视，从而形成了金石学研究这一专门独立的学问，著作颇丰。举其要者，如宋欧阳修《集古录》，赵明诚《金石录》，郑樵《金石略》；明代赵山崡《石墨镌华》；清代顾炎武《金石文字记》，孙星衍等《寰宇访碑录》，赵之谦《补寰宇访碑录》等，极大地推动了经学、史学的发展。中华人民共和国成立以后，随着文物博物馆事业的发展，墓志、碑刻和新的著录更是不断涌现。

　　宁夏固原，地近周、秦、汉、唐中心陕西，历史底蕴深厚。仅就墓志、碑刻而言，也为宁夏其他各地难望其项背。闻名遐迩的诅楚文石刻，宋代发现于固原东南湫渊而之后不知其下落，但郭沫若氏据其拓片，考定为公元前 3 世纪时物。北周庾信撰写的《周柱国大将军纥干弘神道碑》，行文华丽，为后世竞相模范。蒙元廉希宪撰就的命汪良臣平六盘碑，是元初统治者内部政治斗争腥风血雨的写照。这些曾经于固原地区存在的碑刻失之于永远，令人唏嘘长叹！

使人感到欣慰的是，宁夏固原博物馆诸位同仁在鉴于往昔，弥补于未来，将固原地区现存的墓志、碑刻 80 余方（件）汇集整理，使其不再遭致损毁流失之命运，诚然是一件保护珍贵文化遗产之善举。这 80 余方的墓志、碑刻中，早者有前秦建元十六年（380 年）兴晋王梁阿广之"墓表"者似曾未见，足见其珍贵。新出北周柱国大将军田弘墓志，与前述已失原碑的瘐信所撰《周柱国大将军纥干弘神道碑》文对照阅读，再一次感受瘐信文章之华美。新出隋、唐粟特后裔史氏家族之多方墓志，集我国"昭武九姓"墓志之大成，其他各地无出其右。宋元祐六年（1091 年）董怀睿墓志所述"国朝元丰四年，兴师灵武。每率军须，未闻少有难色"，考之《宋史》，宋元丰四年（1081 年）北宋五路大军进讨西夏的壮观场景得以再现。元元统三年（1335 年）重修朝那湫龙神庙碑，"开城州东北距三十五里，有湫曰朝那……考之传记，春秋时秦人诅楚之文，投是湫也"等文字，是使妄说者蒙羞。北魏景明三年（502 年）贠标墓志、清光绪元年擅长金石学的吴大澂《三关口修路碑记》等，文字之精美，是以使当今书法家高山仰止。仔细检阅，有重大价值者，当不下以上所举区区几例。

墓志、碑刻之价值表现，并不在其鸿篇巨制。寥寥数字，只语片言，于史于事，亦弥足珍贵。以此视之，须弥山石窟内的"大中三年""绍圣四年三月二十三日收复陇干姚雄"等题刻和新获的朝那湫碑残片，未能收入此书。或许编者出于时间匆促未能顾及，或许疏漏所致，都应该说是美中不足。但就总的而言，仍瑕不掩瑜，只是出于更为完美的希望和企求而已。

2009 年 9 月

# 目 录

# 固原文物考古与碑刻述略

冯国富（研究馆员）

　　古代的固原不仅是西北边陲军事要塞之地，拱卫着汉、唐古都长安，更是丝绸之路东段北道上东西方经济文化交流的重要驿站。它自古以来就是边陲之要冲，塞上之咽喉，历代兵家必争之地。悠久的历史，孕育了古原州灿烂的文化，历代文人墨客都在这里留下了脍炙人口的碑刻诗篇。

　　本文就20世纪70年代以来，固原文物考古暨出土碑刻以及各县文博单位收藏的前秦（十六国）、北魏、西魏、北周、隋、唐、宋、元、明、清等各个历史时期的碑（砖、石）刻略作叙述，供学界参考。

[1] 杨宁国《宁夏彭阳发现旧石器时代遗址》,《中国文物报》2003年6月13日;杨宁国《彭阳县文物志》,宁夏人民出版社,2003年。

[2] 宁夏文物考古研究所、中国历史博物馆《宁夏海原县菜园村遗址、墓地发掘简报》,《文物》1988年第9期;北京大学考古系、固原博物馆《宁夏隆德县页河子新石器时代遗址发掘简报》,《考古》1990年第4期;冯玉富《固原地区古文化遗址和墓葬》,固原地区地方志办公室编《固原史地文集》,宁夏人民出版社,1990年;许成、董宏征《宁夏历史文物》,宁夏人民出版社,2006年。

[3] 罗丰、韩孔乐《宁夏固原近年发现的北方系青铜器》,《考古》1990年第5期;宁夏文物考古研究所《宁夏固原杨郎青铜文化墓地》,《考古学报》1993年第1期;宁夏文物考古研究所《宁夏彭堡于家庄春秋战国墓地》,《考古学报》1995年第1期;宁夏文物考古研究所《西吉县陈阳川春秋战国墓地发掘简报》,《宁夏考古文集》,宁夏人民出版社,1996年;杨宁国、祁悦章《宁夏彭阳县近年出土的北方系青铜器》,《考古》1999年第12期;宁夏文物考古研究所、彭阳县文物站《宁夏彭阳县张街村春秋战国墓地》,《考古》2002年第8期。

[4] 宁夏固原博物馆、中日原州联合考古队《原州古墓集成·北朝、隋唐时期的原州墓葬》,文物出版社,1999年4月;罗丰编著《固原南郊隋唐墓地》,文物出版社,1996年。

[5] 韩孔乐《固原发现二方西夏官印》,《宁夏文物》1986年总第1期;宁夏博物馆考古队《宁夏泾源宋墓出土一批精美砖雕》,《考古》1981年第3期;杨明、耿志强《西吉县西滩乡黑虎沟宋墓清理简报》,《宁夏文物》(试刊号)1986年总第1期。

[6] 许成、余军《六盘山成吉思汗行宫与安西王府》,《宁夏大学学报》1993年第3期;固原县文物管理所《宁夏固原开城元代安西王府建筑遗址调查简报》,《中国历史博物馆馆刊》2000年第1期;固原市人民政府、宁夏社会科学院、中国元史学会、中国蒙古史学会主办"成吉思汗与六盘山国际学术研讨会"论文集,2007年7月。

[7]《明史·兵志》卷九十一、志六十七;《明史·王越列传》卷一百七十一、列传第五十九。

[8](清)顾祖禹《读史方舆纪要》卷五十八、五十九。

# 一、自然地理与人文环境

固原位于宁夏回族自治区南部,地处东经105°20′~106°58′,北纬35°14′~36°38′,总面积11286.4平方公里。境内丘陵起伏,沟壑纵横,梁峁交错,属黄河中上游黄土丘陵沟壑区。地处陕、甘、宁三省区交会地带,东与甘肃镇原、环县接壤,南与甘肃平凉、华亭、庄浪等市县为界,西与甘肃会宁、静宁两县毗邻,北与宁夏海原、同心两县相连。市辖隆德、泾源、彭阳、西吉、原州4县1区。现有汉、回、东乡、满、壮、蒙古等12个民族。固原是回族聚居地区,截至2006年底,总人口1 512 268人,其中回族657 938人,占总人口的43.51%。境域六盘山为主脉,纵贯南北全境,有黄土高原上的"绿岛""湿岛"之称,是本地区天然次生林的主要生长区,动植物资源丰富,属国家级自然保护区和森林公园。泾河、清水河、葫芦河、茹河发源于此。

地理环境是人类社会活动的舞台。黄河流域是中华民族古老文化的发祥地,位于黄河中上游的宁夏南部地区——固原,同样伴随华夏民族的进程而拉开历史活动的帷幕。据考古资料,远在3万年左右的旧石器时代晚期,这里就已留下了人类活动的足迹[1];新石器时期,固原境内现存有仰韶文化、马家窑文化(石岭下、马家窑、半山类型)、齐家文化、菜园文化[2]等灿烂的原始文化;商周至秦汉时期,出现了北方草原游牧与中原农耕文化碰撞、融合的固原青铜文化[3]；尤以北朝至隋唐时期中西结合的丝路文化，在我国古文化史上占有重要地位[4]；固原更是宋金、西夏对峙的古战场[5]；蒙元帝国前期的开成路安西王府，为蒙元帝国政治、军事中枢之一，蒙古灭金、攻取南宋的方略都是在这里议定的[6]；明清时期，固原为"九边重镇"之一，是延绥（榆林）、甘肃、宁夏三边总制（督）府驻地，"总陕西三边军务"[7]。特殊的地理位置，培育了特有的多源历史文化。在有史记载的数千年间，这里战事频繁，既有中央王朝政权和漠北少数民族的战争与和平，又有封建诸侯、军阀权贵之间的战争和战乱，更有各族军民反抗封建压迫与奴役剥削的起义、暴动和兵变。同时，由于地处丝绸之路要冲，中西方文化在这里交融荟萃，伊斯兰文化源远流长。在中华民族悠悠五千年的历史长河中，在祖国广袤神奇的大西部，固原像一颗璀璨的明珠，以其丰厚的文化积累和历史遗存，不时引起海内外学界的广泛关注，成为西部一道亮丽的风景。

固原自古就是一个多民族聚居地区，先后有西戎（猃狁、义渠、乌氏）、匈奴、羌、鲜卑、敕勒、突厥、柔然、吐蕃、粟特、党项、女真、鞑靼、蒙古、回、满、汉等十多个民族在此生息繁衍，纵横驰骋，迁徙组合，辛勤劳作，为固原古代的经济、文化发展与社会进步作出了重要贡献。悠久的历史，淳朴的民风，优美的自然风光，深厚的文化积淀，在华夏民族的发展史上有着十分重要的地位。

这里地势高寒，地形复杂险要，古人云，"据八郡之肩背，绾三镇之要膂"，"左控五原，右带兰会，黄流绕北，崆峒阻南，称为形胜"[8]，自古以来就是西北边陲军事重镇，历代兵家用武之地。在这里，曾上演了少数民族催马奋蹄、商业巨子"俾比封君"、秦皇汉武边地巡幸、刘秀隗嚣陈兵鏖战、西夏北宋前沿对垒、成吉思汗六盘歇马、安西王府坐镇开城、三边总制驻节开府等众多历史活剧，更有萧关古道上难以散去的历史烟云、丝绸之路上络绎不绝的商队驼铃。在这块土地上，有过远古人类的生息敷衍，也有过无数次的战争云烟和多次的民族融合。

## 二、商周时期文物考古

西周墓葬及车马坑。固原县文物工作站（现宁夏固原博物馆）1981年4月发掘。墓葬及车马坑位于固原城西南7.5公里的固原县（今宁夏固原市原州区）中河乡孙家庄林场，属西周成、康王时期（约前11世纪～前771年）的墓葬和车马坑。墓葬1座，属中小型长方形土圹竖穴墓，葬式为仰身直肢葬，棺椁残痕之间发现麻织品痕迹。车马坑距墓葬西北约7米处，出土马骨架2具。出土有鼎、簋、戈、戟和车轴、车辖、车軎、銮铃、马镳、马衔、当卢以及方形圆形的泡饰等铜器200余件；骨马镳及其他饰件10余件；蚌饰、贝饰700余枚。[9] 其中铜鼎通高26厘米，口径21.4厘米，腹深11.6厘米。圆弧形立耳，口沿外折，上腹一周饰有带状饕餮纹，下腹圆鼓，三柱足，三足上部均饰有饕餮纹。铜簋通高13.5厘米，口径19.7厘米，腹深10厘米。敛口，鼓腹，高圈足。腹中部两侧附半圆兽形耳，簋颈云雷纹上饰有带状兽面纹一周，圈足上部饰有一周带状夔纹。

尤其此墓出土的铜鼎、铜簋（各1件），是具有典型西周特征的青铜礼器，亦是商周时期著名的食用礼器，多用于宗庙祭祀和宴饮之中。在夏、商、周奴隶制社会时期，主臣等级有着鲜明的列鼎制度。据史载，鼎，始于远古，古之帝王常用铸鼎以收名德。黄帝铸三鼎，象征天、地、人。禹收九州之金铸大鼎九口，镌山川之形，铭九州之名。后世得天下者，方得九鼎。商周时期，鼎为祭祀之物，作为礼器与铜簋配用。按照礼制组合成列鼎，一般为九、七、五、三等四级，即"天子九鼎八簋，诸侯七鼎六簋，大夫五鼎

[9] 韩孔乐等《宁夏固原县西周墓清理简报》，《考古》1983年第11期。

[10] 罗丰、韩孔乐《宁夏固原近年发现的北方系青铜器》，《考古》1990年第5期；宁夏文物考古研究所《宁夏固原杨郎青铜文化墓地》，《考古学报》1993年第1期；宁夏文物考古研究所《宁夏彭堡于家庄春秋战国墓地》，《考古学报》1995年第1期；宁夏文物考古研究所《西吉县陈阳川春秋战国墓地发掘简报》，《宁夏考古文集》，宁夏人民出版社，1996年；杨宁国、祁悦章《宁夏彭阳县近年出土的北方系青铜器》，《考古》1999年第12期；宁夏文物考古研究所、彭阳县文物站《宁夏彭阳县张街村春秋战国墓地》，《考古》2002年第8期。

四簋，元士三鼎二簋"。鼎为王权重器之标志，贵族等级地位权力之象征。固原西周墓及车马坑的发现，一是填补了宁夏以及陇山（六盘山）以西的西周考古研究的空白，二是打破了以往考古学界普遍认为西周文化没有逾越陇山以西的论断，同时也为西周北部疆域的确定提供了重要的实物标尺。

## 三、春秋战国时期的文物考古与发现

20世纪70年代以来，宁夏的文物考古工作者先后在原州区西郊（今清河镇）、杨郎（今头营镇）马庄、三营、头营平罗、彭堡于家庄、河川，西吉县新营陈阳川、偏城，彭阳县草庙张街、白阳镇的嵝岘和中庄、古城镇的王大户等地发现了春秋战国时期的墓葬，同时也出土了大量的青铜兵器、车马饰件、各种金铜牌饰、生产工具等。

20世纪80年代后期以来，还系统地发掘了彭堡撒门于家庄、杨郎马庄、新营陈阳川、草庙张街、古城王大户等地战国时期墓葬百余座，出土有牛、马、羊头蹄骨及各种动物纹金、铜牌饰，铜、骨车马饰件，铜柄铁剑、青铜剑、矛、戈、镞青铜兵器，铜削、斧、锛、凿、陶、骨器等生产工具和生活用具以及固原地区境内零散出土的这一时期文物近万件。[10]

除此之外，还有1983年征集于红河乡的战国兵器铭文戈。戈全长21厘米，援长13厘米，内长8厘米。援宽约2.5厘米，内宽3.5厘米。援断面呈菱形，中部起脊，内微向上翘，上有一穿及透雕纹饰，长胡三穿。戈的胡部细线阴文镂刻铭文："廿七年，晋上（尚）容大夫"。从戈的铭文研究考证，"晋上（尚）容大夫"说明了戈的铸造地点及督造者为上容大夫。此戈应为前311年～前250年铸造，是制作精细且有铭文的兵器。铜戈在古代作为一种钩杀的兵器，主要盛行于商周至战国时期，虽然铁制兵器在战国时已登上历史舞台，但青铜兵器仍占居主要地位。尤其春秋战国时期，固原地区为义渠戎国地，战争频繁，从战国秦惠文王后，本地区为秦西北边防重镇。1976年出土于杨郎乡战国墓葬的虎噬驴透雕铜牌饰。长13.7厘米，宽8厘米。图案为猛虎叼驴颈，驴因受力惊吓，竟身体腾空，后肢翻仰，搭于虎背，搏斗气氛浓烈，艺术构思极为奇妙。1982年出土于杨郎乡大北山战国墓葬的子母豹透雕铜牌饰。通高4.7厘米，底宽5厘米，厚0.4厘米，重50克。图案子母豹相互偎抱，富有情趣。1967年出土于头营乡平乐村的错银铜镦。细腰圆筒形，高6.9厘米，平底，上端有銎，可以装入戈、戟的木柄。[11] 这件铜镦十分精巧，外表用细小银片和银丝镶嵌，构成布局规整的卷云或曲线图案，线条流畅简洁，虽然在地下埋藏了几千年，但至今仍完整如新，是一件不可多得的精美而实用的工艺品。

我国的青铜文化最初起源于黄河流域，从公元前21世纪开始至公元前5世纪，经历了1 600多年，固原地区历朝历代一直是各民族文化交流、传播的通道，也是中国青铜器时代远古文化形成和发展的主要区域之一。春秋中期以后，随着铁器的推广，青铜文化趋于衰落，但是，我国北方地区的青铜文化却日益繁荣昌盛。近年来，学界就目前文物考古研究资料，将宁夏彭阳、隆德、西吉、原州、中卫、盐池、灵武等县区（以固原地区为主），甘肃宁县、镇原、正宁、庆阳、平凉、秦安、永登等地发现的青铜文化，统称为"西戎文化"系统，以与鄂尔多斯地区的先"匈奴文化"系统相区别。学界认为，在宁夏境内，特别是固原地区发掘的春秋战国墓地，一定程度上揭示了西戎文化遗存的内涵。固原青铜文化，无论从其存在的时间看，还是从其分布的地域看，都与春秋战国时期的"西戎八国"关系密切。将宁夏地区北方系青铜文化命名为"戎狄青铜文化"，并将其分为毛庆沟类型的鄂尔多斯青铜文化和杨郎类型的黄土高原青铜文化，且认为北方系青铜文化是具有民族多元性的。[12]

[11] 罗丰、韩孔乐《宁夏固原近年发现的北方系青铜器》,《考古》1990年第5期；杨明《宁夏彭阳发现"二十七年晋戈"》,《考古》1986年第8期。

[12] 许成、董宏征《宁夏历史文物》,宁夏人民出版社，2006年。

[13] 姚卫玲《略论宁夏两汉墓葬》,《考古与文物》2002年第1期；《从考古发掘看汉代高平墓葬文化》,《固原师专学报》2000年第5期。

[14] 韩孔乐、武殿卿《宁夏固原发现汉初铜鼎》,《文物》1982年第12期。

## 四、秦汉时期的文物考古

1983年以来，宁夏考古工作者先后在今原州区城关、北塬、南塬、现固原博物馆院内、九龙山、头营陈家洼，彭阳古城（汉墓群），西吉将台（汉墓群），泾源果家山等地发掘有汉代墓葬几十座，出土有金花饰、金条饰、镏金摇钱树及锺、钫、盆、盘、勺、熏炉、弩机、镞、剑、矛、戈、带钩、铜镜、钱币等铜器，釉陶灶、仓、壶、奁、博山炉、井、屋、牛、狗、灰陶砖、空心砖、瓦、瓦当、水管（圆形、五角形）等陶器及各类质地文物近千件。[13]其中，青铜摇钱树填补了宁夏考古史的空白，对我区汉代考古内容也有所丰富。

除考古系统发掘外，在城市基本建设及农田建设中零散出土较典型的文物有：

1974年出土于今彭阳古城镇简沟门村的西汉错金银铜羊，高6.2厘米，长8.5厘米，宽6.4厘米，重665克。此羊形似卧地，回首状。从羊的鼻梁经背部脊梁至尾端嵌入金丝线，羊身两侧用细如发丝的金银线镶嵌成弯曲的毛状图案，整个羊身花纹如同毛状，金光银彩交相辉映，生气盎然。（现藏于宁夏博物馆）

1975年出土于今彭阳白阳镇嶂岘村的汉代铜官印，正方形，边长2.3厘米，厚1.3厘米，通高3厘米，印文阴刻篆字"伏波将军印"。

1978年出土于固原城关（内城南城墙下）的五角形陶水管2件，长38.5厘米，底宽33厘米，壁厚3.5厘米，横断剖面，呈两面坡房屋山墙状。

1975年出土于固原城关（固原二中院内）的圆筒形陶水管2件。一件为直筒形管，长57厘米，大口径25厘米，小口径19厘米；另一件为弯头管，大口径24厘米，小口径17厘米，壁厚1厘米。两件相套呈曲尺形。

1979年8月出土于今彭阳古城镇古城村的西汉量器朝那铭文鼎。此鼎出土时无盖，通高23厘米，口径17.5厘米，附立耳高7厘米，腹径23.5厘米、腹深13.2厘米。素面，敛口，耳下腹部饰凸弦纹一周，三马蹄足，高9.2厘米，上腹一周阴刻有铭文三段。

第一段："第廿九五年朝那容二斗二升重十二斤四两"。

第二段："今（？）二斗一升乌氏"。

第三段："今二斗一升十一斤十五两"。[14]

上述三段铭文从内容、文字结构看，应是三次所刻。学界有人认为"第廿九"，应是铸鼎编号，"五年"应是铸鼎的纪年。也有人认为"第二十九，五年"均属此鼎铸造纪年，是指汉武帝登基第二十九年，也就是元鼎五年（前112年）。经实测，鼎身重量为2 900克，容积为4 200毫升。根据器物形制以及铭文、字体看，应属西汉早期。据研究考证，汉之朝那县治，即今彭阳县古城镇。

朝那鼎的出土与鼎上的三段铭文充分说明此鼎在当时是用于不同时期的计量容器。应为西汉早期朝那县的标准计量容器，后移至乌氏县作为标准量器。它更进一步证实了今之彭阳县古城镇为西汉时期朝那县治所在地。鼎上三段铭文不但记录了西汉初年当地行政区划的变更情况，也为研究秦汉量制变化以及朝那、乌氏古址的确定提供了重要的实物资料。

铭文弩机，汉代兵器，中国古代兵器弩的机件。弩是古代利用机械力量射箭的弓，弩机就是装置在弩的木臂的后部的机械。汉代弩机近年在原州、西吉、彭阳、隆德等区县的汉代墓葬中多有出土，其中有铭文的弩机2件。1980年出土于固原县南郊乡（今原州区开城镇）的铭文弩机，廓长12.5厘米，宽3.1厘米，望山13厘米。弩机上阴刻有铭文三段。

第一段："四石中尚方监作"。

第二段："延平元年□□诏书，造四石机郭工界，仲令磬丞选□，轶央□尚方令守，虎贲猛别监作"。

第三段："文厂十九"。[15]

第一段铭文是指这件弩机是由尚方监制造的。尚方为官署名，秦置，到汉末分为中、左、右三尚方。属少府，主造皇室所用刀剑等兵器及玩器物。主管有令及丞。东汉魏晋沿置。唐代设中、左、右三尚方，

[15] 见汉《铭文弩机》，现藏宁夏固原博物馆。

各置令及丞，明以后未设。

第二段铭文中的延平元年（106年）为汉殇帝刘隆的年号，他在位只有一年。虎贲，在这里作官名讲，是指皇宫中卫戍部队的将领（也作"勇士"之称）。《周礼》下官之属有虎贲氏。汉有虎贲中郎将、虎贲郎，历代沿用，至唐废。这段铭文是说由某某奉旨下诏，造四石机（弩机），由仲令、磬丞、虎贲等官员监督制作。

第三段铭文应是制造这批兵器的顺序编号。

据《汉书·百官表》载，两汉时，官府工业多属少府、水衡或太仆、大司农。西汉时，少府下属的工业机关有考工官、左右司空、东织西织车园……尚方属采金银珠宝之官。从上述弩机铭文可以看出，在东汉时期，由于阶级矛盾非常尖锐，从中央到地方对于武器的制造控制得非常严格。

1982年7月出土于固原城南（固原市水电局西）云纹瓦当。直径15.6厘米。中心饰圆点纹，云纹饰于分隔成四个等份的扇形界格，外区饰以方格网纹。陶质坚硬，呈青灰色。固原城关出土的板瓦，形制宏大。长51.4厘米，宽39厘米，厚1.4厘米。半筒形，背面饰粗绳纹，正面饰布纹。固原城关出土的筒瓦。长47厘米，宽34厘米，厚2厘米。半筒形，瓦前端有凹下接头，背面饰粗绳纹，正面饰布纹，造型规整宏大。

1983年出土于固原城关（固原市防疫站）工地汉墓内的新莽货币错金刀。西汉居摄二年（7年），王莽实行货币改制，新铸"一刀平五千"货币，刀通长7.4厘米、宽3厘米、厚0.4厘米，重50克。"一刀平五千"五字用黄金嵌入铜内，俗称"金错刀"。技艺精美。

位于原州区清河镇和平村的北塬汉墓，2000年9月经原州区文物管理所抢救清理。该墓坐西向东，由墓道、封门、甬道、前室、北耳室和南耳室、后室等7部分组成。墓道长18米，上宽2.4米，下宽1.20米，深5.80米。甬道长1.74米，宽1.20米，高1.50米。前室为穹隆顶，南北长4米，东西宽4米，高4米。有南北两耳室，两耳室均拱式砖券。北耳室长2.87米，宽1.68米，高1.74米。南耳室长2.90米，宽1.60米，高1.75米。后室拱式砖券，门栏用5条砖做拱形。后室长3.80米，宽2.16米，高1.96米。南北两侧置木棺2具，已腐朽，内无人骨。随葬的绿釉陶器有猴子顶灯、壶、井、灯、楼阁、罐、牛，泥质素陶有奴仆桶，耳杯，琉璃耳瑱、狗，青铜器摇钱树，四神规矩纹镜、刀、削、带钩、龙首轭饰、玉饰等，共计57件，古钱币194枚。尤其墓内出土的青铜摇钱树填补了宁夏考古史的空白，对汉代的考古内容也有所丰富。（此墓出土文物现藏于原州区文物管理所）

## 五、魏晋南北朝时期的文物考古与碑刻

这一历史阶段的固原文物考古除2002年征集于彭阳县新集乡的前秦梁阿广墓表外，主要是北朝时期。而北朝时期的文物考古除1994年征集于固原县西郊乡（今原州区清河镇）北10里的北周秦阳郡守大利稽冒顿墓志铭，1984年发掘于彭阳县新集乡石洼村的北魏早期墓葬（2座），1981年发掘于固原县西郊乡（今原州区清河镇）雷祖庙村北魏漆棺画墓外，其余墓葬均发掘于现固原古城外南塬。

固原（今原州区）城西南处有一片开阔的塬地，塬地东西长9公里，南北宽6公里。此塬东北侧为固原城，西北侧为战国秦长城遗址，西南侧为六盘山向北延伸的余脉（白马山），东南为马饮河、清水河。史称"百达原"。截至目前，已经系统发掘的北周至隋唐墓葬几十座，分属现原州区清河镇深沟、大堡、城郊，开城镇羊坊、小马庄、王涝坝、杨家庄、万崖子、寇庄等自然村。从1982年以来，在该墓地进行考古发掘至今，共发掘北周、隋唐墓葬50余座。

先后发掘的北周墓葬有：北周天和四年（569年）李贤夫妇合葬墓，北周保定五年（565年）宇文猛墓，北周建德四年（575年）田弘夫妇合葬墓等。居于塬地的中央位置，墓葬分布间距较大。

[16] 罗丰《北朝、隋唐时期的原州墓葬》，宁夏固原博物馆、中日原州联合考古队编《原州古墓集成》，文物出版社，1999年。

[17] 银川美术馆《宁夏历代碑刻集》，宁夏人民出版社，2007年，此碑现藏于宁夏固原博物馆。

[18] 罗丰《胡汉之间——"丝绸之路"与西北历史考古·十五、北魏贠标墓志》，文物出版社，2004年；杨宁国《宁夏彭阳县出土北魏贠标墓志砖》《考古与文物》2001年第5期。

北朝至隋唐时期的原州（固原），是中西丝绸之路繁荣昌盛的重要时期。原州北朝至隋唐时期的文物考古，亦是引起国内外学术界广泛关注的重点地区之一。用史学界专家学者的话说，对于我国北朝、隋唐历史来说，原州是一个不可忽视的地方，这一点已经被来自固原的诸多考古发现所证实。[16] 这批墓葬的发掘，不仅出土了大批各种质地文物，同时也出土了一批精美的石刻。

　　1. 2002年出土于彭阳县新集乡的前秦梁阿广墓表。为灰砂岩石质，上部为长方形，碑头呈圆弧状，下部底座为长方形。通高36厘米，宽27.5厘米。碑头正上方竖阴刻篆意隶书"墓表"二字，下方阴刻隶书志文："秦故领民酋大功门将，袭爵兴晋王，司州西川梁阿广。以建元十六年三月十日丙戌终，以其年七月岁在甲辰二日丁酉葬于安定西北小卢川大墓茔内，壬去所居青岩川东南三十里。"碑背面亦竖阴刻隶书碑文两行，"碑表及送终之具于凉州作致"（志文详见图版一）。就上墓表所记，墓主人葬于十六国前秦苻坚建元十六年（380年），这块墓志截至目前是宁夏境内发现最早，也是目前全国发现最早的墓志之一，具有很重要的史料和书法研究价值。[17]

　　2. 北魏兖、岐、泾三州刺史、新安子、贠世（标）墓志铭。1964年在固原县彭阳公社（今彭阳县白阳镇）海巴村的赵洼，发现一座北魏墓。墓葬位于茹河北岸，是一座砖砌方形砖石墓。但墓葬随即被当地农民平田整地所破坏，墓中遗物荡然无存。出土的一块砖质墓志铭为县政府一名干部所得，后交固原县文化馆。1980年固原县文物工作站成立后征集收藏。此墓志砖为长方形，长36厘米，宽16.5厘米，厚6厘米。砖正面从右至左竖阴刻魏书碑文。题为"兖岐泾三州刺史新安字贠世墓志铭"，志文为："兖、岐、泾三州刺史新安子，姓贠，讳标，字显业，泾州平凉郡阴盘县武都里人。楚庄王之苗裔，石镇西将军、五部都统、平昌伯暖□之曾孙，冠军将军、泾州刺史、始平侯郎之长子。惟公文照资于世略，英毅括囊仁伦，纳言则贞，波显司出，收则纯风。再宣匪悟，星寝宵泯，华景尽戾。以大魏景明三年岁次壬午。"（志文详见图版二）此墓志是我国出土时代较早的墓志之一，具有较高的史料价值。也是我国书法艺术从篆隶向行楷转化过程中形成的标准魏体刻铭。字体苍劲有力，结构严谨，笔法流畅，是不可多得的书法上品。[18]

　　古代墓志起源很早，但真正定型则是在南北朝时期。志砖是墓志的最早形式，并在以后广泛使用，但到北魏这一时期使用志砖者大多为下层人。公元6世纪左右，中高级官员基本上都用石质墓志，并且在洛阳地区大体形成一定的等级规范。边镇地区像贠标这样身居刺史一级的高官，仍然使用砖质墓志，却是极为罕见。由于墓葬发现后即遭破坏，我们无法综合墓葬规模、形制及随葬品配置情况来分析这种现象，只能略作推测。在远离洛阳的军镇，方形石质墓志的使用尚未普及，加之入葬匆忙，受葬仪时间所限，便以砖代石。其侧面题款显然是一种古老的做法，透露出在墓志演进过程中的不平衡性，丰富了我们对墓主人与墓志形式之间变化的认识。

3. 1981年发掘于固原县西郊乡（今原州区清河镇）雷祖庙村北魏漆棺画墓，是一座夫妇合葬墓。东西方向，斜坡墓道长16米。该墓出土有金、银、铜、铁、陶等各类质地文物60余件（组）。[19] 但没有出土的墓志，其中有波斯萨珊王朝卑路斯王银币一枚，漆棺画等珍贵文物。

尤其是此墓出土的北魏漆棺画，被认为是北朝画迹最重要的发现之一，其确切年代在北魏孝文帝太和十年（486年）。是我国继20世纪70年代初山西大同石家寨发现的北魏司马金龙墓之后，对南北朝考古中的又一重要发现。漆棺上精美的漆画，引起了中外考古、美术界的广泛兴趣，一些外来风格的内容尤其引人注目。一个是漆棺画中有关波斯艺术风格的内容，另一个是这类风格的艺术品在北朝时期的高平（今宁夏固原）至平城（今山西大同）一段的传播路线。

首先是漆棺前档的一幅十分有趣的宴饮图，反映

[19] 固原县文物站《宁夏固原北魏墓清理简报》，《文物》1984年第6期。

[20] 宁夏固原博物馆《固原北魏墓漆棺画》，宁夏人民出版社，1988年；孙机《固原北魏漆棺画研究》，《文物》1989年第9期。

了墓主人生前的生活画面。身着鲜卑民族服饰坐在榻上的墓主人像，头戴高冠，身着窄袖圆领长袍，窄口裤，腰束带，足蹬尖头乌靴，显示出一种高雅的贵族身份。右手执耳杯，小指翘起，左手持小扇，则表现出一派晏哒作风。也有学者研究，这幅起居图与中亚乌兹别克巴拉雷克遗址中的壁画——嚈哒贵族饮宴图十分相似，反映了当时鲜卑贵族与嚈哒人之间的关系。

棺盖为两面坡式，前高宽，后低窄，这是鲜卑民族棺木的重要特点之一。边缘饰忍冬纹带，加饰飞鸟。正中上方左右各有一座悬垂帷幔的房屋。左侧绘一红色太阳，中有三足鸟；右侧绘有一白色月亮，月亮中也有墨线图形，但已漫漶不清。屋内分别坐一中年男女，左右各立侍者。左屋左侧墨字榜题"东王父"。据考证，屋内两幅中年男女画像应是墓主人夫妇。"东王父""西王母"是神话中的人物，汉魏以来演变成为一对夫妇。棺盖正中经日月间自顶而下，绘有一水涡纹的金色天河，呈波状直通尾部。象征天上与地下的沟通，与墓主人飞升有关。河中点缀有翱翔的白鹤、嬉戏的鱼、鸭等。两侧绘缠枝双结卷草纹图案，图案中分别绘有珍禽、异兽、虎、仙人（中间的人面鸟身形象）整个画面反映的内容是中国传统的神仙思想、孝悌思想，为北魏孝文帝太和改制的佐证宝物。

漆棺两侧内容可分为上、中、下三栏。上栏为孝子故事；中栏为装饰性图案连珠龟甲纹，中间是绘有侍从的直棂窗；下栏是狩猎图。孝子故事由数幅具有连续性的单幅画面构成。右侧有蔡顺、丁兰、尹伯奇等孝子故事，其中以尹吉甫之子尹伯奇的故事最为少见。左侧是郭巨、虞舜的故事，以舜的故事最为有趣。值得我们特别关注的是，表现舜的故事共十一则，榜题有8幅，构成了一幅连环孝子故事画面。

总之，固原北魏墓漆棺画中的人物装束、内容和风格，不仅体现了中国北方草原文化和中原文化初步融合的时代气息，笼罩着浓厚的鲜卑色彩，更重要的是漆棺画中的环状几何连珠纹图案，前档上的饮宴图，具有明显的中亚风格。图中出现的长颈瓶，具有浓郁的西方色彩。无论从其形制，还是绘画艺术、工艺方面都给人耳目一新的感觉。其中许多为考古、美术史界所初见。[20]

4. 原州区寨科乡李岔北魏墓。1987年发现并予以清理。由于墓葬早年塌方及人为破坏，大部分文物被盗，但仍出土有金耳环2件、金项圈1件及金戒指、铜釜、陶罐等。

5. 彭阳县新集乡石洼村的北魏早期墓葬。1984年发掘，有2座，均坐北朝南。其中一号墓由墓道、过洞、天井、甬道和墓室等部分组成，全长44.76米。出土各类彩绘陶俑150余件。其中有一座土筑房屋模型，夯筑，长4.84米，宽2.9米，高1.8米。这座土筑房屋模型在国内同期考古发现中属少有。彩绘陶牛车两套（6件组）。[21] 据考古资料，以牛车为中心的大规模陶俑组合形式，在西晋时已被固定下来，彭阳新集北朝早期墓，延续了十六国晚期直至西晋陶俑的组合形式，形成以牛车为中心随葬甲骑具装俑、武士俑、文吏俑、女侍俑等出行仪仗群，其中甲骑具装俑反映了十六国以来的新因素。用吹角俑作为主要表现形式是该墓鼓吹军乐俑组合的一个重要特色。北周的这类陶俑虽然数量大大增加，但体积却明显缩小，多用半模制成，经烧后彩绘。无论是固原还是西安贵族墓出土的陶俑，都表现出惊人的相似，与精美的北齐陶俑相比显得较为粗糙。

6. 北周保定五年（565年）大将军宇文猛墓。1993年发掘于固原县南郊乡（今原州区开城镇）王涝坝村，此墓坐北向南，斜坡墓道，5个天井，全长53米。出土的陶器、各类彩绘陶俑、铁器、壁画、墓志100多件。[22]

宇文猛墓志1组（2件），为青石质。志盖顶，四面斜刹，素面无纹，亦无任何字迹。边长44厘米，厚12厘米。墓志边长52厘米，厚10厘米。正面磨光，细线刻划方格。志文楷书，字迹清晰，题为"周故大将军、大都督，原、盐、灵、会、交五州诸军事，原州刺史、盘头郡、开国襄公墓志铭"（志文详见图版四）。

[21] 宁夏固原博物馆《彭阳新集北魏墓》，《文物》1988年第9期。

[22] 宁夏文物考古所固原工作站《固原北周宇文猛墓发掘简报》，《宁夏考古文集》，宁夏人民出版社，1994年。

[23] 宁夏回族自治区博物馆、宁夏固原博物馆《宁夏固原北周李贤夫妇墓发掘简报》，《文物》1985年11期。

[24] 安家瑶《北周李贤墓出土的玻璃碗——萨珊玻璃的发现与研究》，《考古》1986年第2期。

[25] 罗丰《北周李贤墓出土的中亚风格的鎏金银瓶》，《考古学报》2000年第3期。

[26] 中日原州联合考古队《北周田弘墓》，东京勉诚出版，2000年。

7. 北周柱国大将军、大都督、原州刺史李贤夫妇合葬墓。1983年发掘于固原县南郊乡（今原州区开城镇）深沟村。墓葬坐北朝南，斜坡墓道，3个天井，全长42米。墓葬早年严重被盗，出土有金、银、铜、铁、玉、石、陶等各种质地文物300多件，壁画40余幅。[23] 尤为重要的是，墓中发现反映中西文化交流的宝物最为引人注目，如镶嵌宝石的金戒指、银装环首铁刀，特别是凸钉装饰玻璃碗，对于确定萨珊王朝类似玻璃制品的年代具有标尺性意义。[24] 镏金银瓶腹部一周有男女三组人物浮雕像，内容为希腊神话故事，是一件具有萨珊贵金属工艺风格的巴克特利亚制品。[25] 其中出土有李贤夫妇墓志2组（4件）。

（1）李贤墓志1组（2件），均为青石质。志盖边长67.5厘米，厚11厘米。盖顶，四面斜刹，素面，正中镌刻减地阳文楷书"大周柱国河西公墓铭"三行九字。志盖右上角有一直径2厘米的小圆穿孔，下面有4个排列不甚整齐、直径9厘米的圆环形印。墓志边长67.5厘米，厚10厘米。正面磨光，细线刻划方格，横竖各31格，墓志文字刻在格内，共874字。魏书字体，字迹清晰（志文详见图版五）。

（2）李贤夫人吴辉墓志1组（2件），为灰白色岩石质。志盖正中镌刻减地阳文篆书"魏故李氏吴郡君之铭"三行九字。墓志长45厘米，宽44厘米，厚11厘米。正面斜刻方格，横竖各20格，墓志共323字，刻在格内。楷书字体，工整精细（志文详见图版三）。

8. 北周柱国大将军、大都督、原州刺史田弘夫妇合葬墓。1996年由中日原州联合考古队发掘于固原县南郊乡（今原州区开城镇）王涝坝村。墓葬坐北向南，斜坡墓道，5个天井，全长50米。出土有金、银、玉、陶、瓷等各种质地文物以及壁画。尤其墓中出土的5枚东罗马列奥一世、查士丁尼一世金币，是中国境内发现东罗马金币最多的墓葬。其中出土有石刻（墓志）。[26]

田弘墓志1组（2件），均为青石质。志盖为正方体，底面上端边长71厘米，高5厘米，下边长72.2厘米，高5.2厘米，左边长72.5厘米，高4.8厘米，右边长71厘米，高4.8厘米。底面上下边基本平齐，左右两侧稍有弧度。四面斜刹，刹角不大规则，自上顺时针方向分别长10.5厘米、10.2厘米、9.5厘米、11.0厘米。上刹面宽9.2厘米，下刹面宽9.0厘米，左刹面宽10.0厘米，右刹面宽9.8厘米。顶面平整，上宽4厘米，左右线宽3.5厘米。中均布宽线棋格，宽线1.5厘米。方格基本呈正方形，第一行第一格高12.2厘米，宽11.8厘米，第三行第二格高12.3厘米，宽12.2厘米。布线时先刻竖线后刻横线。有4行，每行4字，内刻16个大字，篆文"大周少师柱国大将军雁门襄公墓志铭"。志石，基本呈方形，但亦稍有误差，上下宽，左右略窄。尤其是底部粗糙，仅经过大致的坯錾刻，錾刻并无规律，所以也造成四面的厚度不一。志石四侧面经过磨光处理，表面平素，没有任何花纹。上边长72.1厘米，厚14.5厘米，下边长72厘米，厚15.3厘米，左边长71.6厘米，上厚14.7厘米，下厚15.3厘米，右边长71.5厘米，厚12.5厘米。志石经过仔细磨光，抛光方向是横向，然后规划成棋格，棋格先刻竖线，自右而左，后刻横线，竖线细，横线较粗。竖线框多在1.85厘米～1.9厘米，横线框在1.7厘米～2厘米，有近3毫米的误差。石面虽仔细磨光，但有一处稍凹，第12行、13行"之""公"二字刻于凹面上。有些缺损之处则是在志石刻成完工之后，如第一行第一字"大"上边碰坏，只留下笔画。竖行36行，每行38格，第1行与第36行两行无棋格，文字按行书写，其余志文均按格填写，全文共1 341字。行文为魏书体。第1行顶格书写"大周使持节少师柱国大将军大都督襄州总管襄州刺史故雁门公墓志"（志文详见图版七）。

9. 北周建德元年（572年）十二月，秦阳郡守大利稽冒顿墓志铭（砖刻）1件，1994年11月在固原县西郊乡（今原州区清河镇）北10里出土。呈青灰色，高38厘米，宽39.2厘米，厚7.2厘米。左下角已残损，背面有绳文，正面将原有绳文磨去后刻字，表面残留绳文。现存刻字7行，每行2字至14字不等。

碑文："维建德元年岁次壬辰十二月巳□□二十三日辛酉，原州平高县民，征东将军，左金紫光禄、都督、赠原州刺史、怅□□县开国子，大利稽冒

[27] 罗丰《胡汉之间——"丝绸之路"与西北历史考古·十七、北周大利稽氏墓砖》，文物出版社，2004年。

[28] 中日原州联合考古队《北周田弘墓》，东京勉诚出版，2000年。

顿墓志铭，大息秦阳郡守。"[27] 现藏宁夏固原博物馆（志文详见图版六）。这块大利稽氏墓砖形制简陋，文字简单，字体粗率，并非精心制作之物。

固原北周墓地是我国继咸阳机场底张湾北周墓葬群之外的又一处大型北周墓地。这批墓葬墓主人身份较高，墓葬规模较大，地表均保留有封土，墓葬结构均为多天井、长墓道的土洞墓。李贤墓出土的波斯萨珊王朝手工艺品镏金银壶、凸钉装饰玻璃碗、嵌宝石金戒指、银装环首铁刀，绘于墓道、天井、墓室的武士、门楼、侍女、伎乐壁画，田弘墓出土的玻璃器、东罗马金币等，大多是由中亚、西亚传入我国的稀世珍品。尤为重要的是，北周王朝仅历时25年，而固原地区在这一时期成为过往贡使、商客、僧侣的主要活动区域，在中西文化交流过程中发挥着极其重要的作用。西晋十六国开始，我国西北地区开始出现一种在墓道上开凿长方形天井的做法。北朝时期，长墓道、多天井的墓葬开始流行。天井最初是处于工程营造的目的而出现，后来发展成为院落的象征。彭阳新集发现的两座北魏早期的墓葬，均为长墓道，有2个天井，其中1号墓第二过洞上有一个简单的房屋模型，第二天井后有一完整的土筑房屋模型。土筑房屋完全覆盖于封土之下，构成一完整庭院，这种长墓道、多天井、土洞墓室的墓葬，在北周时期被固定下来。李贤墓有3个天井，宇文猛墓、田弘墓则有5个天井，墓葬全长在四五十米以上，是北周贵族最多采用的墓葬形式。这种墓葬结构在长安周围的隋唐墓葬中高级官员多为沿用，学界在研究隋唐墓葬形制时认为天井象征多重院落，甚至其数量的多少往往与被葬人的品级高下有关。此外，夫妇合葬墓是北朝、隋唐大中型墓的一个重要特征。过去考古发掘中除在墓中发现不同遗物和墓志记载而外，具体的合葬过程未被发掘者观察到。田弘夫妇墓的发掘使我们有机会深入了解合葬墓的现象。在墓道至第五天井预留一个纵向剖面，剖面显示墓道至第三天井在被回填后，没有重新开启迹象。第三与第四天井之间在营建和二次葬之间曾坍塌，两天井被连在一起，二次葬时由此进入墓室，墓室中的随葬品得到整理，以保证合葬所需空间。[28]

北朝后期是中国历史上继东汉之后壁画墓的又一个兴盛时代。李贤墓墓道、过洞、天井绘有侍卫，过洞上方绘有单层或双层门楼，墓室绘有伎乐、侍女壁画。田弘墓墓道天井没有壁画，墓室中有三壁绘侍卫，西壁两侧绘侍从群像，根据残留下的足部看有女性。虽然两墓年代接近，但从绘画风格上则表明它们来自两个工匠集团。这两座墓壁画基本椭圆的形式为隋史射勿墓所沿袭，墓道、天井两侧有执刀侍卫，尤以幞头执笏侍宦为初见[29]，在此以后的唐墓中这一形象成为墓室画中最常见的人物题材。隋唐墓葬从基本形式到壁画内容都可在北周墓葬中找到渊源，因此后者可视为前者重要的来源。

10. 佛教石窟寺暨佛雕造像。随着丝绸之路的畅通，伴之而来的是辉煌灿烂的西域文明，佛教传入我国。当时，传入我国大部分地区的主要以大乘佛教为主，称为"北传佛教"，其经典主要属汉文系统。而传入我国西藏、青海、内蒙古等地区的为北传佛教中的藏传佛教，俗称"喇嘛教"，其经典属藏文系统。佛教艺术亦随之东传，给我国丰富的雕塑艺术注入了新鲜血液，中国雕刻艺术也逐渐进入一个新的阶段——凿窟造像。固原地区境内现存佛教石窟寺近20处，出土和广泛流入民间的金、铜、玉、石等材质佛雕造像数百件。

### （1）佛教雕刻——石窟寺以及碑记、题刻

公元5世纪初兴起的拓跋氏贵族统一了黄河流域，建立了北魏政权，前期定都平城（今山西省大同市东北）。遭受了十六国战乱之苦的中国北方，总算获得了政治上的安定。"丝路"交通在经历了一个低潮之后，随着北魏多数统治者对佛教的崇尚，对朝贡贸易、外交关系的重视，又迎来了一个昌盛的时代。公元493年，北魏将都城迁到洛阳。这样一来，丝绸之路国内部分东段的走向，便完全恢复了东汉初年的面貌，即长安—凉州北道。位于六盘山东麓的高平镇（正光五年改高平镇为原州），为这条古道上（东段北道）的必经之地，仍然是中西交通线上的一个

---

[29] 宁夏文物考古研究所《宁夏固原隋史射勿墓发掘简报》，《文物》1992年第10期。

[30] 宁夏回族自治区文管会、宁夏文化厅编《文物普查数据汇编》（内部资料），1986年12月。

大站。

北魏时期，佛教注重修禅（意为坐禅或静虑）。尤其是北魏末年，战争连年，徭役加重，民族矛盾尖锐，修凿石窟的风气更盛，不仅官府出资，民间个人也纷纷出资开窟。我国著名的山西大同云冈石窟，河南洛阳龙门石窟，陕西榆林石窟，宁夏固原须弥山石窟，甘肃泾川、庆阳（南北石窟）、麦积山石窟、永靖炳灵寺石窟、敦煌莫高窟等都在这一时期开始修凿。除此之外还有散布在新疆、甘肃、宁夏、陕西、山西、河南、内蒙古、山东、辽宁等地的许多石窟和摩崖造像大多属北朝至隋唐时期，都是我国佛教艺术的宝贵资料，可成为一独立完整的佛教雕塑文物体系。现存于固原市西吉、隆德、泾源、彭阳、原州等县（区）境内的佛教石窟寺近20座，多数开凿于北魏至隋唐时期。其中固原须弥山石窟也和敦煌、龙门、云冈等石窟一样，为全国最早最大的石窟之一。

石窟寺，佛教寺庙建筑的一种，起源于印度。传说，原是佛教徒为纪念释迦牟尼，仿效其修行之所而建造的洞穴。传入中国后，与中国传统的"石室"建筑形式相结合。我国开凿石窟约始于4世纪中叶，以北魏至隋唐时最盛。在建造形式上分为有中心柱和无中心柱两种。大都开凿在傍水依山、风景秀丽的山崖上，窟内雕刻佛像及宣扬佛教教义和佛教故事的群像，或是彩塑佛像、彩绘壁画等，是佛教徒念经礼佛的地方。

固原境内的石窟寺主要有，原州区三营镇黄铎堡境内的须弥山石窟（开凿于北魏—唐代）、炭山乡阳洼寺石窟（北魏—明代）、炭山乡阴洼寺石窟（北魏—明代）、禅塔山石窟(唐代)、张易乡的南北石窟（北魏—明代），西吉县火石寨乡的扫竹岭石窟（北朝—明代）、石寺山石窟（隋—唐代）、禅佛寺石窟（唐代）、白庄石窟（唐—明代）、险石崖石窟（唐—清代）、偏城乡的石窟寺石窟（唐—清代），隆德县凤岭乡的八盘山石造像（唐）、何家山的石窑寺石窟（宋代），泾源县新民乡的石窟湾石窟（宋代），彭阳县古城镇田庄无量山石窟（北宋）、罗洼张湾段园子石窟、小岔李渠石窟、小岔吊岔常湾石窟等。[30] 这些石窟寺，千百年来，虽因年久失修，加之自然风蚀以及人为因素的破坏，多数石窟现存造像已寥寥无几，但都从不同侧面反映了当时佛教在这一地区传播的盛况及其艺术成就，既反映了古代固原的文化与宗教，也反映了我国传统石雕艺术的伟大成就。它们均属我们的祖先留下的宝贵文化遗产。其中题刻墨记和碑刻的石窟及佛造像有以下四处。

Ⅰ　须弥山石窟。须弥山石窟坐落在原州区城西北55公里处的须弥山东麓，唐代原州七关之一的石门关就设于此。这里层峦叠嶂、青山巍峨、峭壁林立、苍松挺拔、花草掩径、深涧峡谷、流水潺潺。石窟开凿在长约2公里，宽约1公里，5座并立的山峰，8个山崖崖面上。现存有北魏至唐开凿的洞窟140多座（1982年宁夏文物管理委员会与中央美术学院美术史系组成联合调查组，重新编号的洞窟有132座），大小雕像315尊，佛龛113座，中心塔柱16个。由南而北分布在大佛楼、子孙宫、圆光寺、相国寺、桃花洞、松树洼、三个窑和黑石沟等8个区域。还保存有唐、宋、明时期残存的彩塑壁画、建筑遗址，以及十分重要的汉文、藏文、西夏文题刻墨记和碑刻等。[31]1961年宁夏回族自治区公布为第一批区（省）级重点文物保护单位。1982年国务院公布为第二批全国重点文物保护单位。

须弥山石窟大约开凿于北魏孝文帝太和年间（477～499年）。自北魏开凿以来，经西魏、北周的连续造凿而盛于唐。到了唐代，随着中国封建社会进入鼎盛时期，佛教也在其发展史上达到了顶峰。它吸取了印度佛教艺术的精华，继承并发展了我国秦汉时期的传统艺术，以匠心独具的构思，反映了不同时代的不同艺术风格，是我国各族人民创造的不曾多见的艺术珍品。这一时期，固原须弥山石窟也进入了最繁荣时期，其凿窟数量、雕像技术都达到了空前的水平。唐代在这里进行过大规模的凿窟造像活动。自唐称"景云寺"以来，这里曾是一座十分繁荣的佛教寺院。金代有"赐紫"大师主持寺务。明代又敕命"圆

[31] 宁夏回族自治区文物管理委员会、中央美术学院美术史系《须弥山石窟》，文物出版社，1988年。

[32] 见明成化四年（1468年）敕赐禅林——碑记。

光寺"。据明成化四年（1468年）《敕赐禅林》碑记称"旧景云寺僧绰吉汪速，大兴土木，修建佛殿廊庑"，并上书明英宗朱祁镇赐名圆光寺。"正统八年二月十四日，礼部贰百三拾肆号改称，右劄付圆光寺住持僧绰吉汪速。准此。"[32] 为历代西北各族人民拜佛求经的香火圣地。现藏于须弥山石窟文管所的明正统十年（1445年）敕命之宝碑、明正统十年（1445年）圆光碑记、明成化四年（1468年）敕赐圆光碑、明成化四年（1468年）敕赐禅林碑、明成化十二年（1476年）重修圆光寺大佛楼记等，记载了须弥山石窟在各个历史阶段的寺院更名以及修缮经过。另外，石窟内阴刻题记、墨书题记有：

第5窟（唐代）阴刻汉文题记3处。大佛楼右侧高43厘米、宽40厘米的空间内阴刻"大中三年吕中万"。西壁北侧阴刻"德村……四月八日……"。西壁中部高26厘米、宽40厘米的空间内阴刻"陕西河北佛弟子□□□吕子荆一心供养佛"。

第72窟（唐代）东南壁高43厘米、宽40厘米的空间内阴刻楷书金"大定"题记。"……景云寺……听/……法泉禅寺……持/……圣□景云寺□聚兵□祈□之及……/……各一名送名番地众所推伏之人住持例支拨所□□/……售有人住佃随人地据□一支度牒一百道修完后批示大/□年十月七日。……大定四年四月十七日/赐紫顺化大师党征芭山主党征结/赐紫净严大师设令抹山主党征温/赐紫密印大师撒底监寺党征木/赐紫慈觉大师党征清/讲经律论戒师党征继/岁次辛丑大定二十一年七月二十九日南上石记"。

其余第1窟（唐代）阴刻汉文题记3处；第45窟（北周）阴刻汉文题记20处；第46窟（北周）藏文及汉文墨书题记6处；第48窟（北周）汉文墨书题记3处；第49窟（北周）汉文墨书题记1处；第51窟（北周）阴刻汉文题记4处；第105窟（唐代）阴刻汉文题记3处；第111窟（北朝）阴刻藏文题记1处；第113窟（明代）阴刻藏文题记1处。共计汉文、藏文题刻、墨记40余处。

此外，第50窟（唐代）东西两壁绘有题目为《灵官事迹》14幅连环画，每幅画均附有榜题。分别为"玉帝赐鞭""灵官诛妖庙""封师发誓""萨祖焚庙""舍金济世""萨祖爷灵官治瘟""萨祖供恭朝拜""灵官普救众生""灵官点帅将""萨祖传天□""灵官□□□""灵官入水府""灵官道□□""怒容收火精"。下段残。窟顶部绘有八卦图案。

II 炭山阳洼寺石窟。原名莲花昆峰寺。位于宁夏原州区炭山乡石岘子山南麓，石窟开凿于北魏—明代。现存石窟10孔，石质石灰岩。最大窟深8米，宽7.8米，高4米。内有一石雕佛座，长约3米，宽高约1米，刻有花纹雕饰。窟门凿二石柱，柱背作碑，刻有明万历四十三年《重修莲花山昆峰寺碑记》，文字漫漶甚多，不可全读。其中七窟叠凿三层，攀援上下。窟外石壁仅残留1米见方浮雕造像一尊。寺外遗留一蹲一卧石狮残躯。据碑文载，阳洼寺为古刹，寺距"开成（开成苑监牧）山坳间三十里许"。明万历四十三年（1615年）重修，有僧众37人。"上司明文赐给空闲荒地四段，永为常驻供圣养膳之资"，并且"明文勒石刻铭，以防奸牧之民互混常住天地，搅扰山场"，碑文署名陕西巡抚、陕西按察使、按察副使。据传，1958年前，曾存有唐碑。阳洼寺开凿当在明代之前。

**III** 炭山阴洼寺石窟。原名石峰台兴龙寺。位于宁夏原州区炭山乡石岘子山北麓，石窟开凿于北魏—明代。现存石窟8孔，最大窟壁刻有碑文《重修石峰台兴龙寺碑记》。正文共515字，可识者399字，其余不存。据碑文载，为古刹，明万历二十六年（1598年）重修，时"基址毓秀，景像清幽"，有佛阁及玉帝、地藏、祖师伽蓝5座，禅堂、净室、府库4处，真人洞1处。为道教寺院。碑文署名钦差陕西巡按监察御史、陕西苑马寺卿等。

**IV** 无量山石窟。位于彭阳县西北约25公里处的古城镇田庄境内，石窟开凿在沿河道的半山石崖上，现保存有2个大窟，均坐南向北，面向石峡河，傍水依山。为北宋时期开凿。现保存有佛雕像25尊。第一窟，窟顶为穹隆状，深约0.8米，有佛雕像5尊，其中3尊主佛并坐于长方形佛坛之上，均为石质造像，

[33] 杨宁国《彭阳县文物志》，宁夏人民出版社，2003年。

[34] 固原县文物站《固原县新集公社出土一批北魏佛教造像》，《考古与文物》1984年第6期。

高2.1米。中间一尊为释迦牟尼（前世）佛，结跏趺坐于莲花台座之上，高肉髻，面相清瘦，慈祥端庄。身着袈裟，左手扶膝，右手伸二指上举，作说法状。莲花台宝座下雕有三力士像。左侧弥勒（今世）佛，面相丰腴饱满，阔鼻大耳，两耳垂肩。身着袈裟，足踩分枝莲花，双手扶膝。右侧为无量寿（来世）佛（阿弥陀佛），结跏趺坐于仰莲座上，眼微闭，神情庄重肃穆，双手相叠置于膝上作禅定印。莲台座束腰处雕有两头相向而立的狮子。在3尊主佛造像的左侧4米处，雕有1尊护法神造像，高1.6米，左腿弯曲下垂，足踩形似翘首挣扎的蟒蛇。右腿平坐于圆台上，左手扶膝，右手握兵器，怒目而视，神态威严。崖壁铭刻题记2处。一处字迹漫漶，无法辨认。另一处竖阴刻三行文字，第一行（左）阴刻"天圣十年（1032年）"。第二行（中间）文字漫漶不清。第三行（右）阴刻"张行番□□"。第二窟，现存造像20尊，一字形排列在崖面中部，全长8.2米，距地面高0.9米。最大造像高0.8米，最小造像高0.38米。造像有一佛、二菩萨、十六罗汉、一护法神。保存较完整的造像有7尊，其余13尊均有不同程度的损毁，但造像雕刻技法娴熟，衣纹线条清晰可辨。人物造型有的闭目养神，有的手捧经卷，有的俯手诵经，形态各异。窟左上部2.6米处有阴刻题记："景祐二年（1035年）四月二十日刘绪等公修罗汉人"[33]。从上述两处题记可知，此窟开凿于北宋仁宗时期。这一时期战争频繁，固原地区属宋夏对峙的前沿，凿窟造像工程尚未完工。此窟虽存造像不多，但仍是宁夏保存较好且有明确纪年的石窟寺，对于研究这一时期佛教雕塑艺术、风格特点有重要价值。

### （2）佛教石雕造像碑

佛雕造像碑刻始于北魏。据考古资料，近年来国内出土较多，而且制作精美。这种别具特色以造像为主碑的形式，是我国所独有的。碑上一般刻有发愿内容及佛像，佛像或刻一尊乃至三尊、八尊不等。碑边框外一般刻文字，较典型的造像碑碑首刻高浮雕盘龙。碑的阴（背）面亦有刻佛传故事的，也有刻多种形态供养人像的。魏晋南北朝时期，用雕刻造像碑来取代汉代的画像石，但从构图上往往保留有汉代画像石的遗风，如分层雕刻。彭阳县新集、红河两地出土的石刻造像碑和铜造像碑均属这一时期。

**I** 1981年彭阳县新集乡村民栽树时发现了一批佛造像，共8件（石刻造像7件，铜造像1件）。[34] 其中一件学界称为"建明二年石造像碑"，此造像碑高48

厘米，宽20厘米，厚55厘米，稍有收分，顶部为弧形。系紫红色的石英岩雕成。碑的正面分上下两层，上层雕一拱形龛，龛内前两边雕刻释迦、多宝并坐说法像。后部雕刻并坐四弟子。下层竖雕一长方形龛，中间为大势至菩萨立像，叶形背光。菩萨两侧分3层雕刻，由下至上，第一层为两供养弟子，其后（上部）两层分别雕刻两弟子。造像的左侧至背部阴刻有"使持节假镇西将军镇军将军西征都督泾州囗戎县开国子金神庆敬造石像二区，建明二年二月十七日"题记。此造像碑为固原出土造像中时代较早的造像形式，风格接近云冈石窟二期（465～495年），应为北魏前期作品，整个碑面内容安排紧凑，疏密得当，层次分明。佛、菩萨、弟子等内容随意变化组合，显得整体完美，表明了艺术家们已经熟练地掌握并形成了自己特有的雕铸手法，又创造出新的、精美的造像雕刻技巧（现藏于宁夏固原博物馆）。

**II** 1985年在彭阳县红河乡红河边出土一批北魏时期石造像，共9尊，高为18厘米～30厘米不等。[35]其中一件高18厘米，宽11厘米，厚4厘米。舟形身光，正中雕一释迦佛说法像，两侧为二胁侍菩萨。佛高肉髻，面向长圆，两耳垂肩，背后以两圈连珠纹间饰宽带，构成圆形顶光和背光。佛身着袈裟，下摆宽大，褶皱重叠密集。左手施与愿印，右手施无畏印。左右两胁侍菩萨头带花冠，背后有桃形顶光，上着长衫，下着羊肠大裙，披帛绕左右比臂向外飘扬。双手合十，跣足而立。另一件高18.5厘米，宽9厘米，厚3.5厘米。舟形身光，佛像袖手端坐，高肉髻，面部清秀。身着双领下垂袈裟，袖口之处饰菱形格纹。衣纹褶皱自然下垂。造像材料除一件为红砂岩石外，其余均为

[35] 杨明《宁夏彭阳红河乡出土一批石造像》，《文物》1993年第12期。

白色滑石，石质细腻柔软，人体比例适中，雕刻技法娴熟，衣纹线条流畅，工艺水平较高，人物形象栩栩如生，具有鲜明的北魏佛雕造像之特点。整体造像布局合理，结构严谨，浑然一体，体现了当时我国雕塑艺术的发展水平（现藏于宁夏彭阳县文物工作站）。

Ⅲ　1996年隆德县神林乡出土北魏石造像塔1件。高29.2厘米，造型呈正方体。上部四面长宽相等，为17.5厘米。下部四面长宽亦相等，为20.5厘米。四面开龛造像，其中两龛平顶，左右上角分别雕有莲花装饰；另外两龛亦是平顶，雕有火焰纹尖拱龛楣。四龛造像均为一佛二弟子，佛结跏趺坐于榻上，悬裳及地，其中两龛佛手施说法印，另两龛佛手施禅定印。整个造像面相清秀，衣纹清晰，线条下垂。此造像塔上下面平整，断面呈梯形，原塔应是多层相叠，此件只是其中一层（现藏于宁夏固原博物馆）。

## 六、隋唐时期的文物考古与石刻艺术

宁夏固原隋唐时期的文物考古主要是指固原县城南塬（今原州区开城镇、清河镇辖区）的隋唐墓地，这个墓地已发现并经系统发掘的隋唐墓葬49座。除隋开皇三年（583年）阎显墓，唐武周圣历二年（699年）梁元珍墓，武周年间（658～704年）张知运等42座墓葬外，其余7座（6座出土有墓志及其他石刻）属"史姓家族墓地"。史姓墓地是在我国首次发现的唐代粟特人墓地。关于"史姓"，据史料及墓志记载，是魏晋以来由乌兹别克内赫里夏勃兹地区东迁，后定居于原州的，我国史籍中称之为"昭武九姓"中的史国人。

史姓墓地集中分布于塬地的东南边缘，从王涝坝经小马庄、杨坊村一线井然排列，分布相对较密集。已发掘墓葬有隋大业六年（610年）史射勿墓，唐显庆元年（656年）史索岩夫妇墓，唐显庆三年（658年）史道洛墓，唐咸亨元年（670年）史诃耽夫妇墓，唐咸亨元年（670年）史铁棒墓，唐仪凤三年（678年）史道德墓等。除无墓志出土的墓葬外，墓主人均为史姓家族成员，这一墓地即为著名的"史家墓地"。另除梁元珍墓为砖室墓外，其余均为多天井、长斜坡墓道的单室土洞墓。6座史姓墓出土有外国金银币、金覆面、兽头金饰、蓝宝石印章、壁画以及石门、石棺床、墓志等文物。

1. 隋大业六年（610年），正议大夫、右领军、骠骑将军史射勿墓。1987年发掘于固原县南郊乡（今原州区开城镇）小马庄村。墓葬坐北朝南，斜坡墓道，两个天井，全长29米。墓内除出土墓志2件外，另出土有波斯银币（1枚），青色和白色瓷罐，金戒指、金带扣等各类金饰件以及水晶珠、铜镜与武士、文吏、侍女壁画等20余件（组）。[36]

史射勿墓志1组（2件）。整体为青石制成，质地十分细腻。志盖呈正方形，左上角稍有缺损。边长46.5厘米～47厘米，厚10厘米，四边宽4厘米，阴刻一周忍冬纹样，前边中央刻一个"前"字，四面斜刹上刻有"四神"纹饰带。其上朱雀与一般站立朱雀不同，呈凌空飞翔状。正中阳刻篆书"大隋正议大夫右领军骠骑将军故史府君之墓志"。篆文四周有减地阳刻卷云纹，纹饰间有花结。志石为正方形。边长46.4厘米～45厘米，厚6厘米。出土时上有墨迹。每侧刻有3个壶门，正中壶门内有一"前"字。从左边中间壶门开始，按顺时针方向，分别有鼠、牛、虎、兔、龙、蛇、马、羊、猴、鸡、狗、猪十二生肖。背景完全相同，均上刻卷云纹，下为山峦。其中虎、龙形象与墓志盖上的青龙、白虎十分相似，且刻法一致。志文刻于棋格内，全文共499字（志文详见图版一〇）。

2. 唐显庆三年（658年），朝请大夫、平凉郡都尉、骠骑将军史索岩夫妇墓。1985年发掘于固原县南郊乡（今原州区开城镇）小马庄村。该墓坐北向南，墓道呈斜坡状，坡度为18度，5个天井，全长41.75米。墓内出土有唐代精美的白瓷罐、白瓷瓶、白瓷豆以及罗马金币、玉钗、镏金水晶、开元通宝、铜镜、朱雀图壁画和墓志、石门、石棺床等工艺精美

[36]《隋书·西域》卷八十三、列传第四十八。

[37] 罗丰编著《固原南郊隋唐墓地》，文物出版社，1996年；罗丰《胡汉之间——"丝绸之路"与西北历史考古·十九、隋唐史氏墓志》，文物出版社，2004年。

的石刻。[37]

（1）史索岩墓志1组（2件），均为青石质。史索岩墓志置放在墓门处，志盖被盗墓者掀起，另置一边，墓志上有一层很薄的黑褐色木灰，厚约3毫米。志盖呈正方形，边长58.5厘米～58厘米，厚10厘米。中有宽线棋格，有4行，每行4格，减地阳刻篆文"大唐故朝请大夫平凉郡都尉史公之铭"16字。字周有斜方格纹带，对角有三角形，中加饰二方连续卷草纹，四周有四枚花结。四面斜刹，边有一周桃形纹带。其下刻有"四神"。志石呈方形，边长58.5厘米～58厘米，厚10.5厘米。四边刻怪兽图案，中间加饰卷云纹。志石上阴刻方形棋格，中填志文，文行楷书，全文共809字（志文详见图版一一）。

（2）史索岩夫人安娘墓志1组（2件），均为青石质。其妻墓志则被安置在甬道中，志盖与志石合放在一起，基本上没有移动，中间夹有一层褐色灰状物，志石上涂有一层墨。志盖正方形，边长56.5厘米，厚10.5厘米。顶盖平素，阴刻篆文四行，每行四字，刻"大唐故平凉郡都尉史公夫人安氏墓志"16字。四面斜刹，上有减地卷草纹，四边亦刻连续卷草纹样。志石正方形，边长56.5厘米，厚11厘米。四边平素。志石线刻棋格，文填其中，全文共615字。文行楷书，第一行亦为死者墓志铭并序，"并序"二字较小（志文详见图版一三）。

（3）史索岩夫妇墓出土石刻。石幢1件，青石质。通体呈八棱形，下残。顶上有一榫，呈四方形，稍残缺。八面有纹饰，为缠枝卷云纹。通高70厘米，直径30厘米，每面宽11厘米，榫高10厘米，榫径15厘米～17厘米。

石门，均为青石质。由门楣、门额、门框、门槛、门扇和门砧六部分组成。

门楣1件。表面磨光涂白，通体呈半月形，正面图案采用线刻与减地阴刻两种手法。两朱雀均侧身而立，昂首挺胸，双翼伸展，长尾后拖，作跃跃欲飞状。中有缠枝蔓草，其他空间满布卷云纹。长100厘米，中宽21.5厘米，厚8厘米。

门额1件。长条形，出土时已断为两截。表面磨光，正面及下侧均有减地线刻。正面图案以桃形缠枝双结花纹为主，中间加饰卷云纹或如意纹。在距离两端30厘米处，对称分布有直径6厘米的不规则穿孔，应嵌有门簪，原门簪可能为木质，已朽。下侧边框中所刻花纹为二方连续卷草图案，一正一反，中间加饰卷云纹。上有两个对称的长方形榫孔，孔径长14厘米，宽6厘米。额长164厘米，宽24.5厘米，厚12厘米。

门框2件。呈条状，形制相同，上下两端均有凸榫。表面磨光，正面及门内侧均有减地线刻，花纹与门额类似，亦为桃形缠枝双结中加饰卷云纹。框长130厘米，宽24.5厘米，厚12厘米。榫长13厘米，宽15厘米，厚5厘米。

门槛1件。为长条形，表面磨光，上面及正侧面均有减地线刻。上面中央为一团花，左右对称布二方连续卷草纹，一正一反，连续不断。正侧面花纹较宽，中央为一缠枝双结，左右亦为对称二方连续卷草纹，一上一下。槛长109厘米，高17厘米，宽11厘米。

门扉2件。左右对称，形制相同，为表面磨光后减地线刻。左扇，上下均有圆标，边框由二方连续忍冬纹样构成，框内图案分上中下三层。上层为朱雀，口衔串珠，圆眼，头顶羽毛直竖，曲颈挺胸，双翼张开有鳞状羽，长尾翘起，立于小圆毯上。圆毯边成莲花瓣形，中有一周连珠纹。朱雀上部加饰卷云纹，下部则为起伏的山峦，山间团花。中层为青龙作行进状，首部略残，龙须卷曲，张口吐舌，背脊上列尖齿状毛，长尾上竖，四肢着地有力，背景与朱雀图相同。下层为一怪兽，张口朝天，作怒吼状，利齿外露，卷鼻有双翼，尾较粗，后翘，四肢着地，作行进状，背景亦同。右扇，右上角损坏，断裂，后用铁件加固。图案基本与左扇相同，亦有三层，背景完全一致，只是动物细部刻画稍有变化。朱雀口中未含物，额顶竖一花冠；青龙，尾部变化较左侧复杂；怪兽作回首朝天怒吼状，背脊起一列尖齿，身上有斑点，身体较前者低。门中央对称有两孔，孔周围有一圈铁锈残迹，可能原装有铁锁，今已朽不存。门长134厘米，宽55厘米，厚9厘米。上榫长14厘米，宽12厘米。下榫圆

[38] 罗丰编著《固原南郊隋唐墓地》，文物出版社，1996年；罗丰《胡汉之间——"丝绸之路"与西北历史考古·十九、隋唐史氏墓志》，文物出版社，2004年。

凸长4厘米。

门砧2件。造型相同，为长方形，上有长方形榫眼，表面磨光，边角削圆。榫眼长14.5厘米，宽5厘米，深5.5厘米。三面线刻兽面。其双角上竖，双眉卷曲，朝天鼻，八字须，方口大张，上下各有四枚圆齿，左右亦有两枚尖齿，边露卷齿，样子十分凶猛。长50厘米，宽26厘米，高15厘米。

3. 唐咸亨元年（670年），游击将军、虢州刺史、直中书省史诃耽夫妇墓。1986年发掘于宁夏固原县南郊乡（今原州区开城镇）羊坊村。墓葬坐北朝南，斜坡墓道，5个天井，全长36米。由于此墓严重被盗，出土文物多是小件器物，有东罗马金币、蓝色圆形宝石印章、小玻璃碗、喇叭形玻璃花、铜镜及其他铜、铁、陶、镏金小器物。另有石门、棺床、墓志等石刻。[38]

（1）史诃耽墓志1组（2件），均为青石质地。志盖正方形，边长58.5厘米，厚10厘米。盖顶平素，未施花纹，阴刻篆文三行，为"大唐故史公墓志之铭"9字，不列官职。四面斜刹，每面刻有三区蔓草纹。志石正方形，边长62厘米，厚11.5厘米。四边亦刻蔓草纹样。棋格，全文共1 285字。第一行题死者职官墓志铭并序，"并序"二字较小作边注。墓志并序后未另起一行再书正文，而是空一格后，紧接着即书志文（志文详见图版一五）。

（2）石门，均为青石质。由门楣、门额、门框、门槛、门扇和门砧六部分组成。

门楣1件。呈半圆形，表面磨光、涂白。正面刻有2个朱雀。其上饰卷云纹，下为山峦，山峦间起团花。左侧朱雀，身体向右呈正侧面状，回首，颈呈"S"形，嘴微合。挺胸，双翼完全张开，长尾上卷。右腿蹬直，趾掌心向上。左腿弯曲，尖趾向下，整个身体凌空滞留。右侧朱雀面朝左，亦呈正侧面状，嘴微开启。曲颈，挺胸，双翼张开，长尾翘起，双腿姿势与左侧朱雀同，作翩翩欲飞之势。长90厘米，高29.5厘米，厚12厘米。

门额1件。表面磨光，长条形。正面由11～43枚连珠构成7个环形边框，直径18厘米～18.5厘米。圈内填图案，连珠圆框间有卷云纹，并加饰半圆形连珠纹圈。中为一怪兽面，头顶长齿状羽，双角卷曲，圆眼外凸，朝天鼻，口露利齿，样子十分可怕。两侧图案对称，从左向右依次为天马、荷花、朱雀。天马双耳直竖，鬃毛飞扬，长尾卷翘，前胸张有卷曲双翼。前腿伸展，后腿蹬直，给人以腾

[39] 罗丰编著《固原南郊隋唐墓地》，文物出版社，1996年；罗丰《胡汉之间——"丝绸之路"与西北历史考古·十九、隋唐史氏墓志》，文物出版社，2004年。

[40] 罗丰编著《固原南郊隋唐墓地》，文物出版社，1996年；罗丰《胡汉之间——"丝绸之路"与西北历史考古·十九、隋唐史氏墓志》，文物出版社，2004年。

空飞扬之感，周围还有云纹点缀。荷花有四瓣，花心双层，下有叶依托。朱雀呈立状，昂首，挺胸，双翼张开，长尾卷翘，双腿着地有力。左侧有一"中"字。边端近30厘米处有2个对称穿孔，孔径4厘米。原可能镶饰木质门簪，已朽。下有2个长方形铆孔，孔径长10.8厘米，宽4.5厘米。额长14.7厘米，宽23.5厘米，厚13厘米。

门框2件。形制相同，表面磨光后减地线刻，图案为桃形花结，加饰卷草纹。左框上榫已残。长110厘米，宽20厘米，厚13.5厘米。

门槛1件。两面磨光，上面减地线刻一条纹带，图案为两方连续忍冬纹样。长77.7厘米，厚10.5厘米，高17厘米。

门扇2件。形制相同。左扇被盗墓者砸为两段，复原后有一三角形缺口。左侧有一连续忍冬纹带，一正一反。中立一人，头戴双扇小冠，柳叶眼，直鼻，双唇微合，胡须弯翘，厚耳，颌下蓄长须。身着宽袖交领长袍，双手抬起相交，腰系一带，足蹬云头靴。背后有卷云纹。右扇图案与之完全相同，人物动作及神态也十分相似，不同的是其领口有一周锯齿形图案。门高122厘米，宽44.5厘米，厚11厘米。

门砧2件。三面磨光，素面。长53厘米，宽24厘米，高21厘米。铆孔呈长方形，孔径为长10厘米，宽5.5厘米。

（3）石棺床5件（组）。边框上均线刻有一周8厘米宽的花纹带，为连续不断的卷草纹，一反一正，剔地线刻。其前面则线刻壶门，内有动物等内容，现由东向西依次叙述。

第1件。长50厘米，刻有2个壶门。从右向左，第一壶门，波状边框，上刻剔地卷云纹，下刻山峦。中立一朱雀，昂首曲颈，双翼伸展，双爪着地，长尾后翘，尖嘴，口衔长蛇。第二壶门，波状边框，上刻卷云纹，下有山峦，中有怪兽，兽两旁有花簇。怪兽大耳，圆眼，鼻上翘，口露利齿。身有双翼，长尾直竖上卷，四肢着地，呈奔走状。

第2件。长101厘米，刻有两壶门。从右向左，第三壶门，波状边框，上刻卷云纹，下为山峦，山上有花簇。第四壶门，波状边框，上刻卷云纹。中有怪兽，头部较大，但不很清楚，有长翼，尾上卷，作奔走状。

第3件。长117厘米，刻三壶门。从右向左，第五壶门，内容大致同前，中刻有一怪兽，圆头，桃形耳，大圆眼，双唇闭合，有长翼，亦作奔腾状。第六壶门与第二壶门形象完全相同，第七壶门亦与第三壶门相似。

第4件。长120厘米，刻三壶门，背景相同，动物亦与前壶门中形象十分相似。第八壶门相似于第二壶门，第九壶门与第一壶门类同，第十壶门中怪兽，稍有不同，但仍有长翼并呈奔跑状。

第5件。长110厘米，刻三壶门，左侧壶门只存一半，有云山等。从右向左，第十一壶门同第二壶门，第十二壶门亦为怪兽，但面目不清。

4. 唐咸亨元年（670年），司驭寺右十七监史铁棒墓。1986年发掘于固原县南郊乡（今原州区开城镇）羊坊村。墓葬亦是坐北朝南，斜坡墓道，3个天井，全长36米。该墓严重被盗，只出土有墓志1组，东罗马金币1枚，金、银、铜等小件器物几十件。[39]

史铁棒墓志1组（2件），亦为青石质。志盖呈正方形，边长59厘米，厚14厘米。盖顶平素，上阴刻三行篆文，为"大唐故史公墓志之铭"9个大字，与史诃耽墓盖完全一样，可能出自一人之手。志石呈正方形，边长59厘米，厚13.9厘米。四边减地线刻两方连续忍冬纹样。上有棋盘格，文行正楷，729字。首行有死者官职和墓志铭并序，"并序"二字较小（志文详见图版一四）。

5. 唐仪凤三年（678年），给事郎兰池正监史道德墓。1982年发掘于固原县南郊乡（现原州区开城镇）王涝坝村简易公路右侧。墓葬为南北向，方向160度，斜坡墓道，全长38米。此墓随葬品虽遭盗掘，但仍出土有金覆面、罗马金币、兽面金饰、动物纹圆形金饰以及其他金、铜、骨、陶等器物和墓志20余件。[40] 尤其墓内出土的金覆面，其习俗可追溯到公元前。东方、西方都有非常相似的覆面。史道德墓中的这幅金覆面上的星月托球图案，以及罗马金币可能和中亚的拜火教有一定的联系。这种有祆教色彩的覆面习俗，可能是由粟特人传播至内地的。

史道德墓志1组（2件），志盖为红色砂岩质。志盖略呈正方形，长60厘米，宽55厘米，厚17厘米。四面斜刹，线刻有二方连续卷草纹样。正面平素，阴刻有三行篆文，为"大唐故人史府君之铭"9个大字。志石为青石质，略呈正方形，是利用旧石碑下段加工制作而成，原碑可能为长方形，背面原有碑文已被截去。其上阴刻细线方格，格中刻字，大部分已无法辨认。志石四边长短稍有不一，上下两边长53厘米，左边长59厘米，右边长62厘米，厚18厘米。四面均有线刻图案。上面背景为卷云纹，中有两怪兽相追逐，均呈奔腾状。张口，有翼，短尾，其他两面基本相似。另有一面背景亦为卷云纹，后为一口大张、鬃毛飞竖、背起齿、扇尾上竖的怪兽，前为一羚羊，呈逃奔之势。志石正面阴刻棋格，文行楷体，共613字（志文详见图版一六）。

6. 唐高宗显庆三年（658年），左亲卫史道洛墓。1995年中日原州联合考古队发掘于固原县西郊乡（今原州区清河镇）大堡村。墓葬仍为南北向，斜坡墓道，5个天井，此墓西侧有一西北至东南走向的冲沟，墓道的前端和个别天井部分被破坏，残长18.75米。出土有白瓷瓶、白瓷盒、镏金马镫、镏金马镖、铜镜、开元通宝、罗马金币、彩绘武士、彩绘镇墓兽等文物。[41]

史道洛墓志1组（2件），青石质。志盖覆斗式，呈正方形。四边长为59.2厘米～59.7厘米，厚10厘米。底部不大平整，经初步凿錾，錾痕呈斜向一侧。

[41] 中日原州联合考古队编《唐史道洛墓》，东京勉诚出版，2000年。

[42]《大隋平高县令阎府君墓志铭》，现藏宁夏固原博物馆。

四边厚6厘米。上有长方形线刻边框，边框中填充线刻图案，四边图案基本相同，两侧为两只怪兽头像相对，怪兽额顶上长2只锯齿状的长角，向后弯曲，大眼圆睁，圆鼻孔，张口吐长舌，有尖状利齿，作吼状。8只怪兽头基本构图相似，但在细部有些区别，有的是短鼻，有的是长尖鼻，有的只有一上齿，有的则有两只尖下齿。两兽头之间是宝相花纹带，似从兽头口中吐出，浑然一体。纹样大体是上下转折连续不断，左右对称，每边有三叶，叶呈卷云状，中间凸有一花蕾物，共有七方。四面斜刹，刻有四神。斜刹左右下三面由几何纹组成边框，几何纹呈斜长方形，左上、右上为三角对称。背景四刹完全相同，左右两侧对称缠枝宝相花，每边四叶，中有花蕾。中间下为起伏山峦，上饰云纹。盖顶，边有桃形结组成的边框，四角各有一环，每边中央亦有环形结，桃形结以圆环为中心，背向结接，桃形结两侧17枚～19枚不等。四边用6枚桃形结框斜隔，中嵌有二方连续卷草纹，四边相同。中间绳纹构成一正方形框，框间有宽线棋格。减地阳刻篆文"大唐故左亲卫史公之墓志铭"12个大字。出土时盖上涂有一层墨迹。志石呈正方形，边长58厘米～57.5厘米，厚10厘米。四边刻有怪兽图案，刻有几何斜方纹带，左上右下有对称三角，志边背景图案十分相似，上为卷云纹，其下有4个三角状的山形高耸，远景为起伏山峦。每边有3只怪兽，怪兽之间有卷云纹花结相间隔。志石上阴刻方形棋格，志文填于格中，表面涂墨，文体楷书，全文共605字。第一行空一格书写死者墓志铭（志文详见图版一二）。

7. 隋开皇三年（583年）平高县令阎府君墓出土石刻（墓志）1件，无志盖。2000年征集于固原县南郊乡（今原州区开城镇）。志石为青石质。正方形，边长52.5厘米，厚12厘米。四边平素。志石线刻棋格，文填其中，全文除空格外共212字。楷书志文竖刻格内，第一行为"大隋平高县令阎府君墓志铭并序"14字[42]（志文详见图版九）。

8. 周圣历二年（699年）大周处士梁元珍墓。1986年发掘于固原县南郊乡（今原州区开城镇）羊坊村。墓葬南距史铁棒墓350余米，坐北朝南，由封土、墓道、过洞、天井、甬道、墓室六部分组成，全长23.9米。封土残高2.9米。墓道坡度为22度，北高南低，有3个天井及过洞。前甬道由于塌毁，完全为土填实。墓室甬道为砖砌，拱形券顶，封门被盗者打开，甬道口发现墓志。墓室为砖砌，平面呈正方形，南北长3.45米，东西宽3.55米，为穹隆顶，四壁从2.2米处内收。室内条砖铺地，西北部有一砖砌棺床，呈不规则长方形。棺东西侧有近4厘米厚的白石膏层，上铺一层"开元通宝钱，约有百余枚"。尸体原置其上，人骨已成黄色粉末。从遗痕看，为直肢葬，头北足南。东侧另有一人，仅存零星骨片。墓葬天井、过洞、甬道两壁绘有牵马图，墓室四壁绘有树木、人物壁画，墓室顶部绘有星象图。由于墓葬早年被盗，此墓出土文物较少，有小陶碗、陶砚、铁剪刀、铜镊、壁画、墓志等。[43]

墓志1组（2件），红砂岩石质地，基本呈正方形。志盖，长52.5厘米，宽51.5厘米，厚14厘米。中部阳刻篆文"大周处士梁君墓志铭"9个大字。志石呈正方形，楷书志文刻于格内，共452字（志文详见图版一七）。

9. 2003年宁夏考古工作者在银（川）—武（汉）高速公路同（心）—沿（川子）段一线开展考古调查钻探时，在原州区南塬（开发区）段的公路基上钻探发现，该地墓葬分布比较密集。发掘工作自2003年底与2004年初延续工作两个阶段。共勘探墓葬49座，发掘墓葬43座，其中汉墓3座，隋唐墓40座，6座近代小墓。经考古发掘，40座隋唐墓葬（其中隋墓8座，初唐—盛唐墓24座，中唐—晚唐墓8座）。[44] 根据这批隋唐墓葬的营造方式和构筑质料，将其划分为土洞单室墓和砖砌单室墓两类。

（1）土洞单室墓38座，占发掘墓葬的多数，规模大都较小。墓室大多为拱形顶，少数为穹隆顶。全墓俯视，墓葬平面形制有铲形、T形、刀形三种。

（2）砖砌单室墓2座，平面基本呈"甲"字形。南北向，墓室坐北向南，两墓的墓室长与宽均接近4米，斜坡式墓道，有2个天井（全长21.6米）——5个

[43] 罗丰编著《固原南郊隋唐墓地》，文物出版社，1996年；罗丰《胡汉之间——"丝绸之路"与西北历史考古·十九、隋唐史氏墓志》，文物出版社，2004年。

[44] 宁夏文物考古研究所《固原南塬汉唐墓地》，文物出版社，2009年。

[45] 宁夏文物考古研究所《固原南塬汉唐墓地——附录 韩康信 固原九龙山—南塬出土高加索人种头骨研究》，文物出版社，2009年。

天井（全长24.6米）不等，但构筑形制有所不同。根据以往的考古资料，学界就隋唐墓墓室面积的通用尺寸，一般认为，大致三品以上官员墓室的长、宽为4～5米；五品以上官员墓室的长、宽为3～4米；九品以上官员的墓室长、宽为2.5～3米；墓室长在2.5米以下通常为庶人使用的墓形。以此标准衡量，该墓地的土洞单室墓主为庶人墓葬。而2座砖砌单室墓的墓主等级可能在五品以上。

（3）40座隋唐墓出土随葬品。陶器有生活用具罐、钵、盏、彩绘罐、彩绘盆及三彩钵、纺轮、红陶涂金饰件，陶俑有武士俑、天王俑、跪拜俑、镇墓兽，铜器有铜镜、铜带扣、铜带銙、铜带尾、铜合页、铜泡钉、铜笄及铜钱"五铢、开元通宝"，银器有银饰品及萨珊卑路斯银币，铁器有铁鼎、棺环、棺钉、剪刀及刃器，另有石球骨管、骨笄、漆器、印文砖、墓志砖。

（4）墓志砖1块。考古报告中编号为M5号墓出土，为长方形青砖，不大规则。长34厘米，宽17厘米，厚5.5厘米。砖正面阴刻楷书铭文三行。铭文为"开皇二年岁次壬寅三月乙巳朔十六日庚申原州平高县故孝令穆铭"（志文详见图版八）。

（5）墓志砖1块。考古报告中编号为M38号墓出土，青灰色方砖，边长32厘米，厚6厘米。砖正面刻画方格，墨书铭文"大周故将仕郎，上柱国，清河张府君之墓志，□□原州平凉县万福乡大义里，君讳知运，朝那人也，本清河郡高□□随任巴州长史，曾祖晖祥州录□事参军；父安唐，任宁州□安县□且汉□□相不决衣冠晋国□望侯重舆文笔家谱具祥焉，□君矼节励行直直道辞，贫富不易其交，险难岂移其操。又门傅草肆，尽八体之奇书，代袭□城，得六稻之秘册。汪汪焉，洋洋焉，有此奇行，冠绝时生□□。君弱冠拜将仕郎"（志文详见图版一八）。

关于上述40座隋唐墓主人的种族问题，据中国社会科学院考古研究所韩康信先生对九龙山、南塬两个墓地出土的90具人头骨的观察和测量，又对其中4座北朝至隋唐墓中M21（两具人骨架）、M25（一具人骨架）、M29（两具人骨架）、M48（一具人骨架）的（男、女）人头骨所属时代及性别、年龄的鉴定研究报告，他们的头骨颅面形态具有白种人的鲜明特征，应为高加索人种。[45] 报告中由此推测，九龙山、南塬隋唐墓地西方人种头骨颅面形态特征的人骨架，可能与中亚两河地区的种族因素有更密切的关系。这些西来的居民已经长期定居在固原地区并主要维持种族内的婚姻关系。也可窥测到在这个历史时段已经迁移至此的西来人口或已有相当的规模了。由此推断，宁夏境内的这些西方种族大概是在秦汉以后较晚的时候陆续进入，由少到多并有相对集中在固原地区栖居的现象。

10. 1985年10月，西吉县博物馆在本县将台乡王家湾村发现一批镏金铜造像。据清理，共有造像60尊。其中佛造像18尊，菩萨造像41尊，力士像1尊。[46] 大小不等，最高的17厘米，最低的2.8厘米。这批铜造像，按其造型差别大致可分为15种类型。造像背光均有镂空，采用浮雕等技法以及焊、铆、刻、铣等多种工艺手段，为初唐和中唐时期所铸造（收藏于宁夏西吉县博物馆）。

其中佛造像，除2件主佛外，其余均为坐佛，均有背光，束腰须弥座，足下带足床。造像形态有明显的区别。有释迦佛、弥勒佛等。菩萨造像均为跣足立于束腰莲座上，有背光，头部大，腿短，体型矮胖，背光与服饰多为阴刻线纹。足床为四足，较粗糙，人体与足床一次铸成。整个技法较细微、熟练。面部略方结实，鼻梁降低，改变了北魏时期清癯瘦削的形象，而追求雍容华贵，显示了向盛唐的浓艳丰硕过渡的痕迹。但却出现了比例不够匀称的缺点，应为唐早期作品。其余的25尊头、身、腿比例适度，尤其腿部较长，与前一部分风格明显不同。这部分造像的背光有镂空、浮雕等技法，并采用焊、铆、刻、铣、铸等多种工艺手段，辅以忍冬莲瓣等纹饰雕刻，精巧细腻，较前16尊在铸造工艺方面有明显的提高，经鉴定为初唐和中唐所雕造。

11. 1985年固原县南郊乡（现原州区开城镇）河泉村发现一批镏金铜造像，共7尊，分别为佛、菩萨、罗汉像。[47] 这批造像的时代特征、造像风格、铸造

[46] 杨明、李怀仁《宁夏西吉发现一批唐代鎏金铜造像》，《文物》1988年第9期。

[47] 杨明、耿志强《固原县南郊乡河泉村出土一批唐代鎏金造像》，《宁夏考古文集》，宁夏人民出版社，1994年。

[48]《续资治通鉴长编》卷一百三十一、一百三十七；《宋史》卷四百八十五。

工艺均与王家湾发现镏金铜造像相同，但其中的罗汉造像则少见。罗汉是小乘佛教修行的最高果位，是佛的侍从或是承宣佛法者，尚未成佛。因此塑造罗汉像一般是仿照现实僧人的特点，头无肉髻，身披袈裟或着大领僧衣，年龄差异较大，性格各异，形貌极尽夸张变形，从而增强艺术形象的生动性。原州南郊出土的罗汉像，技法简单粗俗，大刀阔斧，具有一种浑朴豪放之美。这批造像的造型、题材、铸造工艺等都与西吉将台出土的铜造像有相同之处，应为同时期的作品。

## 七、宋、金、西夏时期文物考古与碑（砖）刻

党项族的逐渐强大和固原北部地区频繁的战乱使北宋王朝十分重视固原的行政建置。997年设置了军政合一的镇戎军（今固原城），此后又相继设置了德顺军（今隆德县）、怀德军（今原州区黄铎堡）、西安州（今海原县西安乡）、安化县（今泾源县）和数十个寨堡，形成一道军事防线，以抵御西夏军的攻掠。宋王朝与西夏进行了百余年的争战，其中几次决定胜负的战役大多发生在固原地区，尤其好水川之战（今西吉兴隆镇境）、定川寨之战（今原州中河上店），西夏以优势兵力设伏围歼宋军，创造了西夏战史上的奇迹，是古代伏击战的成功战例。[48] 好水川之战和定川寨之战后，金升军为州，有德顺州和镇戎州，此时怀德军和西安州被西夏占据。

### （一）文物考古及宋墓砖雕

固原北宋时期仿木结构砖雕墓，先后发掘于泾源县泾河源、隆德县观庄、西吉县西滩等地。除出土有陶、瓷、铜、铁器等文物外，还出土了方形和长方形的建筑、花卉、几何、动物、人物等大量砖雕，内容丰富，具有重要历史价值，反映了宋、元时期这一地区的社会经济以及人们的生活状况。宋墓中的人物砖雕，其服饰、着装、姿态具有明显的等级差别和宋服特色，也反映了封建社会森严的等级制度。

1. 泾源县泾河源涝池北宋墓葬砖雕。1977年10月由宁夏博物馆考古队发掘。墓葬形制为一个略呈长方形的墓坑，坑内为左右二室，砖石墓，长2.6米，宽1.15米。两墓室均为穹隆顶仿木结构砖砌，墓室早年塌方，但镶嵌在墓室内壁面的雕砖大部分保存完好。雕砖有方形和长方形两种，方形雕砖共29块，其中门窗13

块，门上面雕一十字交叉的直线，窗户分别雕出柿蒂方格眼、交脚龟纹、四球纹3种图案。其余16块，其中一块雕高木方桌，桌上摆放2个高足茶碗和水果等物品，桌两侧各雕高靠背椅1把。其余砖雕内容为男女侍仆担物图、马、骆驼等。长方形砖雕分别镶嵌在2个墓室下部的须弥座的束腰处，共32块，采用减地雕刻方法，图案具有浮雕效果，内容有牛、羊、狗、鸡、鸭、鹅、猪、鹿、仙鹤、鹦鹉等家畜、家禽、瑞鸟等。另有2块砖雕为推磨图和碾米图，十分珍贵。此外，还出土有陶罐、太平通宝钱币。[49] 此墓没有出土墓志，在宋代亦有非品官员不能用墓志的规定。由此分析，此墓主人不是官吏，但从出土砖雕内容来看，墓主人生前可能从事商业经营。这种在一个墓穴中并列两个墓室，同墓而异葬习俗，在隆德县观庄宋墓也曾发现，说明这种葬俗宋时在北方地区流行，尤其墓中出土的砖雕，具有重要的历史和考古价值，也反映了北宋时期农村社会经济的发展和人民的生活状况，具有浓郁的时代气息和地方特色。

2. 西吉县西滩黑虎沟宋墓砖雕。1985年6月宁夏固原博物馆发掘清理。此墓位于西吉县城东南20多公里的西滩乡黑虎沟村，墓葬结构为穹隆顶砖室墓，由斜坡墓道、甬道、墓室三部分组成，墓室平面呈长方形，长2.8米，宽1.6米，高2.1米。[50] 墓内出土有铜洗、青白瓷执壶、小瓷碗、瓷瓶以及大批砖雕等珍贵文物。这批砖雕内容为侍人、花卉、蔓草、门窗、盔甲武士、孝子故事等。孝子故事中有孟宗泣竹生笋、王祥卧冰求鱼、曹娥投江寻父、王裒闻雷泣坟、姜诗涌泉跃鲤、郭巨埋儿得金等。我国传统的孝子故事源于战国，盛行于汉晋时期，在中原地区的汉墓中多有

[49] 宁夏博物馆考古队《宁夏泾源宋墓出土一批精美砖雕》，《考古》1981年第3期。

[50] 杨明、耿志强《西吉县西滩乡黑虎沟宋墓清理简报》，《宁夏文物》（试刊号）1986年总第1期。

[51] 明嘉靖、万历《固原州志》，牛达生、牛春生校勘本，宁夏人民出版社，1985年；韩孔乐《宋钟介绍》，《宁夏文物》1986年总第1期。

出土。上述孝子故事中的做法，在21世纪的今天看来有点不合时代潮流，但是孝敬父母、敬养老人，既是我们中华民族的传统美德，也是社会主义精神文明和道德规范的重要组成部分。尊敬长辈，赡养老人，不仅是报答养育之恩，更是一种义不容辞的社会责任。

3. 北宋靖康铁钟。据钟上铭文为北宋靖康元年（1126年）所铸，通高2.6米，口径1.7米，重量约7吨。[51]体积宏大，造型古朴，敲击发出的声音纯厚圆润，悠扬洪亮。钟上铸各种图案及铭文436字。流传至今，罕见而珍贵。

据明嘉靖、万历《固原州志》中"固原钟鼓楼记"和"记略"所记载，明正德年间修成的钟鼓楼，"东悬鼓，西悬钟，悬者又靖康时故钟焉"。可见该钟早年悬挂在固原内城的鼓楼上，即今天固原城内中山街中部地段（新华书店与邮电局十字街口），但因古楼年久失修，加之自然及人为因素的损坏，20世纪70年代城市修建时将鼓楼遗址彻底拆除。此钟几经迁移，由于自身体大量重，不易损坏而被保存，后由宁夏固原博物馆收藏。1988年修建八角檐钟亭，专门陈列。1996年8月，经国家文物鉴定委员会鉴定为国家一级文物。

此钟为桥形兽钮，由两条龙头背向组合而成，面部轮廓清晰，双目凝视前方，形象逼真。肩部铸有连瓣纹一周，并铸有流云纹朵和直径为11厘米的圆孔4个。腹部一周铸有上中下三层格，上层格宽31厘米，中下两层格宽均为33厘米。每层格内铸有大小相等的长方块状图形，一周8个，方块内铸有铭文。下部一周铸形似太阳、直径为18厘米的圆形球状图案4个。连弧形口沿。

钟上铭文，除极个别地方锈蚀漫漶及"文化大革命"期间人为破坏不能辨认外，其余较清晰。上层格的8个长方块内铭文分别为"金刚密集""南无佛陀耶""南无达摩耶""南无僧伽耶""南无过去七佛""南无十方诸佛""南无诸大菩萨""南无一切贤圣佛"等与佛教相关的内容、祷语和民众敬奉的众佛名称。中层格的8个方块内其中4块铸有"皇帝万岁""富国安民""重臣千秋""法轮常转"等民众祝愿皇帝、祈盼民安、歌颂重臣、宣扬佛法的内容，另外4块铸有捐助铸钟人员的姓名与官职，如"承信郎监秦州甘泉堡酒税务李拱""武翼郎前知怀德军胜羌寨阎英妻纪氏"等。下层格的8个方块内，其中一块记有铸钟的时间，"时大宋靖康元年岁次丙午八月中铸成，会首守秦州助教任晟等"，"智遇先为狱史后别为僧发愿铸钟"，还有一块记有铸钟匠人的姓名，"钟匠卜济、陈景仁、段士宁、陈忠、卜从、侯忠"。其余4块铸有捐助人的姓名和官职。

佛钟是佛教传入我国以后的产物。公元前后特别是魏晋时期，佛教艺术在我国广泛传播，且得到了统治者的宣扬、利用和民众的普遍信仰。我国工匠顺应潮流，为了加大宣扬佛法的需要，匠心独运，在传统的朝钟、乐钟、道钟、更钟的基础之上，创造了佛钟，且在唐宋时得到了很快发展。其显著特征就是体积大，敲击能发出洪亮的声音，利用悦耳的声音，宣扬佛法无边，感化教导众生，达到使恶者善、愚者智的效果。并把所敬奉的佛名、诵读的佛经与美好的向往铸写在钟上，融入悠长的钟声中。

历史上钟与古寺和僧人似有不解之缘，文人骚客就此不乏诗篇名句。李白诗云："蜀僧抱绿绮……余响入霜钟。"东坡先生有诗曰："报导先生春睡美，道人轻打五更钟。"张继诗有名句："姑苏城外寒山寺，夜半钟声到客船。"这些名句为古钟增添了无限的情趣。靖康铁钟的降世，仍然与一位甘泉堡行香寺的僧人智遇密切相关。甘泉堡（今甘肃省会宁县境）是北宋王朝为了抵御西夏进犯设在两国交界地带的军事防御堡寨之一，位于当时秦州的北部，与西安州和镇戎军相邻，军事战略位置十分重要。在这个重镇，有宣扬佛教、僧人云集弘法的寺院——行香寺，智遇便是其内的一名绿化僧。他是一位真正半路出家的和尚，出家前供职于监狱，是看管犯人的"狱史"，因为看到宋夏两国大规模战役经常发生，兵燹不断，当地的民众苦不堪言，生活在水深火热之中，为了挽救民众脱离苦海，过上安宁舒心的生活，他决定出家，把这种向往寄托在佛身上，试图通过弘扬佛法实现自

[52] 韩孔乐《固原发现二方西夏官印》，《宁夏文物》1986年总第1期。

[53] 韩孔乐《固原发现二方西夏官印》，《宁夏文物》1986年总第1期。

己的善良心愿。出家到行香寺当和尚后，他又立下誓愿：再铸造一口佛钟，加大宣扬佛法的力度。于是四处奔波，寻求捐助，经过不懈努力，终于在宋靖康元年（1126年）铸出了流传至今的这口大铁钟。该钟为我国较早铸造的铁质钟之一，在全国范围内也属罕见，不仅是珍贵的文物，而且是研究北宋冶铁铸造工艺、区域佛学、地方史志等不可多得的实物资料。

4. 西夏首领印1方。1983年10月征集于固原县七营乡（今海原县七营镇）白嘴村。此印为正方形，边长5.6厘米，厚1.1厘米。正面为西夏文"首领"二字。印背正中有一方形纽，纽长2.2厘米，宽1.9厘米，高2.1厘米。纽座正中有一穿孔，孔径为0.6厘米。纽的上部平面左右两边各刻有四字西夏文，左边题款为"契国师教"，右边题款为"乾祐六年"。[52] 西夏乾祐六年（1175年）为南宋孝宗淳熙二年、金世宗完颜雍大定十五年，是西夏第五代皇帝仁宗李仁孝的年号。仁宗皇帝是西夏杰出的政治家，他从金熙宗天眷二年（1139年）执政，时年16岁，到金章宗完颜璟明昌四年（1193年），在位54年，终年70岁。在他执政的50年间，西夏的政治、经济、文化均得到了长足发展。西夏文"首领"是汉文史籍中对西夏国各级军政首领之通称。西夏军队由部落首领统率。此方官印造型规格及精制程度，是西夏玺印中之精品。

5. 西夏工监专印1方。1985年征集于固原县黄铎堡乡（今原州区三营镇）羊圈堡村。此印为正方形，长、宽均为6厘米，厚0.6厘米。正面为西夏文"工监专印"四字。印背正中为一方纽，纽长1.5厘米，宽0.8厘米，高1.3厘米。[53] 印背无题款，根据西夏典章制度，持这类印玺的官员，是指监督管理金、木、石、灯、织、供等匠人的总管，除此还有"修塔头监、都案头监、匠人头监、瓦匠头监、络灯头监、绯白匠人头监、准备头监"等等。

《宋史·夏国传》载：西夏"设官之制，多与宋同。朝贺之仪，杂用唐宋，而乐之器与曲则唐也"。因此，西夏官印所反映的唐宋文化对西夏的影响也是多方面的。据罗福颐、李范文两位先生的《西夏官印汇考》研究，西夏以官印大小来区别官职之尊卑，这是唐宋印制影响的结果，也是西夏封建王朝等级制度的反映。西夏国是以党项族为主体建立的封建统治国家，而且这个民族在经济、文化上都较落后。因此，在官印的制造上与唐宋官印比较有其自身的特点，如唐宋官印皆用朱文（阳文），而西夏官印独用白文（阴文）；宋代官印背刻年款，西夏官印除刻年款外还刻有姓氏；唐宋官印纽上已无穿孔，而西夏官印仍保留古代纽上穿孔的形制。这些特点，固然是西夏统治者有意识强调其与宋制之不同，然而也有其实用的成分。西夏的军队由部落首领统率，无论平时或是战时，统军首领都有极大的权威。如上印，官印纽上穿孔，同秦汉古印一样，仍是为了结绶佩带，这可能与党项族部落流动的生活习俗有关。

上述两方西夏官印，现藏宁夏固原博物馆，为国家一级文物。其造型规整，古朴大方，是优秀的古玺制品之一。印的形制为方形，印面加边框，印文为西夏文九迭篆白文。据有关专家考证，西夏官印，按字之多少，分作六字印、四字印、二字印三类，且以西夏文"首领"二字印最多，有的印背刻有文字，有的印背未刻文字。刻有文字的大多左边刻年款，标明官印启用的时间，右边刻姓氏，为掌印者的名字。也有如上述首领印为右边刻年款，但此种形式较少。此外，还有少数只刻年款，不刻姓名，柄刻西夏文"上"字，以示用印方向。

这两方官印的发现，对研究西夏王朝的势力范围、典章制度及社会历史提供了重要可靠的实物资料，同时也是我国古玺印发展史上不可多得的实物资料。

**（二）碑（石、砖）刻**

1. 北宋天圣五年（1027年）东山寨修城记碑1件。红砂岩石雕刻，1982年征集于固原县古城公社（今彭阳县古城镇）古城村。高160厘米，宽79厘米，厚9厘米，碑头为半圆形，边圆一周线刻缠枝卷草纹，碑头上部阴刻篆书"东山寨修城记"。落款为"东山寨酒税康湛书"。由于多年来风雨侵蚀，碑文残缺严重，自右至左共23行，满行37字，共608字。记载了宋天圣五年增筑东山寨城（今古城镇古城村）始末，宋与西夏军事形势及若干战事等。为研究彭阳县古城镇历史沿革以及宋夏关系史提供了重要的实物资料（碑文详见图版二〇）。现藏于宁夏固原博物馆。

2. 北宋康定元年（1040年）铭文砖1件。1981年出土于固原县（今原州区）城东城墙下。砖为长方形，残破3块。残长32厘米，宽21厘米，厚7厘米。墨书写铭文："曹氏小历后，叁佰□拾壹年，昂宿直其年，改为康定元年。三月二十五日，客司副行首李德琮，监修筑东城壕，奉高太保指挥差到在镇戎军直所伍拾余指挥军□□伍拾柒指挥□□□记李押"，对研究天文以及修建镇戎军城城址、时间，提供了重要的文字依据（碑文详见图版二一）。现藏于宁夏固原博物馆。

3. 北宋元祐六年（1091年）董怀睿墓志铭1件。1986年出土于彭阳县古城镇古城村硙沟门村北宋墓葬中，细砂岩石。志石呈长方体，长95厘米，宽70厘米，厚11厘米。碑石正面边缘一周线刻缠枝卷草纹。上部正中自右至左竖阴刻行书"宋故董府君墓志铭"。行草碑文22行498字。乡贡进士王渐撰，新授绵州录事参军王济题额，乡贡进士辛咏书，京兆杜宗彦镌字（志文详见图版二三）。现藏于彭阳县文物管理所。

4. 北宋宣和五年（1123年）讲经碑记1件。1996年隆德县北象山寺庙旧址出土。青石质。碑呈长方形，长95厘米，宽49厘米，厚11厘米。楷书碑文（碑文详见图版二六）。现藏于隆德县文物管理所。

5. 金大定十二年（1172年），安藏功德记碑1件。1986年隆德南门广济禅寺旧址出土。灰砂石质。碑长141厘米，宽71厘米，厚15厘米。弧形碑首，额题小篆"安藏功德记"5字。碑身呈长方形，楷书碑文（碑文详见图版二七）。现藏于隆德县文物管理所。

6. 北宋天禧元年（1017年），张文仙墓地契约碑1件。红砂石质。圭首，碑身呈长方形，长31.5厘米，宽20厘米，厚7厘米。四面刻字，碑文楷书（碑文详见图版一九）。现藏于宁夏固原博物馆。

7. 北宋庆历三年（1043年），虎户仇绪墓地契约砖1件。2007年征集于彭阳县白阳镇姚河村。灰陶质。呈正方形，长44.5厘米，宽43厘米，厚5.2厘米。楷书碑文（碑文详见图版二二）。现藏于彭阳县文物管理所。

8. 北宋崇宁四年（1105年），赵氏府君地券碑1件。2003年泾源县泾源镇庞东村征集。红砂石质。碑高62.5厘米，宽53.5厘米，厚5厘米。底座高15厘米，长55厘米，宽15厘米。弧形碑首。额题楷书"赵氏府君地券"6字。额题边饰花卉图案。碑呈长方形，边缘及碑额饰一周卷草纹，下端饰有荷花纹。碑文楷书（碑文详见图版二四）。现藏于泾源县文物管理所。

## 八、元、明、清时期文物考古与碑刻

### （一）开城安西王府遗址及元代墓葬、碑刻

1. 蒙元帝国前期六盘山地区（开成路安西王府）的军事地位和作用

据清宣统元年（1909年）《新修固原直隶州志》陈明猷标点本《宣统固原州志》记："开城，汉安定郡高平县地，唐属原州，宋置开元堡，属镇戎军。元置开成路及开成县。明徙民于今之州城，县地因废。在州西南四十里。"

蒙元帝国时期，六盘山（固原）地区地处南、北交通线的中枢，是蒙元帝国军队南下的军事通道。六盘山又是天然屏障，可防可守，军事地理位置非常关键。这一时期，不但在固原的历史进程中，而且在整个中国历史的进程中都是一段特殊的时期。1227年，成吉思汗率兵攻破金统治的德顺州，避暑、驻跸六盘山。表面上看，这是蒙元统治者经营六盘山地区的开始，实则是他试图攻金、伐宋战略思想的体现。成吉思汗死后，太宗窝阔台即位，皇子阔端继续南征，奉行成吉思汗既定战略思想，由固原南下成都灭金取宋的西线战略已初步形成。宪宗蒙哥即位后，1252年

[54]《元史·兵志》卷九十八。

忽必烈征云南大理，1254年由大理班师北归，驻六盘山，往返用兵全仰赖西线。1258年，宪宗蒙哥"自将伐宋"，亦驻六盘山，沿西线进兵。经过成吉思汗、蒙哥、忽必烈几十年的先后经营，此时的六盘山已经成为蒙元攻取四川、统一南宋的军事指挥中枢和后方基地。自宪宗蒙哥汗三年（1253年）秋，忽必烈"受封京兆地"，奠定了他在西北地区的统治地位。

从太祖成吉思汗、宪宗蒙哥到世祖忽必烈，其军事行动都是以六盘山为驻跸之地。安西王府的设置以及忙哥剌地位及其府邸格局继续呈上升趋势，加封秦王，别赐金印，一藩二印，两府并开。开成安西王府这种政治上、军事上特殊地位的形成，是由特定的历史背景构成的，此时，元朝与南宋间的战争正在继续进行，安西王府及其所在的六盘山还在发挥着自身的军事作用。自1273年至1278年的六年间，安西王府直接控制着四川东西两枢密院围剿和统一南宋的大军。在元朝统一南宋的过程中，开平（元朝政治中心）、六盘山（指挥中枢）、四川（前线）三点一线，安西王府居中调度指挥，实际上是中央派出在陕西、四川地区的最高行政和军事机构，是忽必烈经营陕西、四川的直接代理人。安西王有权派遣大员往四川前线巡视和督战，可直接向皇帝奏报四川战况，还可因特殊情况发布特殊命令，这种命令具有圣旨般的权威。元朝的整个军队数目，只有管理军队的极少蒙古贵族掌握，其他人不得过问，"故有国百年，而内外兵数之多寡，人莫有知者"[54]。但无论怎样，蒙元时期，六盘山地区的军事格局、地位和作用，大量史料还是能够帮助我们推断其军兵、军户和兵役制度在固原的表现的。只是元朝统一南宋战争的结束，安西王的销籍，前后变化反差较大。元代中后期，安西王府的衰落，六盘山地区驻军与屯田军队大为减少。此时的蒙元王朝，国家一统，西土安定，陕、甘、川无战事，六盘山在军事上的战略作用已不是蒙元前期那么重要。因此，蒙元时期的开成路、安西王府的置罢兴废，都与六盘山（固原）地区重要的军事地理位置有直接关系。

2. 开城安西王府遗址的考古调查与发现

开城安西王王府遗址（又称"秦王故址"），位于固原城南18公里处开城镇开城村下东坡（海拔2 824米），清水河发源地。遗址处于清水河两侧台地和丘状坡地，由西南向东北倾斜，遗址占地面积9.23平方公里。除2号遗址区为开城村农民居住外，大部分属耕地。遗址占地田埂边堆积元代建筑材料，其中包括琉璃砖，瓦，龙纹瓦当，滴水，板状忍冬纹、草叶纹墙面装饰材料，石雕龙首残块。整个遗址分六个区域。[55]

一号遗址区：位于开城乡（原乡政府）西约1华里的台地，古代称"开城川"，周边残存汉代城址，城内较平坦，城外三面陡立，城郭已沦为废墟，城内及其附近属耕地。20世纪60年代平田整地时，挖毁了城墙，向内填土，内侧城墙部分成缓坡状。现残存东城墙和南面瓮城，南北长450米，东西宽350米；城墙外侧高8米，底宽6米，内侧高4米，夯土层11～16厘米。城内地势较平坦，中心有堆积的平地，属大型建筑基址，长150米，高2.5米，宽50米，地面散布素面砖、琉璃砖，黄、白绿、棕红色琉璃龙纹瓦、瓦当、滴水，板状忍冬纹、草叶纹残块。可分陶和瓷质，陶质皆泥质红陶，瓷质较粗，加粗砂。

二号遗址区：位于一号遗址南约50米处。二号遗址区也是一座城址，是元末明初的开城县城址。由于城内现住开城村农民，遗址破坏严重。城墙东西长430米，南北宽230米；东侧城墙和东南城墙已毁，开东门。城门遗址地面散布，宋、金、元代瓷片较多，以及元代琉璃瓦、砖残块。文化层厚1.5～2.5米。采集到的器物有砖、瓦、罐、碗。

三号遗址区：位于二号遗址西约3华里，遗址所处缓坡台地，背靠六盘山峰，现属北家山村。可分为A区和B区两个区域。A区西北角与B区东南角相接，A区东西宽300米，南北长400米。2003年7～11月宁夏文物考古研究所和原州区文物管理所在A区勘探面积61 250平方米，发现夯土围墙2处，围墙内宫殿基址4座，大型夯土台基8处，最大的一座东西长21米，南北宽34米。同时，还发现壕沟6处，道路3条，池塘1处，砖墙

[55] 许成、余军《六盘山成吉思汗行宫与安西王府》，《宁夏大学学报》1993年第3期。

[56] 宁夏文物考古研究所编著《固原开城墓地》，科学出版社，2006年。

3段。B区位于北家山村东侧，俗称"西平梁"的坡地，现地貌为三阶梯田。东西长450米，南北宽300米。2003年至2006年仍在勘探。A、B区地面散布素面砖，琉璃釉砖，白色、黄绿色、棕红色的瓦、黄釉，龙纹瓦当、滴水，琉璃塔刹板状龙纹饰，忍冬纹、草叶纹等石雕龙螭首，建筑材料，以及征集到的金手镯、金条饰件、金帽顶、绿釉陶瓶、瓷碗。

四号窑址区：分为A区和B区两个区域。A区位于二号遗址南1华里，南北长150米，东西宽50米，内约8座窑址，地面散布琉璃瓦较少，条砖残块较多，有堆积炉渣，焦釉块。有一处窑址内发现数百块条砖，排列整齐堆放。砖长50厘米、宽23厘米、厚8厘米。B区窑址区位于A区窑址南约2华里，窑址区全部压在黑刺沟村小路下，共10余处，一处破坏严重，窑室暴露在外，有烧制琉璃筒瓦、滴水，排列整齐堆放，均挂一次护胎釉，白色釉很薄。皆泥质红陶，采集有筒瓦、瓦当、滴水标本。

五号遗址区：位于二号遗址东南300米，平（凉）银（川）公路西侧，东西宽约350米，南北长500米。遗址地理位置较平坦，均为耕地，遗址中间有一条南北长的古街道路，也是古代南北交通要道。路两侧遗址地面散布建筑材料包括砖、瓦和生活日常用品瓷、陶片残块。主要属于元代居民遗迹。

六号遗址区：位于开城乡政府西北，遗址南端与一号遗址北端相接，地形走向西南至东北。遗址西南至东北长约800米，宽200～450米。遗址地面散布汉代粗绳筒瓦、板瓦，陶罐残片，元代白、黄、绿龙纹瓦当、滴水，板状琉璃建筑材料。可能为成吉思汗宗庙遗址。

3. 元代开城墓地及碑刻

20世纪80～90年代初，宁夏固原博物馆和原州区文物管理所分别在今开城元代墓地征集到2件买地（券）铭文砖。2件铭文砖是当地农民在墓区耕地时出土的。后由于固原撤地设市，为了解决城市缺水问题，于开城梁东侧何家湾建设水库，墓葬区被辟为取土厂。2001年6～9月，宁夏考古工作者经国家文物局批准，又对开城墓地南北两区73座墓葬进行了抢救性清理发掘，亦出土了大量文物。[56] 2件铭文砖分别为：

（1）元至大三年（1310年），沈妙清墓出土买墓地契约方砖1件。1985年初出土于固原县（今原州区）开城村银（川）平（凉）公路东侧山上。红砂石质。

略呈长方形，长52厘米，宽46厘米。行文楷书。现藏于宁夏固原博物馆。

碑文："维大元至大三年岁次庚戌正月二十五日吉辰，有开成县南街住人陈文德，伏为于正月初二日先妣沈氏妙清掩世，尊亲□于本县震山之原。龟筮协从，相地袭吉，坤方之水，来去潮迎，谨用明钱玖仟玖佰玖拾贯文，兼五彩信币，金宝珠玉，买此墓地一段。南长一百二十步，北长一百二十步，东阔一百二十步，西阔一百二十步。东至青龙，西至白虎，南至朱雀，北至玄武。内方勾陈，分擘四域。丘承墓伯，封步界畔，道路将军，齐整阡陌。至使春秋百载，永无殃咎。若有干犯，并令将军、亭长缚付河伯。今以牲牢酒脯，旨味香新，共为信契，财地相交。吩付工匠，将营安厝，已后永保休吉。知见人：太岁月建。主保人：今日直符，故气邪精，不得干犯。先有居者，永避他乡，若违此约，地府主吏自当其咎，助葬主内外存亡，急急如五方使者□青律令。

至大三年岁庚戌正月己卯朔二十五日癸卯吉辰。券立二本，一本给付亡□□先妣沈氏妙清，永付山泽者。"（碑文详见图版二八）

（2）元延祐六年（1319年）地券砖。1992年出土于固原县（今原州区）开城村银（川）平（凉）公路东侧山梁。青灰色，方形，直径38厘米，厚7厘米。砖形不甚规则，用朱砂竖写楷书。从右至左17行，共计275字。记载了大元延佑六年九月三日甲申，开成路开成县中街住人宋思义为陈子玉奄逝出备钱采买到基地一方，南北长二十步，东西阔一十七步三分。此碑现藏于原州区文物管理所。

碑文："唯大元延祐六年岁在己未九月壬午朔

初三日，甲申，开成路开成县中街住人□主宋思义，状缘士考陈子玉奄逝，未卜茔坟，日夜忧忍，不遑所□。□今日择此高原，来去朝迎，地占袭吉，地属本县迎原，堪为宅兆梯。已出备钱采买到基地一方，南北长二十步，东西阔一十七步三分五厘，东至青龙，西至白虎，南至朱雀，北至玄武，内方勾陈，管分四域，丘承墓伯，封步界畔，道路将军，齐整阡陌，至使春秋百载，永无殃咎。若有干犯，并令将军、亭长，缚付河伯。今以牲牢酒脯，百味香新，共为信契。财地相交，分付工匠修茔安厝已后，永保休吉。知见人：岁月主。代保人：今日直符。故气邪精，不得干犯。先有居者，永避万里。若违此约，地府主吏，自当其祸，助葬主内外存亡，悉皆安吉。急急如五帝使者青律令。"（碑文详见图版二九）

（3）元代元统三年（1335年）乙亥重修朝那湫龙神庙碑。残高105厘米，宽60厘米，厚1.75厘米。现存382字，为元顺帝元统三年（1335年）五月十五日开成州军政民同立。残存内容涉及元代开成州行政等。碑文如下。

"开成州东北，距三十五里有湫曰朝那，有山环焉。湫东冈阜上置祠设像，神曰盖国大王。

考之传记，春秋时秦人诅楚之文，投是湫也。汉唐载在祀典，金宋边臣尝祀于祠，碑志仍存。金末，兵尘荡起，祠无人居。上雨傍风，久赤摧隳；瓦砾椿芜，弗辨圣元。兴灭继绝，命官划荒芟秽，建庙致祭，颇福其土焉。凡他州旱，诚敬祈祷，雨旸之应，曾未旋踵。

大德丙午，陵谷变迁，殿宇湮灭，祈氓日漫，州之群庶，弗获荫庥。延祐甲寅，神降焉，摄土人佛玉保通传，复构堂屋，绘神塑像，俱尽其美。元统乙亥，月届蕤宾，连旬不雨，禾且告病。知州朵儿只先一日斋戒，躬率僚吏奉币祝泰，事祠下。未及州而澍雨，越三日乃止。均浃四境，郡人欢呼，民遂有秋之望。五日，朵儿只复率僚吏诣祠谢雨，所以致祷祀之实，交孚隐显之际，以极其诚也。

岁丙子，妇人刘氏捧白锡匣告予曰："夫（药）佛玉保同度共修盖国大王庙，（貌）几有年矣；勤劳之笃，靡一朝而成。夫弗玉保尝共妾拜祀湫涯，俄然水涌浪开，浮泛是匣，飘游赴岸。夫拜受启视，匣内有发两缕，金银首饰；匣画崇宁三年三川县妇人张梨香，为舅姑俱亡，夫亦早逝，建新庙于兹，捐是投湫以祈。后会明年夫病，临终托妾曰：'予共汝立祠事神十余载，天不假我以寿，汝肯继吾志守庙立碣以纪其事乎？'妾应曰：'诺。'自承命以来，夙夜未忘于怀，今十年矣。妾幸稍健，祠完神具，独碑未镌。恐一旦疾作，有不胜其悔矣，何面见夫于地下。石且砻矣，请纪其事，以信其愿。虽瞑目无憾。"

噫！云雷风雨，神实司之。龙神变化莫测，岂以一亩之宫为可居焉！此窈冥之事，不可测度者，凡祷则恃吾诚而已。然人与物同气而生，异于物者仁义存于身也。有则三才立，无则五典废矣。天壤中岂可不以仁义而操存焉！刘氏以女子之身，持坚确之志，始终一念，殊无别意，此义者也，与非义者，必有能辨者焉。敬述所以立祠之意，以告邦之人与来为政者，知事神之义在此，而不在彼。庶有以致其祷祠之实云。（碑文详见图版三一）

4. 固原城郊（今原州区清河镇）元代仿木结构砖室墓。[57] 1987年10月发掘于固原县西郊乡（今原州区清河镇）西关村。此墓为方形仿木结构砖室墓，南北向，由墓道、甬道、墓室三部分组成。出土有黑釉瓷坛、瓷灯、瓷碗、单耳瓷罐，陶砚，泥质烛台、香蕉、柿子、枣子、桃子及钱币崇宁重宝、熙宁重宝、元丰通宝等。

砖雕墓墓门为圆券顶，高1.21米，宽0.87米。甬道长0.48米，两壁平砖错缝至第14层开始砌券。墓门、甬道、墓室均用长29厘米、宽14.5厘米、厚5.5厘米的灰砖砌造。墓室平面呈正方形，边长2.96米。底部用条砖错缝平铺。墓室四角砌有方形抹角仿木立柱，柱下垫一圆形砖，作为柱础。柱间连以栏额，上砌普柏枋，栏额与普柏枋的宽度不等，前者为三层砖，后者为两层。枋上的角柱头上各砌一斗三升斗拱一攒。四壁除南壁墓门券顶上部砌有并列的二攒斗拱外，东、西、北三壁各施补斗拱一攒。斗拱为单下昂四铺作，

[57] 延世忠、高继林《固原城郊元代仿木构砖室墓清理简报》，《宁夏文物》，1990总第4期。

[58] 《明史·兵志》卷九十一。

[59] 《明史·王越列传》卷一百七十一。

[60] 《清史稿·孟乔芳传》卷二百三十七。

蚂蚱头形耍头。角斗拱、补间斗拱，耍头两端均嵌有雕砖。墓室内共有斗拱九攒，斗拱之上砌撩檐枋，枋上砌方形檐椽，滴水瓦立于檐椽之上，瓦的背面砌三层砖墙，从第四层砌券，墓室顶部合缝砖外出3厘米，构成硬山式屋顶。东西为山墙，山墙中部有一四方抹角柱立于一素枋之上，柱上下两边以及素枋两端下部镶嵌雀替形雕砖。墓室斗拱及山柱镶嵌的雕砖图案有云纹、花卉纹等。总之，此墓葬的发掘，对研究元代墓葬结构、人们的生活习俗以及元代建筑提供了重要实物资料。

### （二）明清时期的固原与碑刻

明中叶前，蒙古余部鞑靼、瓦剌等不断入侵北方。在明代诸多政治问题中，最重要的是北方防御问题。鞑靼族多次攻掠延绥（榆林）、河套及固原地区，成为明王朝西北边患。明廷在北方地区置有9个边镇，史称"九边重镇"。据《明史·兵志》边防记："元人北归，屡谋兴复。永乐迁都北平，三面近塞。正统以后，敌患日多。故终明之世，边防甚重。东起鸭绿，西抵嘉峪，绵亘万里，分地守御。初设辽东、宣府、大同、延绥四镇，继设宁夏、甘肃、蓟州（今北京市东）三镇，而太原总兵治偏头，三边制府驻固原，亦称二镇，是为九边。""弘治十四年（1501年）设固原镇。先是，固原为内地，所备惟靖虏。及火筛入据河套，遂为敌冲。乃改平凉之开成县为固原州，隶以四卫，设总制府，总陕西三边军务。"[58] 明宪宗朱见深"成化十年（1474年）春，廷议设总制府于固原，举定西侯蒋琬为总兵官，（王）越提督军务，控制延绥、甘肃、宁夏三边。总兵、巡抚而下，并听节制。诏罢琬，即以越任之，三边设总制自此始"[59]。使固原成为一个北方防务中举足轻重的军事重镇，为西北最高军事指挥机关。三边总制（督）均以左副都御史、巡抚左都御史、兵部尚书、户部尚书、兵部侍郎兼都御史、太子太保兼左都御史等身份的官员出任。总制大臣驻固原镇，延绥、宁夏、甘肃诸镇总兵、巡抚皆属三边总制节制。从军事角度讲，可以看出明王朝对西北的苦心经营和固原军事地位的重要。此时城防也大为加强。清初，固原承明制，后置固原州。陕西三边总督仍住固原，下辖陕西、甘肃、延绥、宁夏四巡抚。[60] 同治十二年（1872年）升固原州为直隶州。由于西北用兵，陕西总督和陕西提督先后驻守固原，1645年改固原州为固原镇，陕西总督节制2巡抚、3提督、11镇，统辖提标5营。1657年，陕西总督移驻汉中，陕西提督移驻固原，改称固原提督，节制3镇，统辖提标营13个。

1. 固原古城及明代古建筑

（1）固原砖包古城。内城始建于西汉，有"高平第一城"之称，后经北周大规模重修，唐、宋、金各代均增修。据宣统元年（1909年）《新修固原直隶州志》陈明猷标点本《宣统固原州志》记："固原州城：北周时筑之，明景泰时重修，成化时增设堞楼，弘治时挑成壕堑。万历三年，总督石茂华以土筑不能垂远，乃甃以砖。""内城：周围九里三分，高三丈五尺，垛口一千四十六座，炮台一十八座。外城：周围一十三里七分，高三丈六尺，垛口一千五百七十三座，炮台三十一座，壕深、阔各二丈。"共有城门十道："东城：三道，万历时建。有名者二：曰安边，曰保宁。南城：四道，万历时建。有名者二：曰镇秦，曰兴德。西城：二道，万历时建。有名者一：曰威远。北城：一道，万历时建。曰靖朔。同治兵乱后封闭。"[61]

另据1986年征集于固原县（今原州区）城关，清嘉庆十五年（1810年），那彦成撰并书《重修固原州城碑记》：

兵部尚书兼都察院右督御史，总督陕甘等处地方军务兼理粮饷，管巡抚事兼理茶马那彦成撰并书。

兰郡迤东，形势莫如陇；陇之险莫若六盘。六盘当陇道之冲，蜿蜒而北折，有坚城焉，是为固原州治。州本汉高平地，即史所称'高平第一'者也。北魏于此置原州，以其地险固，因名固原。城建自宋咸平中。明景泰三年重筑，疑就'高平第一'旧址为之。今年远不可考，然观其城内外二重，内周九里，外周十三里许，规模宏阔，甲于他郡。国初特设重

[61] 陈明猷标点《宣统固原州志》，陕西人民出版社，1992年。

镇。康熙庚寅、乾隆己卯，修葺者再。岁久日倾圮，有司屡议修而未果。

嘉庆庚午，余奉命再莅总制任。甫下车，有司复以请。时州苦亢旱，民艰于食，余方得请赈贷兼施，为之焦思徬徨。颁章程，剔赈弊，俾饥民沾实惠，顾敢用民力修作致重困。既而思之，城工事固不可缓，且来岁青黄不挨时，民食仍未足，奈何？莫若以工代赈，为一举两得计。会皋兰亦给赈，情形相同，因并缕陈其状以闻，得旨如所请。行已，乃遴员董工役，相度版筑。以十六年闰三月兴工，次年秋工竣。计是役募夫近万人，用帑五万余金，民乐受雇而勤于役。向之倾者整，圮者新，垣墉屹然，完固如初。（碑记全文详见图版五一）

因此，固原古城是一座在军事思想指导下完成的政治、军事要塞，在我国军事工程史上占有重要地位。自汉代以后，经北周、唐、宋、金、明、清各个时期增加阔筑、修葺加固、定型砖包，使这座规模宏大的砖包城立于原州，雄踞塞外，享誉北方，被史家誉为"关中之屏障，塞上之咽喉"，为进入关中的西北门户，历代兵家必争的政治、军事重镇，亦为古代西北的军事名城。

（2）魁星楼（文澜阁）。位于固原古城（内城）东南角城墙之上，今原州区城关第二小学院内。现城墙已毁，只保留一座圆锥体状的土台。台高12.3米，底部直径约26米，台面直径东西长约15米，南北宽13米。为六边形三层檐亭式木结构建筑。列柱里外两排，内金柱通至檐，二柱间童柱承托中檐，各柱之间均以梁、枋联结。上檐内部为攒尖式，角梁及由戗支承雷公柱和顶部。各层外檐均用双层椽飞，方形飞椽前端做刹。全部瓦顶为筒板布瓦。各角砌脊施兽，砖宝顶。各翼角翘起，有南方建筑风格。仅上檐用斗拱，除角斗外，每面正身施一朵，为三踩单翘结构。斗拱及攒尖木结构的制作比较细致。

据史载，魁星楼始建于明弘治十四年（1501年），为祭祀魁星之所。迄至清代，据清总兵石生玉《重修固原提署奎星阁记》："嘉庆间杨忠武公提兵，时生玉甫入伍，嗣由兵而弁居是邦者，二十有一年。父老子弟皆予敌人，凡人情风俗，无不洞悉于怀。今能超然置之耶？道光乙巳由湖南提督简调来此。讲武之余，询及文事，将欲大其振兴，以挽近百年媮陋之习。思非重建神阁不可，于是捐俸金，遣僚属，庀材鸠工，衣砖甃石，金碧错杂，丹漆涂施，凡两阅月而工告成。"

金以记文为请，予曰：奎星位居斗杓，职司文衡，为鸿钧之□□，诚艺府之观瞻。自今以往，都人士材征械朴，化启菁莪，虽非予所能操其券，而斯阁之巍峨□立，俾神明之。以妥以侑，徂斗千秋，庶默牖此邦之文教蒸蒸日上者，则予之志也。是阁也，上建三层，有阶可循，有梯可升。阁之下有方台，高二丈四也，仍其址台。四围原阔五丈六尺，今更阔八丈余，非踵事增华也，亦以示坚固、垂久远之意耳。是为记。"

道光二十五年（1845年）也曾重修。光绪末年，此阁面临毁塌，时任固原知州王学伊，为"招东来紫气，起地方文脉，壮山城景色"，倡议固原地方乡绅并带头捐资，仿照明代魁星楼式样重建于内城东南角台上，为六角三层阁楼式。民国年间更名为"文澜阁"，书法家于佑任曾为之题联："瑞应须弥山，翠接文澜阁。"1985年固原县人民政府又拨款重修。同年12月9日固原县人民政府公布为县级重点文物保护单位。2005年9月宁夏回族自治区人民政府公布为区级重点文物保护单位。2006年5月原州区人民政府，原州区文管部门多方筹资，又对文澜阁基础进行砖混结构加固，基础呈梯形，底部为26.8米×22米，顶部为22.8米×18.8米，高为11.9米。亭阁部分亦修复加固，成为古老山城的一大景观。游人可从西（内）侧阶梯盘旋而上，瞭望今日城市之全貌。

（3）明五龙壁砖雕。位于固原县城东2公里处的东岳山上。东岳山原为道教寺院，主祀泰岳碑，据碑文记创建于明代的东岳山，清顺治、康熙、乾隆年间重修，1958年及"文化大革命"初期毁成废墟。只仅存有山顶的一座明代修建砖雕艺术的五龙壁，高5.4米，宽9米，正面用160块方砖拼砌成鱼龙游戏图。5条巨龙腾空飞舞，追逐一珠。两条大鱼也跃然欲飞，

[62] 许成、吴峰云《宁夏古塔》，宁夏人民出版社，1988年；杨宁国《彭阳县文物志》，宁夏人民出版社，2003年。

搏击长空。16.2平方米的图面内，祥云缭绕，生气勃勃，一派吉庆升平景象。砖厚10厘米，浮雕深5厘米。构思巧妙，雕刻技艺精湛。1962年宁夏回族自治区文物部门曾拨款维修，1985年重修，已恢复本来面目，1986年列为县级重点文物保护单位，为游人观赏的砖雕艺术珍品（详见东岳山五龙碑）。

（4）瓔珞宝塔碑刻。瓔珞宝塔位于彭阳县城东北约百里的冯庄乡小湾村（冯庄、小岔两乡交界处），通高20余米，为7层楼阁式砖塔。整个塔体由塔基、塔身、塔刹三部分组成。塔体为仿木结构，呈八角形，用红砂岩砌筑，塔身各层由下而上逐级缓收，每边长60厘米，显得简洁朴实而又小巧玲珑。塔内采用厚壁空心式木板楼层结构，原有木梯可以攀登，现已毁。塔室内西面4米处设有一佛龛，顶部的八面收分上雕琢有道教阴阳八卦图。在瓔珞宝塔第二层的背壁上，嵌有一高47厘米、长90厘米的长方形石匾，上阴刻"瓔珞宝塔"4个大字，上首抬头为"发心功德主张侃高氏"。下边落款是"嘉靖三十年（1551年）三月初一日立"。[62] 从上述落款可知，此塔建于明嘉靖年间，距今已有450余年。另据民国《固原县志》载："张侃，固原卫人，家住附近七个山，嘉靖三十年春，有堪舆士过其庄，上下相度，谓侃曰：'此山若塔，当主斯郡文分日进，科第连翩。'侃应之曰：'若然，当勉之。'于是竭资鸠工，阅一年而告成，塔高五丈余，至今犹巍然生色也，自题曰：'瓔珞宝塔'。"当地传说此塔为高氏功德塔，是对"发心功德主张侃高氏"的穿凿附会。实属明代风水学说及考试文风影响下的产物。

在我国古代，"佛塔"俗称"宝塔"，起源于印度，称"窣堵波"或"浮图"，用以藏舍利和经卷等。在佛教传入中国之初，我国的文献中是没有"塔"这个字的。到了晋宋时期，译经人才从古印度梵经中取其中一个音节，创造出"塔"字来。因此，"塔"的本义就是坟，是埋葬"佛骨"的坟墓。佛塔的出现是我国古代劳动人民以中国传统的建筑形式，巧妙融合了外来的佛教内容，成为我国古代建筑史上的一项杰出的艺术创造。历史上修建的塔总是与佛教联系在一起，所以也就成为佛教寺院中的主体建筑之一。1991年4月彭阳县文物站对瓔珞宝塔周围进行保护清理，在塔中轴线后1米处发现了庙宇建筑遗址，除残存墙基等建筑材料、彩绘图案外，还出土有一佛二菩萨三尊彩绘泥塑造像、陶俑、瓦当、柱础、青砖以及长0.4米、宽0.24米的花边瓦匾，竖阴刻"崇宁护国"4个字。瓔珞宝塔，不仅是宁夏有明确纪年的明代仿木结构砖塔，也是明代佛、道两教合一的古建筑寺院之一，具有较高的历史、科学、艺术价值。现为宁夏回族自治区重点文物保护单位。

2. 明清时期碑刻

固原境内保存有这一时期石刻、碑记、墓志、砖刻（雕）较多。本书选录48件（碑文详见图版明清部分）。

（1）明景泰二年（1451年）重修镇戎城碑记。1979年6月出土于固原城南门西侧城墙墙壁上。方形，边长38厘米，厚6.5厘米。此砖正面平整，阴刻324字铭文。背面粗糙，有一凹面右手印。铭文内容为"维□□□□□□初□日，忽有达贼入境，将各处人口杀死，掳去官私头畜，家财尽行抢掠，不下万计，军民惊散，苦不胜言。有陕西苑马寺长乐监监正王，为因本处民无保障，申奏朝廷。敕镇守陕西兴安侯徐、左都御史陈、差委右布政使胡……平凉卫指挥马、甘，会同监正王，督集各所属官员、人匠、军民夫五千余人，于景泰二年七月二十二日兴工重新修补。掘出方砖一块，上刻大金兴定三年六月十八日巳时地动，将镇戎城屋宇摧塌。兴定四年四月二十一日，差军民夫二万余人兴工修筑，五月十五日工毕。既见古迹，可刻流传。景泰二年八月终工完。虽劳众力之艰辛，永为兆民之保障。""上愿：皇图巩固，德化万方。虏寇潜藏于沙漠，臣民康乐于华夷。国泰民安，时和岁稔。思王公惠民之心，德无酬报，刻斯为记，千古留名。""景泰二年岁次辛未九月初一日。陕西苑马寺带管黑水口总甲刘彬、张纯刻"[63]（碑文详见图版三四）。

（2）明嘉靖十年（1531年）地震刻石，1986年出土于固原东岳山鲁班庙遗址中。整体呈长方体，长

[63] 许成、韩兆民《宁夏固原出土明代砖刻》,《考古与文物》1982年第4期。

[64] 见明《嘉靖十一年地震刻石》,现藏于宁夏固原博物馆。

[65] 马建军《吴大澄三关口筑路碑》,《中国文物报》,1998年1月21日；《三关口筑路碑》,《中国百年历史名碑》,辽宁教育出版社,1997年。

32.5厘米，宽6厘米，厚8.3厘米。碑正面边缘一周阴刻约4厘米宽的回旋纹，中间为竖阴刻174字铭文。铭文为："维大金兴定三年己卯六月十八日巳时，地动自西北而来，将镇戎城壁屋宇尽皆摧塌，黎民失散。至兴定四年四月廿一日兴工，差军民夫二万余人再行修筑，至五月十五日工毕。复旧有总领都提控军马使、镇戎州太守监修。德政无私，军民皆伏，使西戎不敢侵犯。安居民复归本业，虽劳一时之众力，已成千古之基业。以表皇上之圣德。庚辰岁五月十五日勒石壁左。至大明嘉靖十年十一月朔日，信士蒲璋恐岁久磨灭，以石易砖，重拜，勒于壁右。"[64]（碑文详见图版四一）

（6）清光绪元年（1875年）三关口修路碑记。是吴大澂就任陕甘学政期间，路过此地时书写的。碑勒成后镶嵌在距固原城南45公里处的三关口东崖壁上，"文化大革命"时被三关口村民搬回村里，但并未受到损坏。1981年固原县文物工作站（现固原博物馆）为了使石碑免遭人为损毁，将其收藏。1994年固原博物馆石刻馆落成，将其陈列于内。[65]1996年8月，经国家文物鉴定委员会鉴定，定为国家一级文物。

此碑青石质，由4块大小相同的碑组合，碑身高127厘米，宽76厘米，厚10厘米。座高12厘米，宽31厘米，厚8厘米。碑面阴刻文字。碑文由正文与题跋两部分组成，汉隶正文由吴大澂书写。共184字，分别雕刻在四块碑面上。碑文内容主要颂扬当时任庆、泾、平、固观察使的湖南邵阳人魏光焘督率将士拓宽、修平丝路关隘金佛峡（今三关口）的一段道路，方便行人，沟通东西的功绩。11字隶书落款。在正文与落款之间空白处，雕刻有清人杨重雅于光绪三年（1877年）书写的200余字的行书题跋（碑文详见图版五六）。

三关口修路碑，一组碑整体看上去颇有气势，前三块每块竖刻五行文字，第四块为重雅后来补写的跋后。反映了吴大澂的书法艺术成就，是不可多得的书法珍品。体现了清代隶书对汉隶的继承和发展，具有浓郁的时代气息。综观清人书写隶书远宗汉隶，并不一味摹拟汉隶。在书写过程中，以自己的意趣，极尽变化之能事，或取篆籀笔势，或运用行草笔意；或掺以魏碑、唐楷之法，也有熔真草隶篆于一炉者，真可谓神奇变幻，不可方物。吴氏充分发挥了自己的特长，在书写该碑时，把篆书笔势有机地糅合于隶书之中，使字体处处带有篆书意韵，美观大方，遒劲有力。整体结构排列打破了明清以来隶书的排列风格。明清以来的隶书作品，字体扁方匀整，波磔划一，竖有列、横有行，列间挤、行间宽,规格整齐划一。吴氏没有受其束缚，在排列结构上，每块碑竖排5行文字，满行为12字，有些只有10字或9字，每个字体大小、长短、扁方均不统一,错落无序，潇洒自如，与传统风格迥然不同。落款也展现了自己的风格。吴氏善写篆书，但经常用隶书作款，属汉碑中方正平实一路，该碑落款11字，在第四块的近边处，笔无篆味,波磔有形,体势匀整均等，集中体现出了清人隶书的模式和吴大澂的书法风格，显示出其在书法、文字方面深厚、扎实、凝重的基本功。

综上所述，我国古代碑刻艺术历史悠久，源远流长，数量巨大，内涵丰富，是中华民族优秀文化遗产之瑰宝。其源于商周，盛行于汉唐，承继于后代。举凡官衙署所、堡寨城塞、关隘桥渡、形胜古迹、寺观祠庙、坊市集镇，皆于竣工落成时勒石为记，以壮华美。至于历代名流诗赋、显达题咏、官彰政绩、宦颂德兴，更以碑铭而志，以永后范。中国古代碑刻本身就构成了一部直观的中国文字发展史，历来受到世人的瞩目，尤为学界所珍视。特别是保存至今的古代碑文墓志，堪称与官修私撰的古籍有同样重要的文献价值，不仅是历史学、考古学、古文字学、古文献学重要的研究对象，也为其他多种学科的研究提供了丰富的实物资料。众所周知，墓志是我国古代埋设在墓葬中用以记叙死者姓名、籍贯、生平及亲属世系的铭刻文献。其形制起源于秦汉，变化于魏晋，定型于南北朝，兴盛于隋唐，经宋元明清发展至民国仍然行用。墓志作为铭刻文物，艺术价值颇大。北魏的墓志隶楷合一，书法雄劲，在我国书法史上号称"魏碑体"。定型后的墓志，盖石盝顶、四刹等处雕饰人物、四象、花草、云气等图案，成为更加精美的艺术品。而墓志作为原始文献，学术价值则更大。在传世文献不足的情况下，利用墓志这种原始文献研究历史，曾取得丰硕的成果。因此，墓志一直深受学者的重视。

中国汉字源出象形，它最初具有的图示性、线条性的形式，在其自身发展过程中，逐步获得了独立于字义本身的审美意义，最终形成一种抽象的线条艺术。这是世界上任何一种文字都未能达到的境界。每一块碑刻既是古代文献，又是一幅书法作品，更是一幅雕刻精美的艺术品。尤其是唐代以来，刻碑讲究书法，人们开始有意识地以碑刻形式保留书法家的创作。宋代之后刻帖之风兴起，把历代书法家的艺术成就凝固于碑石上，传诸后世，使这一传统艺术不断得到继承和发展。固原出土的碑刻，是宁夏文物考古研究取得的丰硕成果。

# 《重修固原州城碑记》及其作者那彦成

程云霞（副馆长、副研究馆员）

　　《重修固原州城碑记》，人称"那公碑"，为清嘉庆十六年（1811年）陕甘总督那彦成应有司之请，力排众议，奏请朝廷，用以工贷赈的办法有计划地对固原古城加固维修后的抒怀之作。作者以极其简练的笔墨概述了固原古城的历史及其在历史上重要的军事地位，强调了"守土者"应以民为本，必须及时加固维修固原城的必要性，以及修整后的欣喜之情。

　　当时碑记刻成后立于武庙门前台阶下的北侧，民国时期拓展街面时移于台阶上的大院内，碑身毁于"文化大革命"中。从碑头和存留的残片看，为富平青石所制。碑刻仅有一张民国时期的拓片，现与碑头同藏于宁夏固原博物馆。原州区图书馆藏有一本拓片裱成的字帖。

根据拓片和碑头可测得原碑通高为280厘米，其中碑头高80厘米，碑身200厘米，碑厚13.5厘米。碑头上两角刹去，呈圭形。碑额为两行阴刻八字小篆"重修固原州城碑记"。碑额两侧各线刻游龙一条，二龙首攒集于额顶，共拱一火珠。碑额下部饰水波纹，龙体以外空地饰流云纹。

碑文17行，行满48字，全文700余字。碑文为行楷体，为当时典型的馆阁体，字字清秀匀整，笔笔劲健流畅。字的每一笔划刻法为直刀入石，深约2.5毫米，每画两边峭立，底平。无论书法、刀法均见极其深厚之功力，可惜已毁。因此，拓片也堪称珍品。

据《那文毅公奏议》载，那彦成生于清乾隆二十九年（1764年），卒于清道光十三年（1833年），在世70岁。满洲正白旗籍，章佳氏，字韶九，一字东甫，号绎堂。大学士阿桂孙。清乾隆五十四年（1789年）进士，乾隆五十五年授内阁学士，兼礼部侍郎。清嘉庆三年（1798年）任军机大臣。五年，赴四川镇压白莲教起义，因用兵无功，罢军机，降为侍讲。七年，至广东镇压永安、博罗、归善天地会起义。次年擢礼部尚书。九年，复授军机大臣，署陕甘总督，旋擢两广总督。十八年，以钦差大臣赴河南镇压天理教起义，事平，授直隶总督。道光七年（1827年），张格尔叛乱平定后，往筹善后。十一年，以办理不善革职。后病卒。追谥"文毅"。工诗能书，遇事有执持，于权要无所屈。著作留有《那文毅公奏议》《平番奏议》《那文毅公遗编》。《重修固原州城碑记》一文《宣统固原州志·艺文志》录入其中。

**原文释录**

## 重修固原州城碑记

兵部尚书兼都察院右督御史，总督陕甘等处地方军务兼理粮饷，管巡抚事兼理茶马那彦成撰并书。

兰郡迤东，形势莫如陇；陇之险莫若六盘。六盘当陇道之冲，蜿蜒而北折，有坚城焉，是为固原州。州本汉高平地，即史称"高平第一"者也。北魏于此置原州，以其地险固，因名固原。城建自宋咸平中。明景泰三年重筑，疑就"高平第一"旧址为之。今年远不可考，然观其城内外二重，内周九里，外周十三里许，规模宏阔，甲于他郡。国初特设重镇。康熙庚寅、乾隆己卯，修葺者再。岁久日倾圮，有司屡议修而未果。

嘉庆庚午，余奉命再莅总制任。甫下车，有司复以请。时州苦亢旱，民艰于食，余方得请赈贷兼施，为之焦思彷徨。颁章程，剔赈弊，俾饥民沾实惠，顾敢用民力修作致重困。既而思之，城工事固不可缓，且来岁青黄不接时，民食仍未足，奈何？莫若以工代赈，为一举两得计。会皋兰亦给赈，情形相同，因并缕陈其状以闻，得旨如所请。行已，乃遴员董工役，相度版筑。以十六年闰三月兴工，次年秋工竣。计是役募夫近万人，用帑五万余金，民乐受雇而勤于役。向之倾者整，圮者新，垣堞屹然，完固如初。

方余之议重修也，或疑为不急之务，谓是州建在明，时套虏窥伺，率由此入，惟恃一城以为守御。州境延袤千里，北接花马池，迤西徐斌水，诸处又与敌共险，无时不告警。当时之民惫甚，故城守不可不讲。若我国家，中外一统，边民安享太平之福，百有余年，城之修不修似非所急。余曰不然，夫城廓之设，金汤之固，本以卫民，体制宜然，犹人居室，势不能无门户；守土者安可视同传舍，任其毁败，致他日所费滋多。使其可已，余曷敢妄为此议。况地方每遇祲，仰蒙圣天子轸念痌瘝，有可便吾民者入告，辄报，可立见施行。民气得以复初，欢欣鼓舞，若不知有俭岁者，兹非幸欤！救荒之策既行，设险之谋亦备，从此往来陇西者，登六盘而北眺，谓坚城在望，形势良不虚称矣。虽然在德不险保障哉，无忘艰难，余愿与贤有司共勖之。是为记。

嘉庆十七年岁在庚申秋七月朔日

富平仇文发刻石

（《重修固原州城碑记》拓片，现已收藏在宁夏固原博物馆，1986 年被国家文物鉴定组定为一级文物资料。）

# 固原文物考古与碑刻图版

一、
前秦 苻坚（梁阿广）墓表

建元十六年（三八〇年）
二〇〇二年征集于彭阳县新集乡
国家一级文物
现藏宁夏固原博物馆

**1-1 前秦 苻坚（梁阿廣）墓表：碑阳**

### 碑阳文

秦故領民酋大功門將，襲爵興晉王，司州西川梁阿廣。以建元十六年三月十日丙戌終，以其年七月歲在甲辰廿二日丁酉塋于安定西北小盧川大墓塋内，壬去所居青巖川東南卅里。

**1-2 前秦 苻坚（梁阿廣）墓表：碑阴**

**碑阴文**

　　陰刻"碑表及送終之具於涼州作致"12字。

　　梁阿广墓表1组（2件），灰砂岩石质。圆弧形碑额，方形碑身，长方形底座，有榫卯结构。通高36厘米，宽27.5厘米，厚5厘米。底座高10厘米，宽20厘米，长29厘米。圆弧形额头正中竖阴刻篆意隶书"墓表"2字，下部阴刻志文，竖排9行，行满刻8字，全文共72字。

二、北魏 兖岐泾三州刺史新安子贠世（标）墓志铭

现藏宁夏固原博物馆

国家一级文物

一九六四年固原县彭阳公社（今彭阳县白阳镇）海巴村赵洼出土

景明三年（五〇二年）

**2-1 北魏 兖岐涇三州刺史新安子貟世（標）墓誌銘：碑阳**

**碑阳文**

　　兖、岐、涇三州刺史新安子，姓貟，諱標，字顯業，涇州平涼郡陰槃（盤）縣武都里人。楚庄王之苗裔，石鎮西將軍、五部都統、平昌伯曖□之曾孫，冠軍將軍、涇州刺史、始平侯郎之長子。　惟公文照資於世略，英毅括囊仁倫，納言則貞，波顯司出，收則純風。再宣匪悟，星寢宵泯，華景盡戻。以大魏景明三年歲次壬午。

2-2 北魏 兖岐泾三州刺史新安子負世（標）墓誌銘：碑側

負标墓志铭1件，呈长方形，泥质灰陶。高36厘米，宽16.5厘米，厚6厘米。墓砖右侧面竖阴刻："兖岐泾三州刺史新安子負世墓志铭"。墓砖志文以魏碑体竖书阴刻，凡7行，116字。

三、西魏　原州刺史李贤之妻魏故李氏吴郡君（辉）墓志铭

大统十三年（五四七年）

一九八三年固原县南郊乡（今原州区开城镇）深沟村出土

国家一级文物

现藏宁夏固原博物馆

墓志1组（2件），均为青石质。志盖，长46.5厘米，宽46厘米，厚12厘米。盝顶式，四面斜刹，素面，正中镌刻减地阳文篆书"魏故李氏吴郡君之铭"共3行9字。

志石，长45厘米，宽44厘米，厚11厘米。横竖各20行，满行20字，楷书志文阴刻格内，共323字。

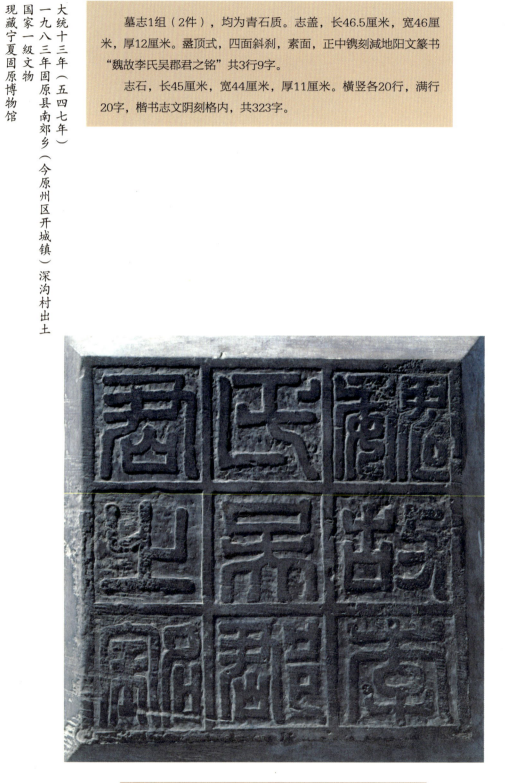

**3-1　西魏　原州刺史李贤之妻魏故李氏吴郡君（辉）墓誌銘：志盖**

**3-2　西魏　原州刺史李賢之妻魏故李氏吳郡君（輝）墓誌銘：志石**

## 志文

魏使持節假鎮北將軍征虜將軍大都督散騎常侍原州刺史上封縣開國公李賢和妻故長城郡君吳氏墓誌銘

郡君諱輝，高平人。祖興宗，父洪願，其先渤海徙焉。世家豪瞻，礼教相承，爰自邦鄉，門居顯稱。郡君資性柔靜，立身婉順；少習女功，長成婦德；四行既充，六禮云暨；始自笄年，言歸茂族。夫氏積善所鍾，福祿修降。伯叔以勳德升朝，且台且牧；子侄稟訓過庭，以文以武。清清列位，藹藹盈門；繁衍剋昌，一時罕匹。舅姑夙逝，不遠恭奉。身居長姒，內正所歸；警誡相成，動遵礼度；敬接眾娣，慈訓諸婦；內外斯穆，人無間焉。方冀享萬石之遐福，終九十之盛儀。而與善無徵，淪芳盛日。春秋卅八，以大統十三年歲次丁卯九月乙未朔廿六日庚申薨於州治。朝廷以夫門功顯，夫人行修，追贈長城郡君，即以其年十二月廿一日葬於高平。即遠莫追，幽扃遂密。鑴石銘志，以備陵谷云。

長子東宮洗馬永貴，貴妻馮氏

次子永隆

次子孝軌

次子孝譚

四、北周 故大将军大都督原盐灵会交五州诸军事原州刺史 槃头郡开国襄公（宇文猛）墓志铭

现藏宁夏固原博物馆

国家二级文物

一九九三年五月固原县南郊乡（今原州区开城镇）王涝坝村出土

保定五年（五六五年）

墓志1组（2件），青石质。志盖，无文（素面），正方形，边长44厘米，厚12厘米。盝顶式，四面斜刹，素面，无任何字迹。

志石，正方形，边长52厘米，厚10厘米。正面磨光，细线刻划界格，横竖各27行，志文共25行，满行27字，格内阴刻楷书志文，全文共516字。

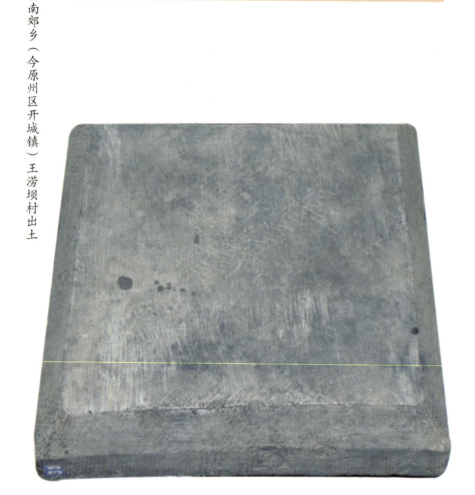

4-1 北周 故大將軍大都督原鹽靈會交五州諸軍事原州刺史 槃頭郡開國襄公（宇文猛）墓誌銘：志盖（无文）

4-2 北周 故大將軍大都督原鹽靈會交五州諸軍事原州刺史
檠頭郡開國襄公（宇文猛）墓誌銘：志石

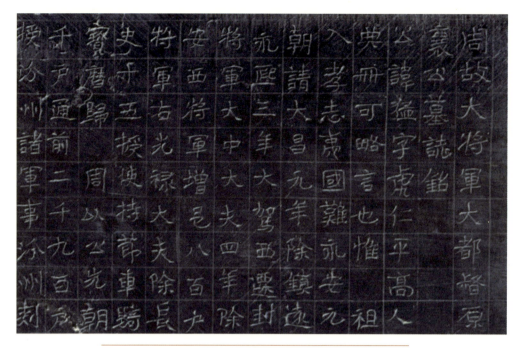

4-2 北周 故大將軍大都督原鹽靈會交五州諸軍事原州刺史
槃頭郡開國襄公（宇文猛）墓誌銘：志石(局部)

## 志文

周故大將軍大都督原鹽靈會交五州諸軍事原州刺史槃頭郡開國襄公墓誌銘。

公諱猛，字虎仁，平高人。其先帝顓頊之苗裔。長瀾不竭，世濟其真，備詳典冊，可略言也。惟祖惟父，世為民酋。公幼表令望，長而雄烈。出忠入孝，志夷國難。永安元（年）任都將，二年補都督。普大中，除襄威將軍，奉朝請。大昌元年，除鎮遠將軍、步兵校尉，除龍驤將軍、員外諫議大（夫）。後至永熙三年，大駕西遷，封長安縣開國侯，食邑八百戶。大統二年加平東將軍、大中大夫。四年，除安南（將）軍、銀青光祿大夫，又除通直散騎常侍，加安西將軍，增邑八百戶。通前一千六百戶，進爵為公。十三年加持節（□）軍將軍、右光祿大夫，除長樂郡守。十四年授大都（督）、原州諸軍事、原州刺史。十五（年）授使持節、車騎大將軍、儀同三司，尋加驃騎大將軍，開府乃屬。寶曆歸周，以公先朝勳舊，賜姓宇文氏。改封槃頭郡開國公，增邑一千戶，通前二千九百戶，即授左武伯。三年，轉授左宮伯，以公宗室勳舊，授汾州諸軍事、汾州刺史。保定四年，以公秉德貞固，摻識淵遠，授大將軍。餘官封依舊。公勇同衛霍，兵合孫吳。東西戰敵，無陣不經。當鋒履刃，（□□□）臨。方謂應茲多福，降此永年；豈期霜雰，倏隨冥古。春秋六十有九。保定五年，歲次乙酉七月十五日遘疾，薨于長安縣鴻固鄉永貴里，親朋號慕，朝野悵愕。皇上聞而悼焉。詔贈原、鹽、（靈）、會、交五州諸軍事、原州刺史。諡曰襄，礼也。即（以）其年十月廿三日葬于斯原，公子等恐川移谷徙，無聞聲烈。託石式銘，以傳永久。

夫人新平郡君馮

世子儀同永

次子元貴

次子興貴

次子右仁

五、北周 使持节柱国大将军大都督原泾秦河渭夏陇成豳灵十州诸军事原州刺史河西公（李贤）墓志铭

天和四年（五六九年）
一九八三年固原县南郊乡（今原州区开城镇）深沟村出土
国家一级文物
现藏宁夏固原博物馆

　　李贤墓志铭1组（2件），为青石质。志盖为正方形，边长67.5厘米，厚10厘米。盝顶式，四面斜刹，素面。正中镌刻减地阳文楷书3行9字"大周柱國河西公墓銘"。右上角有一直径约2厘米的圆穿孔，下部有4个排列不规整直径9厘米的圆环形印痕。

　　志石，亦为正方形，边长67.5厘米，厚10厘米。楷书志文阴刻格内，横竖31行，行满31字，共874字。

5-1　北周　使持節柱國大將軍大都督原涇秦河渭夏隴成豳靈十州諸軍事原州刺史河西公（李賢）墓誌銘：志盖

**志文**

大周使持節、柱國大將軍、大都督、原涇秦河渭夏隴成幽靈十州諸軍事、原州刺史、河西桓公墓誌銘

公諱賢，字賢和，原州平高人。本姓李，漢將陵之後也。十世祖俟地歸，聰明仁智，有則哲之鑒。知魏聖帝齊聖廣淵，奄有天下，迺率諸國定扶戴之議。鑿石開路，南越陰山，竭手爪之功，成股肱之任，建國擒拔，因以為氏。公即平涼府君之孫，司空公原州史君之子。溫恭之性，稟於自然；仁恕之心，非關師獎。風雨不能移其操，喜慍未嘗形於色。鄉黨許其遠大，宗族稱為萬頃。故能開其儀府，同斯鉉望；再蒞河州，三居本牧。擁節巴湘，作監軍於江外；利建茅社，啟土宇於河西。瓜竹敦煌，仍專萬里之務；褰帷兆嶽，兼總六防之師。踐境臨民，每有來蘇之詠；秩滿旋闕，咸垂去思之涕。若夫彈冠結綬，卅有七年。披堅陷敵，廿有一戰。遂得聲齊細柳，功超大樹。既聯光於八宿，亦何殊於萬戶。魏武君臣失和，迺眷西顧；太祖清掃閫輔，以俟鑾躅。令公輕董千騎，奉迎六軍，行次西中，便得朝觀。于時疾風之始，非無去就，公受詔居後，實有殿功。蓋聞積善之家，必有餘慶。故官爵隆於四世，子孫茂於八凱，略敍一門之中。為柱國者二，大將軍者三、開府者七、儀同者九、孤卿者六、方伯者十有五焉。至於常侍、侍中之任，武衛武率之職，總管、監軍之名，車騎、驃騎之號，冠蓋交錯，劍珮陸離，胡可稱矣。太祖以皇帝春秋實富，齊國公年在幼沖，令公挾輔，義高師尚。故始納元妃，便當賀醊之禮；龍飛大寶，遂有合家之錫。方欲鹽梅九鼎，論道三槐，日車未懸，山頹奄及。天和四年歲次己丑三月廿五日，薨於長安，時年六十有六。其年五月己丑朔廿一日己酉葬於原州西南隴山之足。皇帝追保弼之勳，不拘恒例，爰降神筆，特贈柱國大將軍、原涇秦河渭夏隴成幽靈十州諸軍事、原州刺史。謚曰桓公，禮也。夫人宇文氏，婉婉嬪風，優柔母德。草塵未永，薤露光悲，朝雲已沒，夜臺多穸，龜筮既從，別開埏塋。是日遷柩儷於萬里，合雙魂而同穴，懼黃壤之不恒，勒清徽於銘誌：

惟嶽降神，誕茲惷人。方金為銑，比玉稱玱。少年提劍，弱齡縉紳。戈麾落日，馬逐秋塵。功揚六輔，聲溢三秦。團團青蓋，瀰瀰朱輪。桂仍舒馥，山方壘仁。翻顏百刃，奄落三春。帝憶枌榆，客思鄉里。樞辭京闕，魂歸桑梓。遷其柩儷，同斯巖趾。白楊合拱，清徽永矣。

世子端，使持節、車騎大將軍、儀同三司、大都督、甘州刺史、懷息公。

次子吉，平東將軍、右銀青光祿、大都督。

次子隆，使持節、車騎大將軍、儀同三司、大都督、適樂侯。

次子軌，帥都督、升遷伯。

次子詢，都督、左侍上士。

次子諲。

次子綸。

次子孝忠。

次子孝禮。

次子孝依。

次子孝良。

次子抱南。

5-2 北周 使持節柱國大將軍大都督原涇秦河渭夏隴成幽靈十州諸軍事
原州刺史河西公〔李賢〕墓誌銘：志石

六、北周 秦阳郡守大利稽冒顿墓志铭

现藏宁夏固原博物馆

国家二级文物

一九九四年十一月固原县西郊乡（今原州区清河镇）北十里出土

建德元年（五七二年）十二月

大利稽冒顿墓志铭砖1件，呈青灰色，高38厘米，宽39.2厘米，厚7.2厘米。左下角已残损，背面有绳纹，正面将原有绳纹磨去后刻字，表面残留绳纹痕迹。现存刻字7行，每行14字不等。

6-1 北周 秦陽郡守大利稽冒頓墓誌銘

6-2 北周 秦陽郡守大利稽冒頓墓志銘（拓片）

 志文

    維建德元年歲次壬辰十二月己亥□二十三日辛酉，原州平高縣民，征東將軍，左金紫光祿、都督、贈原州刺史、悵□□縣開國子，大利稽冒頓墓志銘，大息秦陽郡守。

七、北周　使持节少师柱国大将军大都督襄州总管襄州刺史故雁门公（田弘）墓志铭（一）

现藏宁夏固原博物馆

国家一级文物

一九九六年固原县南郊乡（今原州区开城镇）王涝坝村出土

建德四年（五七五年）

田弘墓志铭1组（2件），均为青石质。志盖，正方形，边长72厘米，厚12厘米。盝顶式，四面斜刹，四面先双线刻划四边框，中布均匀宽线棋格，4行4字，减地阳刻篆书"大周少师柱国大将军雁门襄公墓志铭"。

志石，上下宽，左右略窄，基本成正方形，边长为72厘米。表面磨光规划棋格，竖36行，每行38格，阴刻魏体志文，共1 341字。

7-1　北周　使持節少師柱國大將軍大都督襄州總管襄州刺史故雁門公（田弘）墓志銘：志盖

7-2 北周 使持節少師柱國大將軍大都督襄州總管襄州刺史故雁門公（田弘）墓志銘：志石

**志文**

大周使持節、少師、柱國大將軍、大都督、襄州總管、襄州刺史、故雁門公墓誌

公諱弘，字廣略，原州長城郡長城縣人也。本姓田氏，七族之貴，起於沙麓之�；五世其昌，基於鳳凰之縣。千秋陳父子之道，人主革心；延年議社稷之計，忠臣定策。公以星辰下降，更稟精靈；山岳上升，偏承秀氣。淮陰少年，既知習勇；潁川月旦，即許成名。永安中，從隴西王入征，即任都督。永熙中，奉迎魏武帝遷都，封鶉陰縣開國子，轉帥都督，進爵為公。太祖文皇帝始用勤王之師，將有兵車之會。公於高平奉見，即陳當世之策。太祖喜云：“吾王陵來矣。”天水有大隴之功，華陽有小關之捷。襄城則不傷噍類，高壁則不動居民。並嚮援桴，飛難燧象。雖以決勝為先，終取全軍為上。大統十四年，授持節、都督原州諸軍事、原州刺史。雖為衣錦，實曰治兵。乞留將軍，非但南部將校；爭迎州牧，豈直西河童子。又增封一千三百戶。侍從太祖平竇軍、復恒農、破沙苑、戰河橋、經北邙，月暈星眉，看旗聽鼓，是以決勝千里，無違節度。乃授使持節、車騎大將軍、儀同三司。尋而金墉阻兵，靫關須援，賜以白虎之詔，馳以追鋒之車。武安君來，即勇三軍之氣；長平侯戰，果得壯士之心。魏前元年，遷驃騎大將軍，開府梁漢之南，崤江以北，西窮綿竹，東極夷陵，補置官人，隨公處分，加侍中。魏祚樂推，周朝受命，進爵雁門郡公，食邑通前三千七百戶。文昌左星，初開上將之府；陵雲複道，始列功臣之封。保定三年，都督岷兆二州五防諸軍事、岷州刺史。朝廷有晉陽之師，追公受脤。太原寒食之鄉，呼河守冰之路，無鐘遠襲，走馬凌城，奇決異謀，斯之謂矣。拜大將軍，增邑千戶，餘官如故。玉關西伐，獨拜於衛青。函谷東歸，先登於韓信。方之此授，異代同榮。江漢未寧，暫勞經略，更總四州五防諸軍事。而龐德待問，先言入蜀之功；羊祜來朝，即見平吳之策。白旁加兵，足驚巴浦。荊門流斾，實動西陵。既而越舸凌江，咸中火箭，吳兵濟漢，並值膠船。爾後乘駟兆河，觀兵墨水，白蘭拓境，甘松置陣，板載十城，蕃蘺千里。論龍涸之功，增封千戶，並前合六千戶。蜀侯見義，求靜西江。渾王畏威，請蕃南國。月硤治兵，收功霸楚。熊山積仗，克復全韓。天和六年，授柱國大將軍，建德二年，拜大司空。楚之上相，以黃歇為能賢；漢之宗卿，以王梁為膺讖。尋解司空，授少保。匡衡加答拜之礼，張禹受絕席之恩，鬱為帝師，得人盛矣。三年，授都督襄郢昌豐塘蔡六州諸軍事、襄州刺史。下車布政，咸風歡然。猾吏去官，貪城解印。樓船校戰，正論舟楫之兵；井賦均田，始下沮漳之鄆。既而南中障癘，不宜名士，長沙太傅，遂不生還，伏波將軍，終成永別。四年正月三日薨于州鎮，春秋六十有五。天子舉哀，三日廢務，詔葬之儀，並極功臣之礼。有詔贈少師，原交渭河兆岷鄜七州諸軍事、原州刺史。諡曰襄公。其年四月廿五日歸葬於原州高平之北山。公性恭慎，愛文武，無三惑，畏四知。儀表端莊，風神雅正，喜怒之間，不形辭氣，頗觀史籍，略究兵書。忠臣孝子之言，事君愛親之礼，莫不殷勤誦讀，奉以書紳。至於羽檄交馳，風塵四起，秘計奇謀，深沉內斷，故得戰勝攻取，算無遺策。有始有卒，哀榮可稱。在州疾甚，不許祈禱，吏民悲慟，城市廢業。世子恭攀號扶侍，途步千里，毀瘠淄塵，有傷行路，鳴呼哀哉！乃為銘曰：

有媯之後，言育于姜。長陵上相，淄水賢王。榮歸歷下，單據聊陽。安平烈烈，京兆堂堂。乃祖乃父，重光累德。驅傳揚旌，燕南趙北。白馬如電，玄旗如墨。箭下居延，泉驚疏勒。公之世載，幼志夙成。祥符歲德，慶表山精。純深成性，廉節揚名。忠泉湧劍，孝水沾纓。勇氣沉深，雄圖超忽。削樹翬林，乘冰馬窟。義秉高讓，仁彰去伐。屈體廉公，還疑無骨。水土須政，公實當官。兵戈須主，公乃登壇。長城遠襲，地盡邯鄲。宜陽積杖，一舉全韓。作鎮南國，悠然下土。赤蟻玄蜂，含沙吹蠱。惜乏芝洞，嗟無菊浦。南郡不歸，長沙遂古。黃腸及葬，玄甲西從。旌斾寂擁，幨蓋虛重。高平柏毂，山繞旅松。惟茲盛德，留銘景鐘。

世子使持節、驃騎大將軍、開府儀同三司、大都督、司憲恭。

次息大都督、貝丘縣開國侯備。

七、北周　柱国大将军田弘神道碑文（庾信撰——《宣统固原州志》）（二）

建德四年（五七五年）

原碑早年已毁。

**碑文**

公讳弘，字廣略，原州長城縣人也。本姓田氏。虞賓在位，基於揖讓之風；鳳皇于飛，紹於親賢之國。論其繼世之功，則狄城有廟；序其移家之治，則長陵有碑。況復高廟上書，小車而對漢主；聊城祭鳥，長岳而驅燕將。公以胎教之月，歲德在寅；載誕之辰，星精出昴。是以月中生樹，童子知言；水上浮瓜，青衿不戲。而受書黃石，意在王者之師；揮劍白猿，心存霸國之用。

魏永安中任都督，翻原州城，受隴西王節度。于時洛邑亂離，當途危逼。禮樂征伐，不出於天子；舉賢誅暴，實在於強臣。太祖文皇帝始創霸功，初勤王室，秣馬蒐乘，誓眾太原。公仗劍轅門，精謀當世，隨何遠至，實釋漢帝之憂；許攸夜來，既定曹王之業。永熙中，奉迎魏武帝入關，封鶉陰縣開國子，邑五百戶。太祖以自著鐵甲賜公云："天下若定，還將此甲。示寡人白水良劍，罷朝而贈陳寵；青驪善馬，回車而賜李忠。"並經輿服，足為連類。

大統三年，轉帥都督，進爵為公。十四年授使持節、都督原州諸軍事、原州刺史。仙人重返，更入桂陽之城；龍種復歸，還尋白沙之路。公此衣錦，鄉里榮之。時從太祖戰河橋，復弘農，解華山圍，平沙苑陣，每有元勳，常蒙別賞。太祖在同州，文武並集，號令云："人人如紇干弘盡心，天下豈不是早定。"既受車騎大將軍，儀同三司。前魏元年，轉驃騎大將軍開府。祁連猶遠，既受冠車之侯；沙漠未開，先置長平之府。梁信州刺史蕭詔、宵州刺史譙淹等，猶處永安，稱兵漁陽。公受命中軍，迅流下瀨，遂得朝發白帝，暮宿江陵，猿嘯不驚，雞鳴既定。西平返羌，本有漁陽之勇；鳳州叛氐，又習仇池之氣。公摧鋒直上，白刃交前，萬死一決，凶徒多潰。身被一百餘箭，傷肉破骨者九瘡，馬被十槊。露布申上，朝廷壯焉。葛屨糾糾，魏有去舊之歌，零露瀼瀼，周受維新之命。乃晉爵封雁門郡公，食邑通前二千七百戶。

保定元年，授使持節，都督岷州諸軍事，岷州刺史。隴頭流水，延望秦關；川上峨眉，猶通蜀道。公不發私書，不燃官燭，獸則相負渡江，蟲則相銜出境。四年拜大將軍，餘官如故。衛青受詔，未入玉門之關；竇憲當官，猶在燕山之下。公之次授，差無慚德，渾王叛換，梗我西疆，岩羌首竄，藩離攜式。公受脤於社，偏師遠襲，揚旗龍涸，系馬甘松。二十五王，靡旗亂轍，七十六柵，鵜奔雉竄。既蒙用命之賞，乃奏旋師之樂。

天和二年，被使南征，帶甲百萬，舳艫千里。江源水起，海若乘流。船官之城，登巢懸纛，吳兵習流，長驅戰艦，風灰箭火，倏忽淩城。公以白毛麾軍，朱絲渡水，七十餘日，始得解衣。朝廷以晉剋夏陽，先通滅虢之政；秦開武遂，始問吞韓之謀。是以馳傳追公，以為仁壽城主，齊將段孝先、斛律明月出軍定隴，以為宜揚之援。公背洛水而面熊山，陣中軍而疏行首，乘機一戰，宜陽衙壁。增封五百戶，進柱國大將軍，司勳之冊也。

建德元年拜大司空；二年，遷少保。姬朝三列，少保為前；炎正五官，冬官為北。頻頒寵命，是謂賢能。三年，授使持節都督襄郢昌豐唐蔡六州諸事、襄州刺史，江漢之間，不驚雞犬；樊襄之下，更多冠蓋。既而三湘遼遠，時遭鵬入；五溪卑濕，或見鳶飛。舊疾增加，薨於州鎮。天子畫凌雲之閣，言念舊臣；出平樂之宮，實思賢傅。有詔贈某官，禮也。即以四年四月二十五日，歸葬于原州高平之鎮山。屬國玄甲，輕車介士，一依霍驃騎之禮，衛將軍之葬。嗚呼盛哉。

公入仕四十五年，身經一百六戰。通中陷刃，疾甚曹參；刮骨傳染，事多關羽。而風神果勇，儀表沈雄。學不專經，略觀書籍；兵無師古，自得縱橫。青鳥甲乙之占，白馬星晨之變，九宮推步，三門伏起，天弧射法，太乙營圖，並皆成誦在心，若能諸掌，虜青犢之兵，甚有秘計；燒烏巢之米，本無遺策。西零賊退，屈指可知，南郡兵回，插標而待。常願執金鼓而問吳王，橫雕戈而返齊地。有志不就，忠貞死焉。世子仁恭等，孝惟純深，居喪過禮。對其苫寢，則梓樹寒生；聞其悲泣，則巢禽夜下。嗚呼哀哉，乃為銘曰：

天齊水合，日觀三連，兵強東楚，地遠西燕。

五卿咸正，三王並賢，靈龍更起，遂象還燃。

自天之德，乃祖乃父，維岳降神，生申及甫。

北門梁橫，西州雲雨，勇讐燕域，名題漢柱。

公始青衿，風神世載，猛獸不驚，家禽能對。

劍學千門，書觀六代，有竭忠貞，無違敬愛。

乃數軍實，乃握兵謀，澆沙成壘，聚石成圖。

風雲順逆，營陣孤虛，靈雨巨鳴，燿火飛狐。

淮陰受冊，車騎登壇，公為上將，有此同官。

下江燒楚，下地吞韓，推功立案，定策珠盤。

天有三階，公承其命，國有六卿，公從其政。

台曜偕輝，槐庭重暎，匡贊七德，謨猷八柄。

腹滿精神，心開明鏡，伏波受脤，樓船推轂。

東道未從，南征不復，飲丹有井，澆泉有菊。

功有柳林，身在橋木，移因返葬，提柩山行。

匑靈隴水，哀挽長城，山如北邙，樹以東平。

松門石起，碑字金生，渺渺山河，煢煢胤子。

泣血徒步，奔波千里，孝水先枯，悲用即起。

世數存沒，哀榮終始。

八、隋 原州平高县故孝令穆铭（墓砖）

开皇二年（五八二年）
二〇〇三—二〇〇四年固原南塬汉唐墓出土
现藏宁夏文物考古研究所

孝令穆铭1件，长方形青砖。长34厘米，宽17厘米，厚5.5厘米。青砖正面阴刻楷书三行。

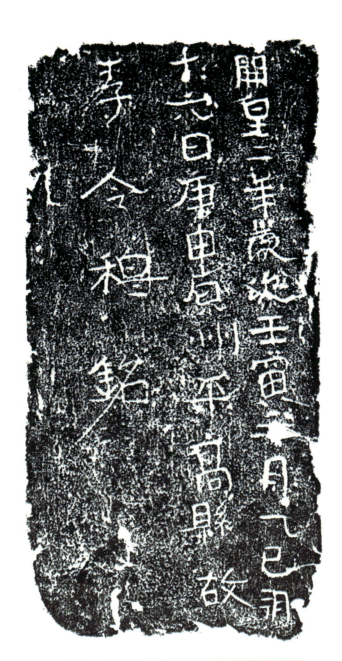

8-1 隋 原州平高縣故/孝令穆銘（墓砖）

 志文

開皇二年歲次壬寅三月乙巳朔十六日庚申原州平高縣故孝令穆銘。

九、隋 平高县令阎府君（显）墓志铭

开皇三年（五八三年）
二〇〇〇年征集于固原县南郊乡（今原州区开城镇）
国家二级文物
现藏宁夏固原博物馆

阎显墓志铭，现存志石1件（未发现志盖）。红砂岩石质。正方形，边长45厘米，厚5.5厘米。线刻棋格，楷书志文阴刻格内，共15行，行满15字，全文除空格外共212字。

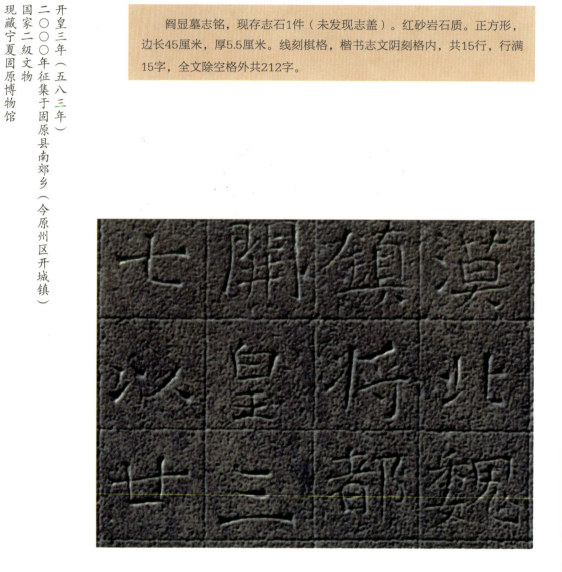

**9-1 隋 平高县令阎府君（显）墓志铭（局部）**

志文

大隋平高縣令閤府君墓誌銘並序

　　君諱顯，字顯族，原州平高人也。丞相、將軍聲高秦漢，備乎史冊，可略而言。祖隆父壽。君雄情早烈，武略有聞，故得勇蓋山西，威加漢北。魏張公城鎮將、霸丘縣令、帶葚道鎮將、都督舉賢良，敕授平高本縣令。以開皇三年四月廿一日卒，春秋七十有七。以廿年歲次庚申五月己丑朔廿一日己酉（與）夫人劉氏合葬咸陽歸具廳里費巔山南烏尼川內。銘曰：狩歟我君，令望早聞。聲馳里閈，氣逸風雲。張城播榮，霸邑開棻。頻頌上宰，丞沐殊勳。世數有窮，奔波豈息。年齡未永，崦嵫遽逼。日足無光，雲根斂色。獨望孤松，增悲親識。

9-1 隋 平高縣令閻府君（显）墓志銘

一〇、隋 正议大夫右领军骠骑将军故史府君（射勿）之墓志

大业六年（六一〇年）
一九八七年固原县南郊乡（今原州区开城镇）小马庄村出土
国家一级文物
现藏宁夏固原博物馆

史射勿墓志1组（2件），均为青石质，质地细腻。志盖，长方形，长47厘米，宽46.5厘米，厚10厘米。盝顶式，四面斜刹，左上角稍有缺损，四刹面刻有"四神"纹饰带，四边阴刻一周忍冬纹样。盖顶正中镌刻减地阳文篆书5行，每行4字。为"大隋正议大夫右领军骠骑将军故史府君之墓志"20字。字间有栏线，篆文四周有减地阳刻卷云纹。

志石，长方形，长46.5厘米，宽45厘米，厚6厘米。楷书志文，共23行，行满24字，最后空一行，全文共499字。志石每边侧刻有三个壶门，正中壶门内刻"前"字，从壶门右侧开始，按顺时针方向，分别刻有鼠、牛、虎等十二生肖图像，背景皆同，上为卷云纹，下为山峦。

10-1 隋 正議大夫右領軍驃騎將軍故史府君（射勿）之墓誌：志盖

大隋正議大夫右領軍驃騎將軍故史府君之墓誌銘

公諱射勿字射勿縣陀平涼高縣人也其先出自西國曾祖妙尼公

祖波波射匃並仕本國俱為薩寶父認越蹛隨季徙此國曾蕩途公

匃而明敏風情爽悟趫悍蓋世勇力絕人保定四季蒙授都

東訓天和元季從使從平高公茲河東作鎮二季正月從蒙授都

輒二月被使從平高公元從王壁城建德五季又正月申蒙授開皇二

季從羅上開府皇季三季攻圖墓隨上柱國齊王憲揜討稽胡開破其

歲從安豐越截府岐開章盡銳元本雁王壁城北隨方勤橫史二大

又從都督頴無遺即蒙煇綅開府儀同九季正月從隨開府姚弼戰亏城

轉帥當唯頴無遺即蒙煇綅前後委王八隨以旌殊績其季大

藏凶勅授驃騎將軍廿季又從隨委輸其大業元季

一千石甲第一段蒙賜物三百段季前二百解其大業壽四

軍驃騎將軍物四百即以錢六萬三百米正月廿四日遘疾薨於

州蒙賜物四即陽鄉賢良太里庾呼哀哉世子並有孝性俱樂

時季六十有六大興胡郎次道樂性俱能

蟄于平涼郡之次大六正太世子訶訮次長

安樂懼茲陵谷乃作銘云

追遠峻撝慶緒靈石室族燈金方維公降誕既登上將即擬中台昌

撫劔挺刃勤王位以切進賞以誠來既登上將

驚颷何逃崚先邊頹何為松檟方權

**10-2 隋 正議大夫右領軍驃騎將軍故史府君（射勿）之墓誌：志石（局部）**

### 志文

公諱射勿，字槃陀，平涼平高縣人也。其先出自西國，曾祖妙尼，祖波波匿，並仕本國，俱為薩寶。父認愁，蹉跎年發，舛此宦途。公幼而明敏，風情爽悟，超悍蓋世，勇力絕人。保定四年，從晉蕩公東討。天和元年，從平高公於河東作鎮。二年正月，蒙授都督。其年二月，被使從鄖國公征王壁城。建德五年，又從申國公擊破軹關，大蒙優賞。宣政元年，從上柱國齊王憲掩討稽胡。開皇二年，從上開府岐章公李軌出向涼州，與突厥戰于城北。又隨史万歲、羅截奔徒。開皇三年應募，隨上開府姚辯北征，隨方勦撲。又從安豐公高越，盡銳攻圍。十年正月，從駕幸並州。十四年，轉帥都督。十有七年，遷大都督。十九年，又隨越國公素，絕漠大殲凶黨，噍類無遺。即蒙授開府儀同三司，以旌殊績。其年十一月，勅授驃騎將軍。廿年，又從齊王入磧。仁壽四年，蒙賜粟一千石，甲第一區，並奴婢綾絹，前後委積。大業元年，轉授右領軍、驃騎將軍，又蒙賜物三百段，米二百斛。其年又從駕幸楊（揚）州，蒙賜物四百段，錢六萬文。五年三月廿四日遘疾薨于私第，時年六十有六。即以六年太歲庚午正月癸亥朔廿二日甲申，葬于平涼郡之咸陽鄉賢良里。嗚呼哀哉！世子訶耽、次長樂、次安樂朝請大夫、次大興、次胡郎、次道樂、次拒達，並有孝性，俱能追遠，懼茲陵谷，乃作銘云：

洪源峻極，慶緒靈長。祚興石室，族熾金方。維公降誕，家族載昌。撫劍從驃，挺刃勤王。位以功進，賞以誠來。既登上將，即擬中台。驚飈何迅，崦光遽頹，何年何歲，松檟方摧。

一一、唐 故朝请大夫平凉郡都尉骠骑将军史公（索岩）墓志铭

显庆元年（六五六年）
一九八五年固原县南郊乡（今原州区开城镇）小马庄出土
国家一级文物
现藏宁夏固原博物馆

史索岩墓志铭1组（2件），均为青石质。志盖，正方形，边长58.5厘米×58厘米，厚10厘米。盝顶式，四面斜刹，正中减地阳刻四行十六字篆文"大唐故朝请大夫平凉郡都尉史公之铭"，铭题周饰对角三角形两周，中加饰连续卷草纹，四面斜刹上刻有四神纹样，斜刹边缘饰一周桃形纹带。

志石，基本呈正方形，边长58.5厘米×58厘米，厚10.5厘米。楷书志文阴刻格内，共25行，行满26字，全文共809字。志石四侧刻怪兽图案，中间加饰卷云纹。

11-1 唐 故朝請大夫平涼郡都尉驃騎將軍史公（索嚴）墓誌銘：志盖

**11-2 唐 故朝請大夫平涼郡都尉驃騎將軍史公〔索巖〕墓誌銘：志石**

志文

### 唐故平涼郡都尉驃騎將軍史公墓誌銘並序

公諱索巖，字元真，建康飛橋人也。其先從宦，因家原州。蓋聞榮光浮水，波映黃雲之彩；美玉韜巖，日照白虹之色。況乎輻方圓之大德，懋王者之元勳，豈可鐘鼎無聞，雕戈寂寞。是以開鴻猷，光啟德音者矣。曾祖羅，後魏寧遠將軍、西平郡公，食邑八百戶。識度恢弘，風神宏邈。早申明略，鳳著忠鯁。祖嗣，鎮遠將軍、通直散騎常侍，襲爵西平郡公，鄯廓二州諸軍事、鄯州刺史。體道貞固，學業該明。惠化歌棠，空庭息訟。父多，周三命上士，曠野將軍、殿中司馬、左衛掌設府、驃騎將軍。經邦體國，樹德立功。望重縉紳，材標棟幹。惟公滔滔德宇，類長松之引清風；皎皎鏡凝，若琳瑯之映霄漢。雄圖秀異，雅操著於冠年；明鑒爽朗，鳳成表於學歲。加以芝蘭在佩，跨玄圃以騰芳；琬琰為心，掩藍田而吐潤。隋開皇中，解巾為晉王廣庫真，雖材稱拔萃，而職滯下僚，頓挫於門欄，驅馳於警衛。亦由陽春之曲，貽誚於鄙里；陵雲之台，創基於覆簣者也。仁壽四年，乃從輦駕於東宮，即除大都督、長上宿衛。大業元年，煬帝握圖御曆，先錄宮臣，拜公左御衛、安丘府鷹揚郎將。既司戎律，委以專征，控馬揚旌，除凶滌暴。大業九年，又授公平涼郡都尉。自炎歷數極，隋紀告終，逐鹿者多瞻烏靡定，縱莽卓之虐劉漢室，夷羿之傾覆夏家，未足譬此。奸回方茲昏亂，由是九州百郡，稱帝稱王，各署衣冠，俱行正朔。公資忠殉節，固守危城，恥面偽庭，確乎不拔。義寧二年，獻款宸極。

武皇帝拜公朝請大夫，兼授右一軍頭，仍與平涼郡太守張隆，同討薛舉。揚旌節而犬羊授首，援桴鼓而鯨鯢暴鰓。功冠當時，賞逾前烈。既而蘭山霧卷，隴塞雲撤。美矣哉！斯實公之勳也。武德四年，詔除左屯衛，立功府驃騎將軍，率茲戴鶡，實曰戎昭，三令五申，軍政肅穆，忠簡紫極，功勒青史。是以極衣錦之榮，兼施玉之寵，永言盛溢，唯優殆辱。貞觀元年，固陳衰疾，抗表辭滿，夫好榮惡辱，中人之常道，處盈思沖，上智之雅操。公深鑒前載，超然拔俗，至如風清月華之夜，招良友以談玄；芳晨麗景之朝，列子孫而論道。不謂德懋福愆，未卒為山之業。道悠祚短，忽軫殲良之悼。以顯慶元年五月十三日氣疾暴增，薨於原州萬福里第，春秋七十有八。罷市之痛，更惆悵於昔時。絕相之哀，復切涼於茲日。粵以三年十二月，遷神窆於原州城南高平之原，禮也。然而代覆道規，家傾鴻范，白日沉彩，景山其頹。長子法僧、次子德僧，爰及德威、神義等，感霜草之易零，悲風樹其何及，刻銘贊以記績，隨陵谷而垂裕。其詞曰：

君子道長，如圭如璋。威儀濟濟，德行堂堂。問望俱美，玉潤珠光。千夫之紀，五拔之綱。智逾伊霍，策邁陳張。其一。素志克申，厚禮兼備。華轂朱輪，連鑣列騎。方陪瘞玉，翻悲陳駟。悼切挽夫，哀纏人事。其二。炎運道銷，隨綱告圮；人多逐鹿，英雄鼎峙。太武撥亂，神威電起。龍躍參墟，鳳翔渭涘。胙土列爵，建封諸子。其三。蒸蒸其孝，悃悃其忠。其孝奚若？資親愛同。其忠伊何？王臣匪躬。淳深內湛，高明外融。其四。弓彎鉅黍，劍躍純鈞。截蛟慚勇，落雁非神。宏圖命代，雄略超倫。邠郊佇德，渭浦懷仁。其五。天沉落日，地隔窮泉。騰城未曉，隧古長玄。松庭月冷，宰樹凝煙。金石永固，海變成田。其六。

一三、唐 故左亲卫史公（道洛）之墓志铭

显庆三年（六五八年）

一九九六年固原县西郊乡（今原州区清河镇）大堡村出土

国家二级文物

现藏宁夏固原博物馆

史道洛墓志铭1组（2件），均为青石质。志盖，呈正方形，边长59.2厘米×59.7厘米，厚10厘米。盝顶式，盖顶边有桃形结组成的边框，中嵌有二方连续卷草纹。中间绳纹构成一正方形框，框间有宽线棋格，减地阳刻篆文"大唐故左亲卫史公之墓志铭"12字。四面斜刹，刻有四神。志盖四侧线刻边框，内填两侧为两怪兽头像相对，两兽头之间是宝相花纹带。

志石，呈正方形，边长58厘米×57.5厘米，厚10厘米。志石四面刻有怪兽图案，上有几何斜方纹带，内填卷云纹、山峦、怪兽。志石正面阴刻棋格，表面涂墨，文体楷书，共36行，行满25字，全文共605字。

12-1 唐 故左親衛史公〔道洛〕之墓誌銘：志盖

12-2　唐　故左親衛史公（道洛）之墓誌銘：志石

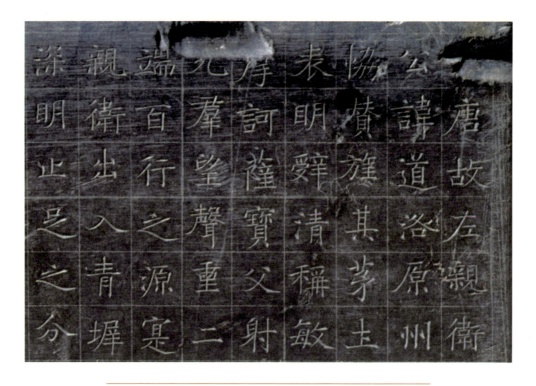

**12-2 唐 故左親衛史公〔道洛〕之墓誌銘：志石（局部）**

### 志文

大唐故左親衛史君之墓誌銘

公諱道洛，原州平高人也。昔軒轅創業，佐命肇其元封；周室建旗，協贊旌其茅土。斯並刊諸簡策，著彼縑緗，可得而詳矣。況復察色表明，辭清稱敏，英規素范，穆彼人倫者哉。祖多悉多，周鄲州刺史、摩訶薩寶。父射勿盤陁，隨左十二府驃騎將軍、開府儀同三司。德允群望，聲重二京。公籍慶挺生，承芬載誕，珪璋博達，儀表絕倫。三端百行之源，宿符於外獎；依仁據道之業，諒叶於肅成。起家任左親衛，出入青墀，趨佇紫闥。公通變在慮，不矜寵辱之名，搦把兼懷，深明止足之分。遂退靜閒居，棲真樂道。桂醳蘭藉，無忘十日之游；趙瑟秦箏，有諧三樂之趣。誰謂居諸易往，與善無徵。逝水難留，壽仁遽爽。永徽六年正月廿八日，遘疾薨於勸善里，春秋六十有五。攸攸行路，莫匪傷悼。百里奚言卒，國人興不相之哀；王倚之云亡，鄰家申罷祖之戀。均哀比戚，今古一焉。夫人康氏，婉淑居順，蘋藻經心。粵自中庸，言歸盛德，庶輔佐君子，言敦瑟琴。而蘭迫秋年，悲纏永夜，以貞觀廿年二月十二日卒於私第，春秋五十有五。粵以顯慶三年歲次戊午十二月己酉朔廿四日壬申合葬於原州百達原，禮也。南眺崗巒，互九成之紛糾；北望都邑，映百雉以紆餘。東臨長平，煙霞之所氛泊；西臨脩陌，冠蓋之所往來。既同青鳥之卜，還符白鶴之相。長子德，情切蓼莪，慟深陟岵。嗟日月之遄邁，懼陵谷之貿遷。敬追往志，勒銘旌業。其詞曰：

芝田結馥，桂畹傳芳。猶茲漸慶，同夫克昌。發祥降祉，載誕禎良。千仞落落，萬頃汪汪。唯道是遊，唯仁是弼。學崇子史，披經散帙。然諾罔二，襟期有一。重義輕財，諒歸茲日。庶矯英逸，方遵儉路。如何貞筠，溘先朝露。恨結人代，哀纏孺慕。歲月徒新，人神永故。沉沉幽壟，寂寂玄坰。夏疎陽日，冬茂松青。崎嶇陵阜，蕪沒儀形。俾傳芳列，迺勒豐銘。

一三、唐 故平凉郡都尉史公（索岩）夫人安氏（娘）墓志铭

龙朔元年——麟德元年（六六一年——六六四年）
一九八五年固原县南郊乡（今原州区开城镇）小马庄史索岩夫妇墓出土
国家二级文物
现藏宁夏固原博物馆

史索岩夫人安娘墓志铭1组（2件），均为青石质。志盖，正方形，边长56.5厘米×56.5厘米，厚10厘米。盝顶式，四面斜刹，顶盖平素，阴刻篆文4行，每行4字"大唐故平凉郡都尉史公夫人安氏墓志"，共16字。上有减地卷草纹，四侧亦刻连续卷草纹样。

志石，正方形，边长56.5厘米×56.5厘米，厚11厘米。志石四侧平素，行文楷书，阴刻格内，共25行，行满26字。全文共615字。

**13-1　唐 故平凉郡都尉史公（索巖）夫人安氏（娘）墓誌铭：志盖**

**13-2 唐 故平凉郡都尉史公〔索巖〕夫人安氏〔娘〕墓誌銘：志石**

**13-2 唐 故平涼郡都尉史公（索巖）夫人安氏（娘）墓誌銘：志石（局部）**

 **志文**

大唐故平涼郡都尉史公夫人安氏墓誌銘并序

　　夫人諱娘，字白，岐州岐陽人，安息王之苗裔也。夫弈弈仙基，分軒臺而吐胄；悠悠別派，掩媯水而疏疆。從層構於天街，族高西域，系芳莛於地緒，道映中區。瓜瓞滋緜，羽儀紛靄，斯並煥乎家傳，刊夫國史。祖顯，周上儀同、掌設府車騎。父石生，隋上開府，本州中正。並岸宇岑嶢，披重雲而秀起；韶姿爽朗，匹愛景以同歸。澹孤月於襟懷，振懸河於機辯。夫人陽臺陰婺，積慶集靈。蕙畝芝田，含芬續禮。四德兼被，百兩言歸。釋姆初笄，聿嬪史氏。如賓之敬，好合瑟琴；中饋之恭，肅乎蘋藻。柔情怡色，虔事舅姑；讓逸執勞，穆承娣姒。遊心婦德，守母儀以自持；摛思女工，絢鴛鸞於錦繡。故得莊敬之譽，溢藻澗而流芳；溫惠之聲，入椒風而蘭在。行光雉服，德協雞鳴。潤凝閨閫，潔逾江漢。俄而都尉長逝，永鋦九泉。夫人言撫孤遺，有過三從所異。攀輦在御，叶嘉慶於長莚。夜績申規，闡慈風於斷織。遽而龍分雙影，斂騰氣於平津；鷔舞孤光，沉翠眉於萬里。以龍朔元年歲次（　）丑正月十二日，遘疾終於原州平高縣招遠坦里，春秋七十有二，時以卜遠未從，權殯於私第。然而楚荊灼兆，窀穸有期，粵以麟德元年十一月十六日，遷神祔於都尉之舊塋，禮也。素旌停而薤歌轍，黃鳥吟而松徑幽。嗣子法僧、德僧、德威等，踴厚載以長號，仰高旻而泣血，悲履霜於宿草，告巨痛於夜臺。賦深邃之悠悠，託佳城之郁郁。嗚呼哀哉！迺為銘曰：

　　猗歟茂緒，遠系靈長。植幹中土，流祉金方。載生椒慎，孤映華光。言歸杞梓，有契潘楊。其一。行逾萊婦，德邁鴻妻。二庭不踐，一與之齊。實佐君子，簪蒿杖藜。繁絲敬業，鳴梭闈閨。其二。鳥思春塘，花菱芳甸。煙旗舒卷，雲峰隱見。嘶驂未前，衰笳不轉。閟泉輟曉，松風浠霰。其三。玉液愆徵，金波墜魄。去茲華宇，長淪幽歹。草宿霜濃，林秋風積。敬刊素範，鐫之翠石。

一四、唐 故司驭寺右十七监史公（铁棒）墓志铭

咸亨元年（六七〇年）
一九八六年固原县南郊乡（今原州区开城镇）羊坊村出土
国家一级文物
现藏宁夏固原博物馆

史铁棒墓志铭1组（2件），均为青石质。志盖，呈正方形，边长59厘米×59厘米，厚14厘米。盝顶式，四面斜刹，盖顶平素，上阴刻篆书3行，每行3字，篆文为"大唐故史公墓志之铭"9字。

志石，呈正方形，边长59厘米×59厘米，厚13.9厘米。四侧面减地线刻二方连续忍冬纹样。上有棋盘格，正楷志文阴刻格内。共27行，729字。

**14-1 唐 故司馭寺右十七監史公（鐵棒）墓誌銘：志盖**

14-2　唐　故司馭寺右十七監史公（鐵棒）墓誌銘：志石

**14-2 唐 故司馭寺右十七監史公（鐵棒）墓誌銘：志石（局部）**

**志 文**

大唐故司馭寺右十七監史君墓誌銘并序

君諱鐵棒，字善集，原州平高人也。若夫層構巍峨，西峙崑嵜之阜；遙源浩淼，東濱析木之津；雲霏霞布，騰光華於漢室；葉茂條分，鬱蒙密於河右。曾祖多思，周京師摩訶薩寶、酒泉縣令。祖槃陁，皇朝左領軍、驃騎將軍。父大興，皇朝上騎都尉、右衛安化府軍頭。並宏量不測，高峰特秀，英望攸歸，雄豪是屬，冠蓋雲蔭，車馬川流。表三異於一同，曜五兵於七校。君質勁松筠，材高杞梓。掩芝田而散馥，鼓蘭薄以馳芳。既齒青襟，爰開縹卷，遊精學府，引思文場。剛貞標切玉之奇，雕琢就連城之器。貞觀廿三年，授右勳衛，要載紫宸，聲戈丹掖，譽高戎校，聲冠朋儔。顯慶三年，敕授司馭寺右十七監。趣馬名官，駕人司職。荊珍抵鵲，牛鼎烹雞。閭里思於執鞭，蒙邑安於圉吏。遂乃觸理宣用，隨事效能。牧養妙盡其方，服習不違其性。害群斯去，逸足無遺，飛響造天，寧留虞坂，流光曳練，奚止吳門？秦吞之功，不獨高於往錄；魯侯之美，豈孤擅於前頌？君風神朗俊，器業貞實，義不遺物，信必由衷。忠以奉上，謙以接下。聰聽察於無響，清明鑒於未形。俯仰規矩，周旋禮則。貶惡或遺纖介，襃善不弃秋毫。而神理希微，人塗奄忽，一隨運往，千載幽泉。乾封元年八月十三日以疾終於原州平高縣勸善里第，春秋卅有四。粵以咸亨元年歲次庚午十二月庚午朔十三日壬午遷窆於先君之舊塋。嗚呼哀哉！惟君識度淹遠，風格凝正。心之所蓄，無忘於孝友；行之所踐，不虧於名節。宗族推高，鄉黨懷惠。在窮彌固其操，處涅不渝其色。中和自處，直道而行，所謂"詢美且仁，令終有淑"者也。胄子孝忠、孝義等茹荼飲恨，泣血疚懷。感霜露以墜心，攀風樹其何及！恭惟令德，方傳不朽。式圖貞琬，永播清猷。嗚呼哀哉！乃為銘曰：

遙源濬遠，盛緒緜長。天京族茂，葱渝分疆。五衢散葉，九畹分芳。繡衣發曜，朱黻斯皇。其一。懿德流慶，高門積祉。明哲寔生，雄姿碭起。挺拔奇秀，光暉淑美。桂馥蘭芬，川停岳峙。其二。寢處謹訓，執履忠貞。依仁沐義，戒滿持盈。與人思益，奉上輸誠。有光前載，克振家聲。其三。人事浮促，神塗忽恍。一旦沉魂，千年長往。隴月宵映，松風曙響。式紀英猷，永旌幽壤。其四。

咸亨元年十二月十三日勒

一五、唐 故游击将军虢州刺史直中书省史公（诃耽）墓志铭

咸亨元年（六七〇年）
一九八六年固原县南郊乡（今原州区开城镇）羊坊村史诃耽夫妇墓出土
国家二级文物
现藏宁夏固原博物馆

史诃耽墓志铭1组（2件），均为青石质。志盖，正方形，边长58.5厘米，厚10厘米。盖顶平素，未施花纹。四面斜刹，每面刻有三区蔓草纹。正中阴刻篆文3行，每行3字，为"大唐故史公墓志之铭"9字。

志石，正方形，边长62厘米，厚11.5厘米。四侧面亦刻蔓草纹样。碑面棋格，共36行，行满36字，阴刻楷书志文，全文共1285字。第一行题死者职官墓志铭并序，"并序"二字较小作边注。墓志并序后未另起一行再书正文，而是空一格后，紧接着即志文。

15-1 唐 故游擊將軍虢州刺史直中書省史公（詞耽）墓誌銘：志盖

**志文**

　　唐故遊擊將軍虢州刺史直中書省史公墓誌銘并序

　　君諱訶耽，字說，原州平高縣人，史國王之苗裔也。若夫弈弈崇基，分軒丘而吐冑；悠悠遠派，掩媯水而疏疆。從層構於天街，族高河右；系芳蕤於地緒，道映中區。瓜瓞滋綿，羽儀紛藹。斯並煥乎家牒，刊夫國史。曾祖尼，魏摩訶大薩寶、張掖縣令。祖思，周京師薩寶、酒泉縣令。父陀，隋左領軍、驃騎將軍。岸宇崇邈，冠雲霞而峙秀；韶姿散朗，潤河漢而澄瀾。化光列邑，聲華制錦。演三略於珠韜，申百中於銀鏑。君運質五材，資神六氣。凤成表於學歲，雅操著於冠年。琬琰為心，掩藍田而玉潤；芝蘭在佩，跨玄圃以騰芳。是以金城之右，猶潁川之仰叔度；玉關之外，若衛人之宗端木。既而齓年敬業，弱歲騰暉。隨（隋）開皇中，釋褐平原郡中正。晨朝州府，清言激流水之聲；暮還貴里，列騎動浮雲之色。執心貞寶，不用奇譎效能；棲神澹雅，豈以風華馳譽。屬隨祚棟傾，蝟毛俱起，點賊薛舉，剖斨豳、歧（岐）。擁豕突之奇兵，近窺京輔，假狐鳴以挺禍，充仞王畿。高祖太武皇帝，建旗晉水，鞠旅秦川，三靈之命，有歸萬葉之基。爰肇君遂，間行險阻，獻款宸極。義宵元年，拜上騎都尉、授朝請大夫，並賜名馬雜彩。特敕北門供奉進馬。武德九年，以公明敏六閑，別敕授左二監。奏課連最，簡在屢聞。尋奉敕直中書省翻譯朝會，祿賜一同京職。貞觀三年，加授宣德郎。七年，又加授朝請郎。九年，又加授通義郎。十三年，又加授朝議郎。十九年，丁母憂，集蓼崩魂，匪莪纏痛。同子羔之泣血，類叔山之荒毀。永徽四年，有詔：朝議郎史訶耽，久直中書，勤勞可錄，可遊擊將軍、直中書省翻譯如故。名參省禁卅餘年，寒暑不易。其勤終始彌彰，其恪屬日月，休明天地，貞觀爰及，升中告禪，於是更錫崇班，是用超遷，出臨方岳。乾封元年，除虢州諸軍事、虢州刺史。寒襜望境，威竦百城，揚扇弘風，化行千里。君緬懷古昔，深惟志事，察兩曜之盈虛，窺二儀之消息。眷言盛滿，深思抱退，固陳衰朽，抗表辭榮。爰降詔曰：遊擊將軍史訶耽，久經供奉，年方耆艾，請就閒養，宜聽致仕，遂其雅志。仍賜物五十段。至若門馳千駟，既無驕侈之心；家累萬金，自有謙撝之譽。享年八十有六，以總章二年九月二十三日遘疾，終於原州平高縣勸善里舍。嗚呼哀哉！夫人康氏，甘州張掖人也。父阿孩，隋上開府、右御衛、合黎府鷹揚郎將。夫人陽臺降祉，洛渚騰華，年甫初笄，作嬪君子。恭薦蘋藻，叶和琴瑟。低春遽迫，逝水不留。永閟玄扃，長歸厚夜，春秋卅，以貞觀四年九月十日終於雍州長安縣延壽里第。後妻張氏，南陽夫人，南陽郡西鄂人也。父玄，兗州任城縣令。道風素業，振動名流，凝績湘圖，騰歌青史。夫人天姿柔婉，無忝四德之儀，神賦幽閒，宣待七篇之誡。既備有行之禮，遂紆玄造之澤，於是授南陽郡君。而徒催景，玉樹驚秋，飄日忽沉，翻霜遽盡。春秋五十有四，以乾封二年正月一日遘疾，終於平高縣勸善里第。粵以咸亨元年十一月廿七日合葬於原州之平高縣城南百達原。惟君玄情沖素，雅志盧遠。自怡閭里，罕從犬馬之遊；逍遙甲第，未聞聲色之好。不以居高傲物，不以智識淩人。淡情譽毀之間，灰心名利之境，可謂人英時傑，令德具美者焉。胤子護羅、懷慶等，蹐厚載以長號，仰高旻而雪泣。嗚呼哀哉！天沉去日，地隔窮泉。松庭無風月之賞，萬里異冠蓋之路。白驥踢於山門，黃鳥吟於風樹。刊銘頌以紀跡，隨陵谷而垂裕。迺為銘曰：

　　蒲海設險，葱山作鎮。地号金方，人稱玉振。排霜表節，臨風吐韻。履行依仁，抗言必信。其一。天厭火德，運屬大明。重懸七政，再紐八紘。爰披榛梗，謁款天京。藩條衍頌，駕沼飛名。其二。英淑之媛，高梁之家。芳凝蘭蕙，色茂鉛華。循圖檢溢，顧禮防奢。蓮披夕霧，日上朝霞。其三。青鳥靡效，白雪空傳。風枝未靜，隙馬逾遄。遽遷夜壑，徒悲逝川。泉扃既掩，隴月空懸。其四。

　　咸亨元年歲次庚午十一月庚子朔廿七日景寅勒

15-2 唐 故遊擊將軍虢州刺史直中書省史公（訶耽）墓誌銘：志石

一六、唐　故给事郎兰池正监史
府君（道德）墓志铭

现藏宁夏固原博物馆

国家一级文物

一九八二年十月固原县南郊乡（今原州区开城镇）王涝坝村出土

仪凤三年（六七八年）

**16-1　唐　故給事郎蘭池正監史府君〔道德〕墓誌銘：志盖**

16-2　唐　故給事郎蘭池正監史府君（道德）墓誌銘：志石

史道德墓志铭1组（2件）。志盖，为红色砂岩质。略呈正方形，长60厘米，宽55厘米，厚17厘米。四面斜刹，线刻有二方连续卷草纹样。正面平素，阴刻有3行篆文，每行3字，文为"大唐故人史府君之铭"9个大字。

志石，为青石质。略呈正方形，是利用旧石碑下段加工制作而成，原碑可能为长方形，背面原有碑文，似被截去。其上阴刻细线方格，格中刻字，宽有22行，存20行，大部分已无法辨认。志石四边长短稍有不一，上下两边长53厘米，左边长59厘米，右边长62厘米，厚18厘米。四面均有线刻图案。上面背景为卷云纹，中有两怪兽相追逐，均呈奔腾状。张口，有翼，短尾，其他两面基本相似。另有一面背景亦为卷云纹，后为一口大张、鬃毛飞竖、背起齿、扇尾上竖的怪兽，前为一羚羊，呈逃奔之势。志石正面阴刻棋格，共29行，行满30字，文行楷体刻于格内，共613字。

## 志文

唐故给事郎兰池正监史府君墓志并序

公讳道德，字万安，其先建康飞桥人事。原夫金方列界，控绝地之长城；玉外分墟，抗垂天之大昴。稜威边鄙，挺秀河湟，盟会蕃酋，西窮月窟之野；疏澜太史，东朝日域之溟。於是族茂中原，名流函夏。正辞直道，史鱼骞谔於衛朝；補闕拾遗，史丹翼亮於汉代。龍光迭襲，龟剑联华，绵庆缔基，斯之谓矣。遠祖因宫來徙平高，其後子孙家焉，故今为縣人也。曾祖度，河、渭、鄯三州诸军事；祖多，隋開府仪同、左衛安化府驃騎将军。並横陂万頃，直峰千仞；宅仁心境，墾义情田。气逸秦中，輕良金而重一諾；神交圮上，降祯石而叶三期。闡化六條，决勝千里。旌旗動而蔽天外，鼓角鸣而振地中。出玉塞以鹰扬，下金城赞（hui）逝考。皇朝正议大夫、平涼縣開國侯。陶冶中和，發揮閒气。壮志陵於寒水，勁节冠於嚴霜。利見龍飞，绩宣鼇極。遇千年之圣祚，應五百之賢人。礪岳带河，疏封食邑。瑩銀章而照曜，響玉珮以鏗鏘。光通德之重扃，駮高陽之故里。英靈不絕，何期盛歟！君扇馥膏腴，嗣華簪歲；貞心冰照，逸调霞軒。起家東宫左勳衛。驅馳銀榜，暉映銅扉，銳志端凝，翹誠忠謹。總章二年，拜给事郎，遷玉亭監。既而嚴肅允著，匪懈克彰。道洽襄城，雲聚檀溪之駿；術高缙嶺，星繁蒲澤之蟄。又龍朔三年，詔除蘭池監。公深知止足，逾誠宵征。五柳歸來，不屈陶潛之節；三逕長往，還符蔣詡之遊。抱覽忘機，虛舟任觸。追赤松而高蹈，玩紫芝以清歌。冀保偹齡，方悲大漸。徒贈西山之藥，終愧東岱之魂，以儀鳳三年三月十九日遘疾終於原州平高縣招遠里之私第，春秋六十六。惟君禮樂怡神，忠孝基性。含春雲而等潤，孕秋月以齊明。夢烏擒文，祥鱧表德。墨池横斄，群翔鳳峙之書；紫氣上沖，獨舞鴻門之劍。鳴呼！倏驚晨露，俄悽夜舟。珠韜接乘之光，璧碎連都之曜。即以其年十一月癸未朔八日庚寅窆於原州百達之原，禮也。落日下而青松暗，長風起而白楊悲。嗣子文環等痛乾蔭以將傾，恐山移於有力。庶圖玄石，式播清徽。迺作銘云。其辭曰：

玉闊秀氣，沙場界辟。重構崆峒，疏源積石，地靈胕響，人英焉弈，接乘明珠，分城曜壁。其一。聯華鼎鼐，迭襲公侯。龍媒逸控，鳳轄翔輈。襄城術妙，缙巇道優。榮班屢縟，睿渥頻流。其二。植柳歸來，吟芝獨往。乍清鶴操，時橫鳩杖。悅風長嘯，向月高賞。方挹丹霞，遄悽黃壤。其三。人間擾擾，陌上紛紛。終同逝水，倏若浮雲。寂寥空隧，蕭索荒墳。山移海變，菊茂蘭薰。其四。

一七、武周 故处士梁府君(元珍)墓志铭

圣历二年(六九九年)
一九八六年固原县南郊乡(今原州区开城镇)羊坊村出土
国家二级文物
现藏宁夏固原博物馆

梁元珍墓志铭1组(2件),红砂岩石质,呈正方形。志盖,长52.5厘米,宽51.5厘米,厚14厘米。阳刻篆文"大周处士梁君墓志铭",共3行9字。

志石,呈正方形,碑面棋格,共21行,行满23字,楷书志文阴刻格内,共452字。

17-1 武周 故處士梁府君(元珍)墓誌銘:志盖

17-2　武周　故处士梁府君(元珍)墓誌銘：志石

**17-2 武周 故處士梁府君(元珍)墓誌銘：志石〔局部〕**

**志** 文

大周故處士梁府君墓誌銘并序

公諱元珍，字元珍，安定朝那人也。周朝命爵，即弘開國之封，漢氏分官，便獲將軍之稱。柳楊至道，歡州縣之徒勞；馳騁遁世，適吳越而動詠。公之係緒史謠詳焉。公孝義基身，忠貞成性，早味玄理，凤諧真粹。觀魚泳而有樂，視鳥籠而不悅。志叶琴書，自放山水。晚年棲晏，篤於釋教。精辯三乘，妙窮四諦。悟浮生之不駐，審仙宮而可仰。負杖行吟，知梁木之將壞。梦楹坐奠，識殷禮之必終。春秋七十有二，卒於私第。親土之規，合前賢之雅志。圓石紀號，符往哲之格言。嗚呼哀哉！信達人之有終，諒君子之篤行。蓋棺之美，歸於公焉。公前夫人，弘農楊氏。後夫人，范陽盧氏，並世族高門。母儀衡准，窈窕之質，光於四鄰；信順之規，穆於九族。志先益母，德映来妻。作配君子，義肅禮齊，終焉同穴，瘞銑沉珪。嗚呼哀哉！以聖曆二年歲次己亥十月壬午朔廿八日己酉遷窆於原州百達原，禮也。長子前始平縣尉望之、次子前宿衛延之、白鶴觀道士靈芝、福基寺僧智岸，茹荼泣血，貫髓崩心。痛風樹之難留，懼桑田之易變。式旌幽閟，永播瓊瑤。迺為銘曰：

兔輪東漸，駒馭西馳。子在川上，逝者如斯。公之令範，國之表儀。守貞全質，賞谷遊陂。明月夜朗，清風畫披。蘤晞霜歇，可傾露危。寒暑易變，隙駒難追。神清蓬嶠，魄化漣漪。青鳥啟動，白馬来悲。是刊貞石，永紀芳規。

一八、武周 故将仕郎上柱国清河
张府君（知运）之墓志

武周（六五八年—七〇四年）
二〇〇三—二〇〇四年固原南塬唐墓出土
现藏宁夏文物考古研究所

张知运墓志1件，青灰色方砖，边长32厘米，厚6厘米。出土于墓室东南侧的墓门处，字面朝下。砖面刻画方格，行文楷书，竖12行，横13行，墨书铭文。

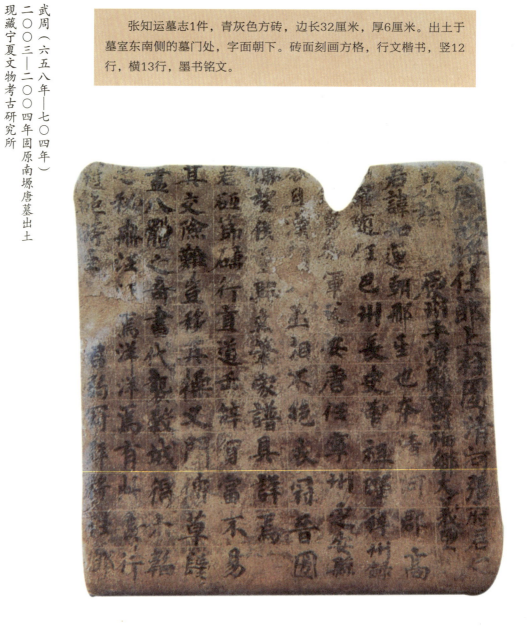

18 武周 故將仕郎上柱国清河张府君（知运）之墓誌

**志文**

　　大周故将仕郎，上柱国，清河张府君之墓誌，□□原州平涼縣萬福鄉大義里，君諱知運，朝那人也。本清河郡高□□随任巴州長史。曾祖，暉祥州録□事參軍；父安唐，任寧州□安县□且汉□□相不絕衣冠晉国□望侯重與文筆家譜具祥焉。□君砥節勵行直道舌辞，貧富不易其交，險難豈移其操。又門傳草肆，盡八體之奇書，代襲穀城，得六韜之秘册。汪汪焉，洋洋焉，有此奇行，冠絕時生□□。君弱冠拜將仕郎。

一九、北宋 张文仙墓地契约碑

天禧兀年（一〇一七年）

国家三级文物

现藏于夏固原博物馆

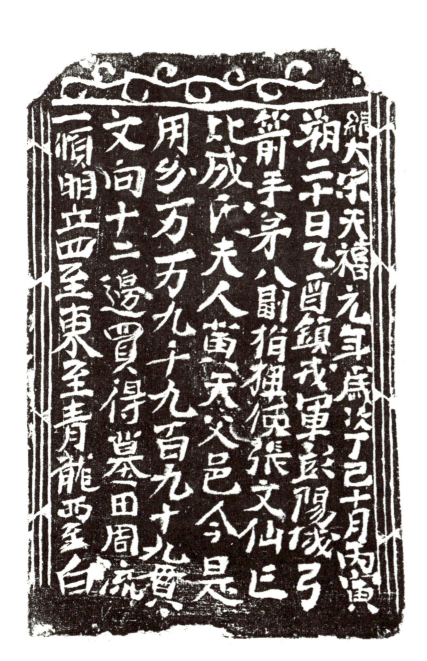

19-1 北宋 张文仙墓地契约碑（拓片）

张文仙墓地契约碑1件，红砂石质。圭首，碑身呈长方形，长31.5厘米，宽20厘米，厚7厘米。四面刻字，楷书碑文。

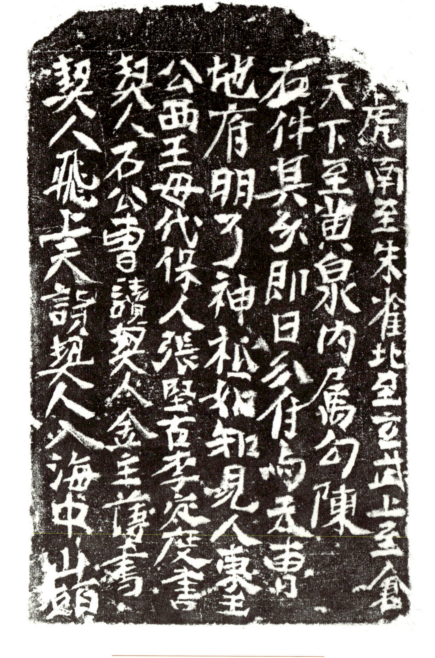

19-2 北宋 张文仙墓地契約碑（拓片）

**19-3、19-4 北宋 张文仙墓地契约碑（拓片）**

**碑文**

　　維大宋天禧元年歲次丁巳十月丙寅朔二十日乙酉，鎮戎軍彭阳城弓箭手，第八副指揮使張文仙亡比，成氏夫人黃天父邑令，是用钱万万九千九百九十九貫文，向十二邊買得墓田周流一傾（顷）。明立四至：東至青龍，西至白虎，南至朱雀，北至玄武，上至蒼天，下至黄泉。内屬勾陳，右件其錢即日分付与天曹地府明了，神祇如，知見人：東王公，西王母。代保人：張堅古，李定度。書契人：石公曹。讀契人：金主簿。書契人飛上天。讀契人入海中。山頭赤松子領候而攝□記之耳。男弓箭手，第八副指揮使張文仙，小男文秀，成氏夫人張思□。

二〇、北宋 东山寨修城记

天圣五年（一〇二七年）
一九八二年征集于固原县古城公社（今彭阳县古城镇）古城村
国家二级文物
现藏宁夏固原博物馆

东山寨修城记碑1件，红砂石质。碑身呈长方形，高160厘米，宽79厘米，厚9厘米。弧形碑额，额题篆字"东山寨修城记"，额题边缘一周饰浅线刻缠枝卷草纹。楷书碑23行，行满37字，落款为"东山寨酒税康湛书"。由于多年来风雨侵蚀，碑文残缺严重。

**20-1 北宋 東山寨修城記**

20-2 北宋 東山寨修城記（拓片）

碑文

東山……進士……進士齊……康湛□書……

國家平……茲……列……城……右……下□非右所□設……

守國之意也，然國家□養……城守不為慮哉，今夏賊□命……擾邊陲，靡有寧歲。主□慨然復□□廟堂之間，朝□□議……外□戎□□陝西河東□ 邊守禦之地……城隍除治戎器……凡可以備預不……保吾民而□村平也，今東山……平涼臨□高平三都□周之地……比諸壘為差。遠□川原……繁原。今春虜犯天聖□……之備尤不可少懈，□舊城軍薄無險……為增□是未可以壯□□而……非□以舉天子之詔令也。宜夫帥府一……郡而郡亦以此□成於寨焉。方是恃……乃……俠適……邑專重其役……歲□二月二□有一日協言……工之……日……會□聲戒棄□□……角之□咸□備寇……築之具始無以供其求惟……靡……聲且……起城守之保伍繼又提役……具乃□□□□ 移……軍將王錫王中□為部□而增畢□□高倍薄□為……千人餘工……人役者□之日不過三百人莫非積丁……一日……歷年以□于成。鳴呼，……謂……俠不……以為病自……之以身□之以……斯……沈……皆□之賜也，方是役之……事……是□既□功也人……八月十日……
……武騎……

固原文物考古与碑刻图版

一一五

二一、
北宋　康定铭文砖

康定元年（一〇四一年）

一九八一年固原县（今原州区）城东门出土

国家二级文物

现藏宁夏固原博物馆

> 康定元年铭文砖1件，灰陶质。砖为长方形，残长32厘米，残宽21厘米，厚7厘米。残存三块黏接。砖面墨书楷书9行，行满8字。

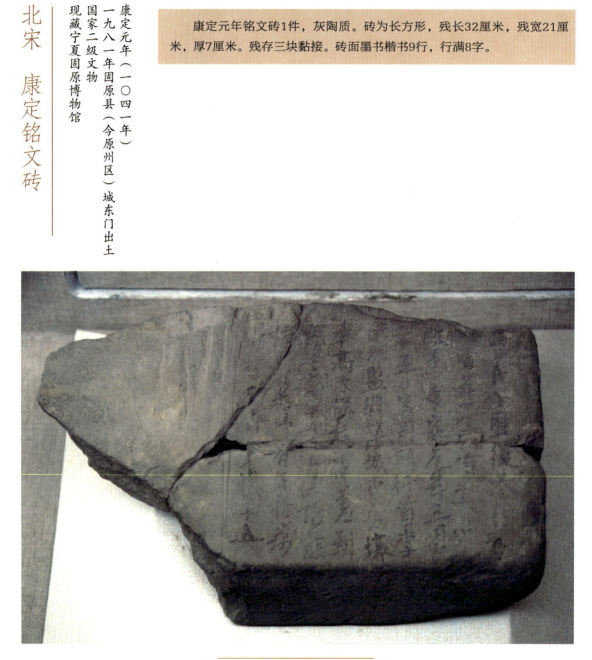

**21　北宋　康定铭文砖**

**墨书铭文**

　　曹氏小厯后，叁佰□拾壹年，昂宿直其年，改为康定元年，三月二十五日，客司副行首李德琮，监修築東城壕，奉高太保指揮差到在鎮戎軍直所伍拾餘指揮軍□□伍拾柒指揮□□□記李押。

二二、北宋　墓地契约砖（虎户仇绪）

庆历三年（一〇四三年）

二〇〇七年征集于彭阳县白阳镇姚河村

国家三级文物

现藏彭阳县文物管理所

　　墓地契约砖1件，灰陶质。呈正方形，长44.5厘米，宽43厘米，厚5.2厘米。碑文楷书13行，行满19字。

22-1　北宋　墓地契约砖（虎户仇绪）

22-2 北宋 墓地契约砖（虎户仇绪）（拓片）

　　南瞻部州大宋国修羅管界镇戎军彭陽城虎户仇緒，生居府君城邑，殞在閻浮世界，黄
天后土，買墳一所。土公、土母、土子、土孫，山川塋主、左鄰右母：謹用銀錢玖万玖
仟玖佰玖拾玖貫文足陌，其錢及地當日交付了足，如後並不少欠，謹具四至如後：東至青
龍，西至白虎，南至朱雀，北至玄武，上至倉（蒼）天，下至黄泉。

　　右件全料墳□墓田，内外週流一所，四至止定，永没人攔，都四神具足，八六分
明，二十四位週遞，究全上下，出入四路通達，并無方（妨）礙；修築已後永世有主，
執此契券有憑。

　　立券人：石堅右、李定度。同立券人：東王公、西王母。知見人：日月。主保人：
南山赤松子。

　　癸未慶歷三年十一月八日記。

二三、北宋 故董府君（怀睿）墓志铭

元祐八年（一〇九一年）
一九八六年七月彭阳县古城镇古城村硷沟门宋墓出土
国家二级文物
现藏彭阳县文物管理所

董怀睿墓志铭1件，砂岩石质。呈长方体，长95厘米，宽70厘米，厚11厘米。边缘四周阴线刻卷草纹。志额正中阴刻楷书"宋故董府君墓志铭"8个大字。竖阴刻行书志文。凡22行，行满28字，共498字。

23-1 北宋 故董府君（懷睿）墓志铭

志 文

鄉貢進士王漸撰

新授綿州錄事參軍王紀題額

君諱懷睿，字仲思，姓董氏，其先安定人。曾大父、大父、父皆不仕。父諱文訓，自父徙家于鎮戎之東山，今為東山人。府君以元祐四年四月十日終于家，享年七十有九。以元祐六年閏八月四日卜葬於城之東北史家掌，附先塋也。前期，子宗亮泣書其行來以請銘，余以姻好之故、不敢辭以不能，乃為之敍次云：

府君生十三歲而孤，事母以孝，至于昏晨定省，未之或闕。少服賈，往來西蜀，頗歷艱險。家貧，每獨力營生事，治家有嚴，用愛必均。故衣無異服，廚無異膳，奉身尤約薄。熙寧間，兩遭凶歉，常出粟以賑飢民。國朝元豐四年，興師靈武。每率軍須，未聞少有難色。常以有餘復贍諸孤。君為人沉靜厚重，非善人長者不與之交，是非不入于耳，紛華不悅于目。平居惟好禮賓，闢園圃、起臺榭、植花木以自適其□。晚年尤能養壽，康強有若壯者，里閈稱之。臨終尚戒其子孫曰：“吾起□□貧，今生產稍完，汝曹為吾善守，勿荒墜也。”語訖而若將寐者，遂卒。□□□終而神色不敢者，蓋亦寡矣。君兩娶，先曰李氏，再亦李氏。二男：□□□用，少亡。次曰宗亮。女一人，適玉邁。孫男一人，曰豫。孫女二人，長適□□，□適進士梁憲。嗚呼！君雖不學而有是美，余亦不得而略也，故為之銘：

君之為人兮性則有常，既嚴于家兮又善于鄉。

有德有壽兮令名愈芳，慶流于後兮子孫其昌。

卜茲私窆兮東北之岡，篆銘幽石兮以示無疆。

鄉貢進士辛詠 書

京兆杜宗彥 鐫字

23-2　北宋　故董府君（懷睿）墓誌銘（拓片）

二四、北宋 赵氏府君地券碑

崇宁四年（一一〇五年）

二〇〇三年征集于泾源县泾源镇庞东村

国家三级文物

现藏泾源县文物管理所

赵氏府君地券碑1件，红砂石质。碑呈长方形，高62.5厘米，宽53.5厘米，厚5厘米。底座高15厘米，长55厘米，宽15厘米。边缘及碑额饰一周卷草纹，下端饰有荷花纹。弧形碑首。额题楷书"赵氏府君地券"六字。额题边饰花卉图案。碑文楷书11行，行满20字。

**碑文**

维崇宁肆年歲次乙酉玖月丁未朔拾弍日丙午，赵氏府君於崇宁弍年拾壹月弍拾肆日殁故。龜筮协從，相地襲吉，宜用坎山之下安厝宅兆。謹用錢玖万玖仟玖佰玖拾玖貫文，并五綵信幣，買得墓地一段：東至青龍，西至白虎，南至朱雀，北至玄武，上依蒿里，下合黄泉。内方勾陳，分掌四域；丘丞墓伯，封步界畔，道路將軍，整修阡陌，永保千秋。輒有呵禁者，將軍、亭長收付河伯。知見人：歲月。主保人：今日直符神。古氣邪精，遠避万里。若违此約，地府主吏，自當其禍。安厝已後，永保寧吉。

急急如律令勅攝。

**24　趙氏府君地券碑（拓片）**

二五、北宋　王普墓志

現藏彭阳县文物工作站

国家三级文物

二〇〇〇年出土于彭阳县白阳镇姚河村岭儿组

大观元年（一一〇七年）

王普墓志1件。此砖呈正方形，边长36厘米，厚6厘米。素面，志额上部正中竖阴刻"字字号"3字，竖阴刻楷书志文，凡5行，38字。

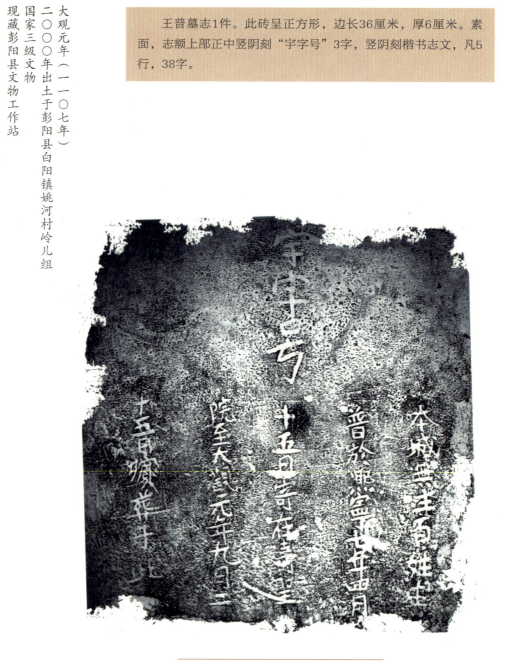

25 北宋　字字号碑記（拓片）

 碑　文

　　本城無主百姓王普於熙寧七年四月十五日寄在壽聖院，至大觀元年九月二十五日殯葬于此。

## 二六、北宋 讲经碑记

宣和五年（一一二三年）
国家二级文物
一九九六年隆德县北象山寺庙旧址出土
现藏隆德县文物管理所

**26-1 北宋 講經碑記**

讲经碑记1件，青石质。碑呈长方形，长95厘米，宽49厘米，厚11厘米。碑文楷书，共9行，行满10字。

26-2 北宋 講經碑記（拓片）

 碑文

　　宣和四年十二月廿六日，朝廷頒降御解靈寶度人尊經到軍。臣王總命道士李茂新講演，率闔郡官屬恭聽于此。

　　今皇帝恢崇大道，肇闡群經，開闔眾妙之門，探賾萬物之奧。以靈寶度人經，注解奧旨。肆筆成書，頒示天下。郡守王公使者恭奉詔旨，首於諸郡。擇日設齋宴，開講席，命道士李茂新敷演聖意，率闔郡官屬恭聽於神霄宮道紀堂。講畢，共祝聖壽。因書於壁，以紀其事，傳之不朽。

　　宣和五年正月十日知宮事賜紫道士李善誼記。

## 二七、金 安藏功德記碑

大定十二年（一一七二年）

一九八六年隆德南门广济禅寺旧址出土

国家一级文物

现藏隆德县文物管理所

安藏功德記碑1件，灰砂石质。碑身呈长方形，高141厘米，宽71厘米，厚15厘米。弧形碑首，额题阴刻篆书"安葬功德纪"5字。阴刻楷书碑文，从右至左竖阴刻志文23行，行满41字。

**27 金 安藏功德纪碑（拓片）**

碑文

德順州廣濟禪寺塔下安藏功德記

在州普照寺粥飯比丘師偉　撰

秦寶書　王貴刊

塔者，天竺古佛之所制也。下瘞靈骨舍利，以福幽顯；上刹輪相露盤，以壯教風。外道異宗，其事則蔑如也。旌表我佛，獨為世出世間之師，良有以也。是寺祖師戒師菩薩本公上字諱希，乃土人也。為世宗匠，德耀古今。他郡別邑，廢寺塔廟，師以遍力新之。嘗念吾鄉無塔，則吾宗不熾，暗識城內南隅坑坎陳地，荊榛瓦礫，雜沓荒涼，其势壞塇，圍瞰圍峰，真窣堵波之所宅矣。時有大檀郇張四大夫中宏，服師德望，與師屢欲成之。師以四方請命，應而不暇。奈何日月欺迫，年逾七十七，死之將至，付囑小師從達曰："吾欲於茲建寶塔者逮四十年，若吾滅後，可於此地續吾願而構之"。以正隆元年十月十五日無疾示化。士民訟於官，將師靈骨亦留葬於後，是以達公稟師遺訓。划荒除穢，闢化四維，選乎妙匠，竭力成之。繼而張公告逝，不遂於心。囑男七機宜張信繼願同修，忽有涇州信士然惟吉遠費一佛頂就來施之，其間雖遭兵火厄難，廢炙材木，其志不退。塔既立木，大地宮告成，續有本州淨安寺慈氏院前僧正沙門師靜睹斯塔，具率乎院眾，僉然議曰："本院有祖師淨梵大師傅，收到定光佛頂骨并腦髓，观音菩萨螺髻舍利等物，空以掩閉於箱篋之中，障塞於人天福慧之源，获罪我輩。其諸聖物，祖師淨梵，於嘉佑三年得知於中南山仙游山院林麓之間，實稀有事，況此先佛無漏□果之色，本为留濟群生，遇此塔緣，舍以藏之。使百千萬世人天修福供養，得不謂之自佗獲益耶，汝輩何如？"眾咸應諾，喜舍同心。是以達公卜大定十二年歲次壬辰四月八日，遠命諸方馳名師匠，建大資，戒七晝夜，將其功德廣設威儀花燭供養，自慈氏院迎歸廣濟塔下地宮之中，如法安藏，聊志于石，慮防陵移谷變，識之於始末云爾。

大定十二年四月八月

修塔功德主講經論傳戒沙門從達立石

知州總管夫人王勝仙，施盛佛牙銀棺一副，重五十兩；蓋功德籠金被一張，黃羅大幡一合，絹二十疋，白米五石，面二百斤，鹽十五斤，三內奉施籠金幡一合。

男七機宜張信、弟承信校尉張中偉，故都會首大張中宏。

宣武將軍可德順州都巡檢騎都尉特封清河縣開國男食邑三百戶張琮。

承德郎德順州司侯飛騎尉賜緋魚袋姜德明。

敦信校尉熙秦路第十一正將飛騎尉蒲察波窩。

忠勇校尉德順州軍事判官郝仁。

鎮國上將軍同知德順軍州事護軍隴西郡開國侯鎮國上將軍行德順州刺史兼知軍事護軍太原。食邑壹仟戶食實封壹佰戶察劇八斤并妻隴西郡夫人完彥。

郡開國侯食邑壹仟戶食實封壹佰戶總押軍馬德石烏也並妻太原郡夫人王勝仙。

崇進行臨洮尹兼熙秦路兵馬都總管宗國公張中彥。

二八、元 沈氏（妙清）墓买地券

至大三年（一三一〇年）
一九八五年征集于固原县（今原州区）开城安西王府遗址
国家三级文物
现藏宁夏固原博物馆

　　沈妙清墓地契约碑1件，红砂石质。略呈长方形，长52厘米，宽46厘米。行义楷书，共20行，满行17字。

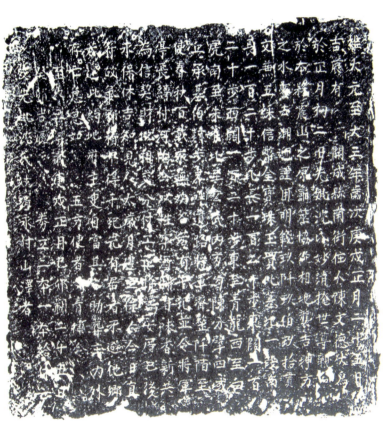

28 元 沈氏（妙清）墓買地券（拓片）

**碑文**

　　維大元至大三年歲次庚戌正月二十五日吉辰，有開成縣南街住人陳文德，伏為於正月初二日先妣沈氏妙清掩世，尊親□於本縣震山之原。龜筮協從，相地襲吉，坤方之水，來去潮迎，謹用明錢玖阡玖佰玖拾貫文，兼五彩信幣，金寶珠玉，買此墓地一段。南長一百二十步，北長一百二十步，東闊一百二十步，西闊一百二十步。東至青龍，西至白虎，南至朱雀，北至玄武。內方勾陳，分擘四域。丘承墓伯，封步界畔，道路將軍，齊整阡陌。至使春秋百載，永無殃咎。若有干犯，並令將軍、亭長縛付河伯。今以牲牢酒脯，旨味香新，共為信契，財地相交。吩付工匠，將營安厝，已後永保休吉。知見人：太歲月建。主保人：今日直符。故氣邪精，不得干犯。先有居者，永避他鄉，若違此約，地府主吏自當其咎，助葬主內外存亡，急急如五方使者□青律令。

　　至大三年歲庚戌正月己卯朔二十五日癸卯吉辰。券立二本，一本給付亡□□先妣沈氏妙清，永付山澤者。

二九、元 陈子玉墓买地券

延祐六年（一三一九年）
一九九五年固原开城安西王府遗址出土
国家三级文物
现藏原州区文物管理所

陈子玉买地券砖1件，1992年出土于开城村银（川）平（凉）公路东侧山梁。青灰色，方形，边长38厘米，厚7厘米。用朱砂楷书竖写，砖形不规则。从右至左17行，满行19字，少者3字，共计275字。记载了大元延祐六年九月三日甲申，开成路开成县中街住人宋思义为陈子玉奄逝而买墓地之事。

**碑文**

唯大元延祐六年岁在己未九月壬午朔初三日，甲申，开成路开成县中街住人□主宋思义，状缘士考陈子玉奄逝，未卜茔墳，日夜忧忍，不遑所□。□今日择此高原，来去朝迎，地占襲吉，地属本縣迎原，堪爲宅兆第。已出备钱採买到基地一方，南北长二十步，東西闊一十七步三分五厘，東至青龍，西至白虎，南至朱雀，北至玄武，内方勾陳，管分四域，丘承墓伯，封步界畔，道路將軍，齊整阡陌，至使春秋百載，永無殃咎。若有干犯，并令將軍、亭長，縛付河伯。今以牲牢酒脯，百味香新，共爲信契。財地相交，分付工匠修塋安厝已後，永保休吉。

知見人：歲月主。代保人：今日直符。故气邪精，不得干犯。先有居者，永避萬里。若違此約，地府主吏，自當其禍，助葬主内外存亡，悉皆安吉。急急如五帝使者青律令。

29 元 陳子玉墓買地券

# 三〇、元 重修英济王庙碑记

元统二年（一三三四年）
一九八二年固原县（今原州区）城内征集
国家二级文物
现藏宁夏固原博物馆

重修英济王庙碑记1件，青石质。碑高长187厘米，宽62厘米，厚20厘米。弧形碑额，正中额题篆字"皇情□□□记"六字，额题边饰线刻双龙，两首相对，腾空在祥云间。碑文楷书22行，行满48字。

**碑文**

元统甲戌夏四月，六盘山都提举案牍张庸款门告遗曰：庸以延祐庚申蒙中政院委，充提领所副提领职，掌催纳粮租，岁辨贡税千余石，例投提举司库，使阎文彬收掌，验数给付，岁终考较官凭准。岁壬戌，朝廷差官陈署丞弛驿纂计，本司上下，季分楮币租税，诘庸出纳数奖。庸赍所给收付为照。丞曰："殊无印符，难为凭准。"遂问库使，阎文彬从而隐匿。丞曰："国朝有何负尔，敢如是耶？"令卒隶图圄责监，承限通纳。庸曰："冤甚，料无伸诉"。

越明日，庸祷于英济王庙跪拜未已，锁械自释。监卒见怖，以告署丞。大怒，命执厅下督责益急。饬监卒重锁固卫。言讫，俄空中间发矢声，锁械复陨于地。丞曰："若信兹而缓法，恐未宜。"仍饬监锁。次日推鞫官吏，咸列左右。忽锁械碎犹沙磔，观者莫不震慄。官吏谏丞曰："此事不可测，莫若并库使监锁之。"丞如梭谏。又一日，庸与文彬约誓于王庙，焚誓词，倏有神雀翔至，集文彬首，用爪抓其发，举翼击其面，鸣声啾啾，然若指诉状。文彬昏瞆如癫，良久方苏。自责曰："我等不合欺心，致召此报。"雀即飞去。既从其家搜得日收册照一卷。与给庸付数吻合。官吏白丞。丞乃释庸而治文彬之诬。丞曰："至诚可以格天地，动鬼神，盟金石，殆信然欤。"庸追思感召，赫赫明明，若无毫发爽者。爰罄俸钱，葺修祠宇。今将竣工矣，勒石志异，窃愿有请。

庸闻之，悚然曰："孔子云，视之而弗见，听之而弗闻，体物而不可遗者，为鬼神之盛德。今王之摄文彬也，俨然见，俨然闻，而民视民听系之。体物之功，直有以达于九霄，深于九渊，固洋洋乎如在其上，如在其左右矣。此而不志，恶乎用吾志？伏维王河东解人，臣事昭烈，挟其精忠浩气，扶汉鼎于灰烬之余。史册昭垂，炜煜今古。至于威灵显著，觉世牖民，诚所谓大而化之之谓圣，圣而不可知之谓神。夫，岂庸与文彬之一言一事，所能赞拟形容于万一哉？神雀乎，神雀乎，其冥使乎？读王之传，拜王之祠，谨薰楮濡毫，为之大书特书，以告后世之为张庸、为阎文彬者。按此碑在开城镇上。核其年代，为元时故碣。文虽剥落，尚可缀识。伊以事涉灵异，神道设教，录之可以儆顽醒奸。而并为删易数行，以归雅重。至所载英济王封号，当为关圣未晋帝位以前之尊谥。固原迭经兵火，此碑迭不没尘沙中，殆或有呵护之者。

30-1 元 重修英濟王廟碑記（碑阳）

30-2 元 重修英濟王廟碑記（碑陰）

三一、元　重修朝那湫龙神庙碑

元统二年（一三三五年）
国家二级文物
现藏原州区文物管理所

重修朝那湫龙神庙碑记1件，青石质。此碑为长方形，残高105厘米，宽60厘米，厚1.75厘米。现存382字，为元顺帝元统三年五月十五日开成州军政民同立。残存内容涉及元代开成州行政、军事、经济等。是研究元代固原历史的珍贵资料。

原碑早年已毁。

**碑文**

开成州东北，距三十五里有湫曰朝那，有山環焉。湫东冈阜上置祠設像，神曰蓋國大王。

考之傳記，春秋时秦人詛楚之文，投是湫也。漢唐載在祀典，金宋邊臣嘗祀于祠，碑記仍存。金末，兵塵蕩起，祠无人居。上雨傍風，久赤摧隳；瓦礫椿蕪，弗辨聖元。興滅继絕，命官剗荒荄穢，建廟致祭，頗福其土焉。凡他州旱，誠敬祈禱，雨暘之應，曾未旋踵。

大德丙午，陵谷變迁，殿宇湮灭，祈祇日漫，州之群庶，弗獲蔭庥。延祐甲寅，神降焉，攝土人佛玉保通傳，復構堂屋，繪神塑像，俱盡其美。元統乙亥，月屆蕤賓，连旬不雨，禾且告病。知州朵儿只先一日齋戒，躬率僚吏奉幣祝泰，事祠下。未及州而澍雨，越三日乃止。均浹四境，郡人歡呼，民遂有秋之望。五日，朵儿只复率僚吏詣祠謝雨，所以致禱祀之實，交乎隱顯之際，以极其誠也。

歲丙子，婦人劉氏捧白錫匣告予曰："夫(藥)佛玉保同度共修蓋國大王廟，（貌）幾有年矣；勤勞之篤，靡一朝而成。夫佛玉保嘗共妾拜祀湫涯，俄然水涌浪開，浮泛是匣，飄游赴岸。夫拜受啟視，匣內有發兩縷，金銀首飾；匣畫崇寧三年三川县婦人張梨香，为舅姑俱亡，夫亦早逝，建新廟于兹，捐是投湫以祈。后會明年夫病，临終托妾曰：'予共汝立祠事神十余載，天不假我以壽，汝肯繼吾志守廟立碣以紀其事乎？'妾應曰：'諾。'自承命以來，夙夜未忘于懷，今十年矣。妾幸稍健，祠完神具，獨碑未鐫。恐一旦疾作，有不勝其悔矣，何面見夫于地下。石且礱矣，請紀其事，以信其願。雖瞑目无憾。"

噫！雲雷風雨，神實司之。龍神變化莫測，豈以一畝之宮为可居焉！此竊冥之事，不可測度者，凡禱則恃吾誠而已。然人與物同氣而生，異于物者仁義存于身也。有則三才立，無則五典廢矣。天壤中豈可不以仁義而操存焉！劉氏以女子之身，持堅之志，始終一念，殊无別意，此義者也，與非義者，必有能辨者焉。敬述所以立祠之意，以告幫之人與來焉政者，知事神之義在此，而不在彼。庶有以致其禱祠之實云。

三二、明 敕命之宝碑

正统十年（一四四五年）

现藏固原须弥山石窟文物管理所

敕命之宝碑1件，红砂岩石质。碑身长方形，高136厘米，宽83厘米，厚28厘米。圭形碑首，隶书额题"敕命之宝"四字。两侧阴刻云纹，两龙首首相对一火球，边缘饰火焰纹，龙身作腾空状。部分残损。楷书碑文。

**32-1 明 敕命之寶碑**

**32-2 明 敕命之寶碑﹝拓片﹞**

 碑 文

　　皇帝聖旨：朕體名山

　　天地保民之心，恭成

　　皇曾祖考之志，刊印大藏……

　　賜天下用廣流傳，茲……

　　安置陝西平涼府開……

　　光寺，永充供養。聽新……

　　僧徒看誦贊……

　　釐下與生民祈福，務……

　　守護，不許縱容閒雜之……

　　借觀玩輕慢褻瀆，致有損……

　　遺失，敢有違者必究……

　　正統十年二月十五日

三三、明 圆光碑记

正统十年（一四四五年）

现藏固原须弥山石窟文物管理所

圆光碑记1件，红砂岩石质。碑身长方形，高108厘米，宽80厘米，厚30厘米。圆形碑首，额题"圆光碑记"四字。碑首阴刻云纹，仙鹤，鹤首相对，腾空展翅作飞翔状。行文楷书，17行，字迹残损。

**33-1 明 圆光碑記**

**33-2 明 圆光碑记（拓片）**

碑文

本寺住持长老喃嗲坚敕□□□□□□

僧人坚敦监参领占班□、喃噶□南□□□□、绰吉剌竹、戒月、□□□卜、普惠、坚巴坚参、忍巴札、忍巴亦□、□□□、定聪、定忠、普□、普满、定海。

沙密普成、普澄、普□。

居士普果、普信、普浚、普□。

宝塔寺僧人端岳□□、洪勇。

甘州群牧千户所□□□□彭衍、薛普惠、林□□、□□、林□、□山、何全、□□□、□□、丘彦□、□□□、黄□、□□□、□□、□□。

陕西苑马寺带管黑水口、□□□。□连文、金守□、□□□、严守祥、刘通□、□□□、徐文华、□□□、刘腾霄、张通玄、孙启、陈守明、周桢、袁得、徐璟、粜清、郭宣、菜庆、祁荣。

平凉卫右千户所善士孙善。

三四、明 重修镇戎城碑记

景泰二年（一四五一年）

一九七九年固原县（今原州区）城墙内出土

国家一级文物

现藏宁夏固原博物馆

重修镇戎城铭文砖1件，灰陶质。呈正方形，边长38厘米，厚6.5厘米。行文楷书，17行，行满27字。

碑文

　　維 □□□□□□ 初□日，忽有達賊入境，將各處人口殺死，攜去官私頭畜，家財盡行搶掠，不下萬計，軍民驚散，苦不勝言。有陝西苑馬寺長樂監監正王，為因本處民無保障，申奏朝廷，敕鎮守陝西興安侯徐、左都御史陳、差委右布政使胡、按察司僉事韓、都指揮僉事榮、平涼府太守張、苑馬寺寺丞黨、平涼衛指揮馬、甘，會同監正王，督集各所屬官員、人匠、軍民夫五千余人，於景泰二年七月二十二日興工重行修補。掘出方磚一塊，上刻大金興定三年六月十八日巳時地動，將鎮戎城屋宇摧塌。興定四年四月二十一日，差軍民夫二萬餘人興工修築，五月十五日工畢。既見古跡，可刻流傳。景泰二年八月終工完。雖勞眾力之艱辛，永為兆民之保障。

　　上願：皇圖鞏固，德化萬方。虜寇潛藏於沙漠，臣民康樂於華夷。國泰民安，時和歲稔。思王公惠民之心，德無酬報，刻斯為記，千古留名。

　　景泰二年歲次辛未九月初一日

　　陝西苑馬寺帶管黑水口總甲劉彬、張純刻

**34 明 重修鎮戎城碑記**

三五、明 中顺大夫齐公（礼）墓志铭

现藏隆德县文物管理所
国家三级文物
一九八四年隆德县盘堡乡出土
天顺四年（一四六〇年）

中顺大夫齐礼墓志铭1件，红砂石质。碑呈长方形，高82厘米，宽60厘米，厚13厘米。额题阴刻篆书"中顺大夫齐公墓志铭"9字，阴刻楷书碑文32行，行满41字。

**35 明 中顺大夫齊公〔禮〕墓誌銘（拓片）**

## 志文

賜進士承直郎□部主事長安邢簡撰

賜進士承直郎□部主事高陵劉傑丹篆

賜進士承事郎□察院□西道監察御使咸甯李益書

明故中順大夫黎平知府齊公墓誌銘

天順庚辰夏五月六日，中順大夫黎平知府齊公以疾卒於位，得年五十有六。其孤經扶柩歸，將以明年五月二十有二日葬於隆德縣東石仙山之原。道過於余，奉太學生李文玉狀，泣血再拜乞志銘。余辱公知，聞訃痛切於□，惡忍拒而不為之執筆哉！

按狀：公諱禮，字克敬，姓齊氏，陝西隆德里仁里人。周封太公望于齊，子姓因以為氏。至唐有諱瀚者，官至吏部侍郎。後因兵燹，子姓散之四方，若公族其一也。元有為萬戶者，譜逸弗克詳。高祖長漢、曾祖六、祖弘，俱隱德不仕。父莊，贈奉訓大夫、陝州知州。娶文氏，贈宜人，有淑德。生公永樂乙酉九月十二日也。公生而質美，且性警敏，克孝悌。父母見其器宇不凡，遣入邑庠，從師友講學，夙夜無倦。於經史子集，究其精發，為文合程度，累舉鄉進士不偶。正統丁巳膺有司薦登成均，友天下士，學識益高。越癸亥歷天官，政能聲卓著。甲子春三月，擢公知直隸隆慶州。未幾，聞母宜人喪，歸哀毀瘠，禮殯□如意，春秋祀事，必豐必潔。丁卯服闋，夏五月轉公知河南陝州。路當要衝，事劇難為。公下車划宿弊、崇寬政。教民作業以時，守信勿失，均賦役而無煩擾。民咸悅服，自不見其事之劇也。尤知州之急務，修舉學政，獎勵生徒。州自洪武以來，無舉進士者，後連登三人。公思文王發政施仁，必先鰥寡孤獨。於養濟院時常躬視，使服食豐腴，舉得其所。州有召公祠，祠下有瑞蓮池。昔守有循良者蓮生並頭，歲久祠池俱廢。公慨然思甘棠之化，而□之復新後，連歲蓮生並頭。州有弘農衛，軍民雜處，盜為民患。東有石硤張茅山虎為人害。公至，犬不夜驚，虎悉遠遁。人以為德化所致。其山路崎嶇，商旅患之，公設法修理平坦，往來無患。州西二十里許有濁流，民之樵採必由於斯，舊有太陽渡口廢弛，往來徒涉。公為之復置。公明敏公廉，吏卒不得肆其奸。凡遇民訟，片言兩途※而咸服其神。一日，州二十里鋪有屍一軀，人莫知死之由。有報於公者，往視之，知其死於無辜。糾其凶者，捕獲抵罪，自是人益畏其明。此其見於為政者。公仁厚且樂於施予。州吏目貧而三喪不能還葬，吏中年無婚，公捐俸助之成其事，其平素所行多類此。景泰改元，值邊方多事，上命河南□□鳳陽年公富總督邊儲，移檄以公為副。公之贊畫也，使民無轉輸之勞，邊無乏食之苦。以故□□□□藩□諸公封章交薦，將有顯擢。因拘於例不遂。九載盈秩，獻績之京。民之攀轅臥轍，如失慈母。□上□天誥贈其如己官，母、配俱宜人。遂升公貴州黎平府知府。黎平在荒服之外，民皆夷類，□□□□□化□□□□□□上意專尚德礼，不用刑罰。凡其所行，亦以治陝者治之，夷民向化。公見學校□□□□□視第以不宜□風土感疾，湯药罔效。疾篤，召諸子弟曰："吾家素積善，汝曹念之。勿为外務，□□□□必成可也，若然，吾雖沒無憾。"语畢，諸子弟泣下，尋卒。沒之日，家無餘資，惟囊書故衣而已。配宜人閻氏□□□□子二：長即經，承庭訓，以□經中□貢進士。次編，早卒。女一。孫男三：廷珪、廷璋、廷瑞，一尚幼。　公之□官行己而無子如此。是宜銘也，銘曰：有守惟清，有為惟公。于茲□□，是日豪雄。□□□之，偉哉齊公。其清伊何，沒也而貧。其公伊何，百廢俱興。□嗟斯公，壽不靈□。賢臣□□，□□有民。修□□數，雖沒亦寧。彼□□□，□□□法。公其藏之，千古幽馨。

三六、明 敕賜圓光碑

成化四年（一四六八年）

现藏固原须弥山石窟文物管理所

敕賜圓光碑1件，红砂岩石质。碑身为长方形，高108厘米，宽80厘米，厚30厘米。圭形碑首，额题为隶书"敕賜圓光"4字，两侧阴刻云纹，仙鹤两首相对，作展翅腾飞状。楷书碑文。

36-1 明 敕賜圓光碑

36-2 明 敕赐圆光碑（拓片）

**碑文**

圓光禪寺記

欽差鎮守靖虜等處定國將軍參將河南……

守備固原州定遠□□指揮同知……

苑馬寺承事郎長樂監正建安……

鄉貢進士平涼府學訓導三山林……

釋氏之教，其來尚矣。迨古迨今，未嘗不同。聖教……□□皎如日星,可一覽具見，降而考之。宋崇寧……太祖皇帝龍飛淮甸，混一區夏。乾坤定位，日月麗天……□茲寺古，常以為聚兵、祈禱之地，名山勝境……柏繞還，寺有峰巒參揖。誠邊秦古寺之傑出……受番僧教，因而□其地而開山創業焉，遂收白銀田地……十有餘。今住持僧姓陳諱竟進，號大方，孤峰□□也……志，永樂元年，發心出家，禮孤峰為師，是人……喜能繼所志。正統五年大方詣□請給度牒歸寺住持，談禪問道，明心見性。上則……□靡忻羨本寺經歷風雨。蓋亦有年，不能無……□眾或捐金帛，或□貨賄，命工重建前後二殿，東西兩廡……□□廟重刮楹□□□□於是耶，茲非有為之……十二年，大方復詣□□情意其自古敕賜禪林，願攜褒寵，伏蒙皇上□渥之恩。輒賜璽書，易扁曰圓光，降經一藏。上則為國家祝□，下則與生民祈福。茲寺僧眾可謂榮敬。至成化四年時，適欽差鎮守靖虜等處定國將軍參將河南劉清乃□地方鎮西門□□也……輪奐新美，青紅之錯雜，丹堊之炫耀。可以動人視見，可以……時大方年已七十有八矣。使不刻其名，則後人因何以見其善求言以彰之。予曰："人生天地之間，當建善功、揚美名也。今大方……遺址，緣無良工美制。大方一旦奮然，忝慕良緣，俾斯寺幾頹罔復，未幾……視夫紛紛仗佛，務私者猶□之重輕鵬□之巨細玉□之殊薰……□□則後人之履斯地也，登斯堂也。"莫不指曰："大方建前殿。"亦莫不曰："大方……□□者,亦從大方可肇矣。"是功也，不惟揚名於是時，而又激效於後日。不……□休於旨□也，將於佛寺相為興廢，將於石碑同為悠久。復之思□大方……□書□于碑以紀□不朽云。

時大明成化四年歲次戊子孟夏吉旦立

金陵朱顥……

三七、明 敕赐禅林碑

成化四年（一四六八年）
现藏固原须弥山石窟文物管理所

敕赐禅林碑记1件，红砂岩石质。呈长方形，碑高136厘米，宽83厘米，厚28厘米。圆形碑首，边缘残，碑首中央额题楷书"敕赐禅林"4字，两边阴刻水波纹，仙鹤两首相对，展翅腾飞状。

**碑文**

禮部為□□寺額事□禮科□出陝西平涼府□□□□□雲寺□□，照得本寺原有石碑，係崇寧三十五年九月二十四日，敕賜名□□□□倒塌，見存基址，石佛身長八丈有餘。臣思系古剎，發心將自己□□□。蓋佛以工代殿廊廡方丈俱以完備，緣無寺額。如蒙伏望聖恩憐憫，乞賜寺額。俾臣住持朝暮領眾焚修祝延聖壽，以圖補報，實為便益。正統八年二月十四日，通政使司官於奉天門奏奉聖旨："與他做圓光寺，禮部知道。欽此。"欽遵抄出到部，參照前事，擬合通行，前去本寺住房持，恪守戒律，領眾焚修施行。此系欽賜額名寺院，毋容僧軍民人等攪擾褻慢。不便須至劄付者。禮部貳百三拾肆號。

右劄付圓光寺住持僧綽吉汪速。准此。

正統八年二月二十四日對同都吏俞亨。

劄付 押押

肅府承□□覺果阮道路和黃斌

典□□源……

黔宵王孫□倫善友楊……

平涼府承事郎開城縣知縣太原吳祥儒……

守禦固原州右千戶所千戶保安阿通□百……

甘州群牧千戶所致仕千戶孫仕賢千戶孫……

□□衛指揮僉事□□群牧所善士彭衍，陸通……

楚府海剌都操守靖□衛昭勇將軍指揮使房鑒

敕賜大能仁寺覺義端竹巴，都綱馬剌麻，覺了……

苑馬寺黑水口善友徐守真，全守正，唐守□。

大明成化四年歲次戊子孟夏吉旦立

金陵朱□□……

**37-1 明 敕赐禅林碑**

37-2 明 敕赐禅林碑（拓片）

三八、明　重修圆光寺大佛楼记

成化十二年（一四七六年）

现藏固原须弥山石窟文物管理所

重修圆光寺大佛楼记碑1件，红砂岩石质。长方形碑身，高180厘米，宽85厘米，厚20厘米。圆形碑首，额题篆书"重修圆光寺大佛楼记"9字。碑首阴刻卷云纹，边缘双线内阴刻卷草纹。

**38-1　明　重修圆光寺大佛楼記**

38-2 明 重修圆光寺大佛楼记

**38-3 明 重修圓光寺大佛樓記〔拓片〕**

**碑文**

圓光寺□□□□□□

賜進士出身參議大夫

欽差整飭兵備陝西等處□刑按察司僉事□□□□□

賜進士中順大夫平涼府夾江□遊□

韓府游□□教授參和楊 □

平涼府開城（成）縣□治西百□□□號□彌內有□州。唐名為石門鎮景雲寺。今敕賜為圓光寺。歷代與□之由碑□記憶體是寺，山勢嵯峨，群峰擁揖。青松翠竹，奇花異木，□□陰森。蓋俗□□所不能至，而佛境之所斯攝也，是壁□一但有一□一洞，人迹莫能攀踩者，皆有佛像□羅於其間，或□□以為吉地設歟；寺西有□□，險不易逾。前人於此作一□像，即古所謂丈六金身也，佛之上建今□□覆之。正統間為風雨所頹，先住持大方長老理而葺之，完善若舊，成化七年樓復傾圮，佛之首□□□□，身亦為之不全。

蕭府□奉郝興□遊攬勝，有感于□師啟賢主殿下，遂捐府□□□□□□□慧通，曉以重修之。既□□均來微□□以記諸石，余嘗□漢明帝金□人長 □□頂有光，於是建□□三開佛道路法，遂於中國圖畫形像，而佛之教始入中國，蓋天□為西域之國王化□所不及，將□□不殺□教國人皆化焉。故漢書贊有四法矣，西胡天之外區土物□□□□淫 □不率禮教莫有□書，若□遊□ 仙□□ 觀，此則佛以慈悲為教，不過化人為善，禁人為惡。□□□。自漢歷唐宋□□ 天朝皆崇設圖像不□欽□□□非仿助王化之一端歟□ 固原地方，夷漢雜居，風土勁悍，□□□□□□也，今□均能修廢以□□保一方之人□□□禮者善由然感發，惡念惕然，□創則其與人為善之美，不亦可書，□人不□人之善，遂記□□。為為善者勸。

大明成化十二年歲次丙申夏五月吉旦立。

三九、明 石佛寺碑

成化十五年（一四七九年）
一九八六年征集于固原县（今原州区）城关
国家三级文物
现藏宁夏固原博物馆

石佛寺碑1件，青石质。圆形碑首，额题楷书"石佛寺碑"4字。中部阴刻卷云纹。长方形碑身，高119厘米，宽63厘米，厚16厘米。边缘双线内阴刻卷草纹。行文楷书，16行，行26字。部分字残损。

**39-1 明 石佛寺碑**

39-2 明 石佛寺碑（拓片）

**碑文**

　　□恩□恩大願力妙覺新成，耀□碧百寶，莊嚴自在宮。互
今□變易蓋覆乾坤盡大乘菩薩神妙化益考鼓伐□幾聖令入弦上
下等無匹巍巍端坐法中□策發人天有何□法舉□宗大闡揚一句
餘提超等□諸佛刹上□□同修開化河沙皆偏吉十方世界香風吹□□
　　普熏無□億人人□□□究心源累創蹉跎到今日諸君□□□□業生□□
不覺□□□心心圓照□花翳□□常知□□□我承三寶周□□□□妙覺圓
真實快趁身前努力修身後沉淪悔何□□□□箱盡喜捨大丈夫從大施得諸
力智□十號尊三輪□際證三德果滿功圓坐道坐一切如意波羅密。
　　欽差整飭兵備陝西等處提刑按司僉事楊□、長樂監署監事錄事許
旺、司吏劉普、開城苑關長李堅
　　時大明成化拾伍年夏季六月十八日立
　　修造僧人東明禪師

四○、明 固原州增修庙学之记（王恕撰）

弘治十八年（一五○五年）
一九七九年征集于固原县（今原州区）
国家二级文物
现藏宁夏固原博物馆

固原州增修庙学记碑1件，灰砂岩石质。高200厘米，宽92厘米，厚21.5厘米。原碑残缺，现已修复，仅存部分碑文。弧形碑额，额题篆书"□原州□修庙□之记"6字，边阴刻祥云。碑身边缘四周双线内阴刻卷草纹，楷书碑文，共28行，行满41字。

40-1 明 固原州增修廟學之記

40-2 明 固原州增修廟學之記（拓片）

□□□宿望旧臣光禄大夫柱国太子太保吏部尚书经□官

赐进士□光禄大夫柱国少保兼太子太保吏部尚书

赐进士□□资政大夫南京□□□部

皇明奄有天下，统理萬邦。内自京都，外及郡邑與軍衛運司，俱設學校師儒，教育英才而賓之，以爲治化之藥石，于以壽国福民於無窮也。治效之盛，可以媲休三代盛世而無愧焉。

固原在平涼府西北，路當通衢，原有城隍，設千户所守御其地，屬開城縣矣。國朝成化五年，改爲固原衛。開城縣舊在固原南四十里，成化三年，虜寇肆侮侵犯，縣治为之破壞，乃徙于固原城内，廟學草創弗稱。

弘治十四年，上命户部尚書兼都察院左副御史單縣秦公總制三邊軍務，駐節固原。公乃屈力殫慮，大展所蘊。凡百安内攘外之策，無不修舉。十五年，築固原外城，奏升開城縣为固原州。公諭令軍民：願求外城之内地爲居室、鋪署，聽輸銀入官，授之以地而有差等。人以爲其地乃商販之所，走集，又通鹽利，終皆樂從，所得價銀甚富。公以爲廟學草創，狹陋弗稱，不可視爲傳舍而不理。乃謀恢宏開拓，畫圖增修。簡命生員張正學總理其事。以前所入之銀，易城中之地为廟學之基，東至指揮王爵宅，西至守備衙門，南至官街，北至抵街，廣二十五丈，袤五十七丈。其地平正埦塮，堪为學宮。于是市材傲工，造大成殿八楹，崇五尋；戟門、櫺星門各三間，崇二尋；兩廡各二十五間，崇二尋。殿後起明倫堂五間，東西齋各六間；堂後作師舍四所；齋後作生徒舍四十間。戟門右作神庫三間。生徒舍左作饌堂五間；生徒舍右作廩庾三間。其規制與夫工費，悉總制公之處置。

工已抵于九仞，而奉命回朝。濱行，乃以未完之工，托兵備憲副石州高公崇熙。公諾之以爲己任，晨夕用意，督令張正學逐一而完之。正殿則覆以琉璃，棟梁榱題則黝堊丹漆，間以金飾户牖，階陛則有款制，廉隅可啟可閉可升可降，而不違則焉。像設嚴然，足以聳人之起敬，堂陛森然，足以使士之發憤。是役也，始事于弘治十七年七月，落成于十八年九月。

憲副高公狀其事，具禮幣，遣生員彭玹，段錦詣老夫，以記見屬。老夫素非文字家，今且老耄昏塞，實不勝其事，再三辭謝，而三請益勤。乃为之言曰：吾夫子之道，乃二帝三王繼天立极，明人倫、治天下之大道。吾夫子刪述六徑，大明斯道，垂憲万世。自是以来，有國家者建學立師，儲養英才，以待任用。然而師之所以爲教，弟子之所以爲學，无非斯道也。身之所以修，家之所以齊，國之所以治，天下之所以平，亦豈外于斯道乎？是故學必有廟，釋奠夫子，崇重祀事，以報本也。今總制公于整飭邊備之際，復以餘力增修學宮，至于如是之壯麗；兵備公受總制之付托，果能終其事，而完且美矣，皆可書也。故次第之以爲記云。

## 增修廟學記後（張泰撰）

往聞秦公總制陝西三邊軍務，卓然有声績，心恒慕之。近予承之而来，歷延綏、寧夏諸處，尋公故績，歷歷可仰。因以固原州之立，實公建議，且嘗大新廟學，規拓城隍，區處鹽法，其绩優著，必有記載可考。

既至其地，環顧四周，曾无寸石片言，可按方集。官屬相与詢議，乃有學官李宗義者，出一函。觀之于此文也，嗚呼！兹學創于秦公而己，速不及視其成；兹文創于高君，而亦以去速不能勒之石。今忽忽六七年，使此官復有它故，懷此文而去，或不去乃有不幸而遭水火散失，則前日之意將泯泯无聞矣。將誰尤哉！

因亟以此文屬今兵備副使景佐，命工礱石鐫刻而立之。予復綴此數語于末，庸識立石之歲月而遲遲之故，亦因以附見云。

四一、明 金兴定三年地震碑记

现藏宁夏固原博物馆
国家一级文物
一九八六年固原东岳山鲁班庙出土
嘉靖十年（一五三一年）

金兴定三年地震刻石1件，红砂石质。呈长方形，长32.5厘米，宽26厘米，厚8.3厘米。碑正面边缘双线内阴刻卷草纹。从右至左竖阴刻楷书12行，行满16字，共174字。

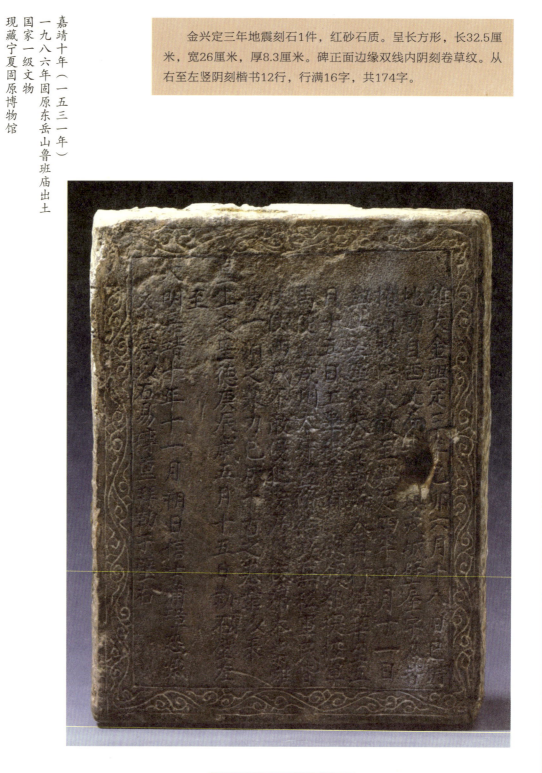

**41 明 金興定三年地震碑記**

**碑文**

　　維大金興定三年己卯六月十八日巳時，地動自西北而來，將鎮戎城壁屋宇盡皆摧塌，黎民失散。至興定四年四月廿一日興工，差軍民夫二萬餘人再行修築，至五月十五日工畢。復舊有總領都提控軍馬使、鎮戎州太守監修。德政無私，軍民皆伏，使西戎不敢侵犯。安居民復歸本業，雖勞一時之眾力，已成千古之基業。以表皇上之聖德。庚辰歲五月十五日勒石壁左。至大明嘉靖十年十一月朔日，信士蒲璋恐歲久磨滅，以石易磚，重拜，勒於壁右。

一六二

四二、明 故武略将军固原千户张公（锭）
墓志之铭

万历六年（一五七八年）
一九七〇年固原县（今原州区）城内出土
国家二级文物
现藏宁夏固原博物馆

　　固原千户张公墓志之铭1组（2件），红砂岩石质。志盖，长方形，长55厘米，宽52厘米，厚9厘米。四周双线内阴刻卷草纹，中部阴刻篆书"明故武略将军固原千户张公墓志之铭"，4行，行满4字，共16字。
　　志石，正方形，长56厘米，宽50厘米，厚5厘米。竖阴刻楷书碑文32行，行满30字，共960字。

42-1 明 故武略將軍固原千户张公（錠）墓誌之銘（拓片）

42-2　明　故武略將軍固原千户張公（錠）墓誌銘（拓片）

## 志文

陕西西宁卫儒学训导郡人南泽康增状

迪功郎四川丞江津县事郡人双溪马应麟譔

固原州儒学生员次岗徐述书

万历六年七月初二日，双山张公卒于家，孤哀子登、子荣执状泣而言曰："尝闻记云，先人有善而不传不仁也。吾父逝矣，卜今庚辰年三月二十一日归葬。谨略素概勒状上呈，伏惟史笔择焉。"余忝亲末，慕公之德爱久矣，其曷容辞。按状：

公讳锭，字世重，先世浙江长兴县人。始祖胜，国初从军，调西安前卫，后改调平凉卫。传至高祖真、曾祖纪，相继应役。成化年改设固原卫右所，遂家焉。公之父泰，游庠未仕。母侯氏，生子一，即公。女一，配总旗刘天凤。公幼性刚勇，好骑射，谙练兵法。既长，顶祖役而从事于行伍，以身许国，艰险不避。凡战守之策，应变之略，分击合围之方，周弗闲习。由是总兵刘公加其才，檄司搽房事。公勤慎，小心翼翼，无欺诈，上下咸信服之。嘉靖丙午岁，达贼犯境。总兵王公提兵至七里沟交战，公奋勇获功，升小旗，辛亥岁，佐击□，公挑选入卫。大贼从宣大深入紫金关，公随游击陈公追至浮图峪战胜，功升试百户。丙辰岁，大贼进境，公随总兵袁公追至延绥汪官兒坝，战克有功，晋秩实授百户。本年，大贼犯边，公随总兵许公追至海剌都塘土沟，相敌，功升副千户之秩。夫公自行伍以至入官，屡经战阵，劳苦弗胜，节蒙报功之典，累次升赏，其荣耀何盛焉！光显祖德，振扬门闾，子孙世享爵禄，与国同休戚者，必自公始，岂不诚大丈夫也哉！使非因老而告休，则长城镇钥之托，悬符封印，舍公其谁与？惜未几而遘疾正终，莫非命也！呜呼伤哉！

公之娶者士何公女，温恭慈顺，内外交贤，早卒。继娶奏带王公女，治家勤俭，训子严肃，公之宦履，咸赖相之。再娶百户陆公之女。何氏生子二，曰子成，早卒。曰子登，袭前秩，才识明爽，气宇轩昂。蒙总督军门檄标下管把总事，超擢可望。娶舍人孟公之女，卒。生子一，勋，娶舍人黄琨女，继娶长乐监者士戴公女。恪遵妇道，内助攸宜。生女一，配舍人杨希颜。王氏生子一，曰子荣，克庠科目有待。初娶生员徐公女，卒，继娶廪生马公女，生女二，尚幼。陆生女一，配指挥王从诰。公生于正德辛未，寿享六十八岁。墓在城南，葬于祖茔之次而系于铭。铭曰：

於继将军，武弁之英。忠肝义胆，子仪其名。挺身仗剑，名遂功成。光增前人，泽裕后昆。正宜永年，为国之屏。胡天不佑，玉埋珠沉。生无所忝，死亦目暝。全归幽宅，亿万斯龄。

孤哀子登、子荣泣血上石。

## 四三、明 恭人高母王氏合葬墓志铭

现藏宁夏固原博物馆
国家二级文物
一九八五年固原县开城乡（今原州区开城镇）四十里铺出土
万历八年（一五八〇年）

明恭人高母王氏合葬墓志铭1组（2件），红砂岩石质。呈长方形。志盖，长51厘米，宽48厘米，厚6.5厘米。边缘四周双线内均阴刻二龙戏珠图案，志盖篆书"明恭人高母王氏合葬墓志铭"，4行，每行3字。

志石，长56厘米，宽50厘米，厚9厘米。楷书碑文，共31行，行满30字。

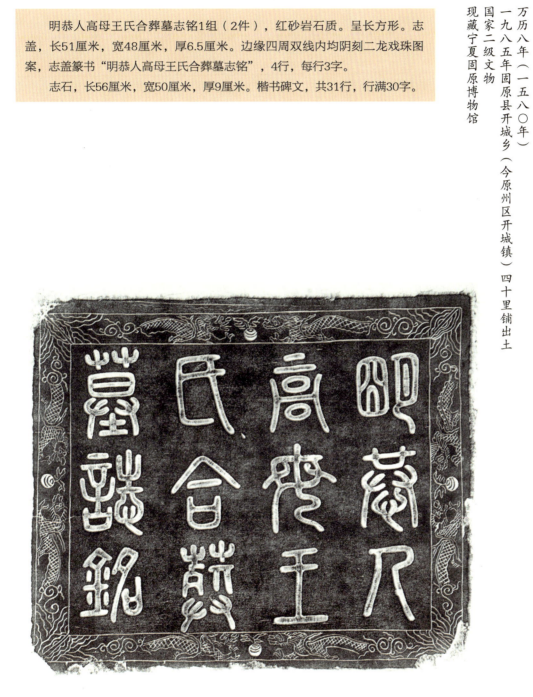

43-1 明 恭人高母王氏合葬墓誌铭（志盖）

43-1 明 恭人高母王氏合葬墓誌铭（志盖）

**志文**

鄉進士郡人澄齋趙性粹　撰文

經筵官預修國史登仕佐郎鴻臚寺序班金臺南澗范濱　書丹

欽差分守蘭州參將鎮國將軍都指揮僉事郡人平川徐勳　篆蓋

恭人姓王氏，武略將軍公之女，明威將軍小泉公之配，今官陝西都司節之母。恭人幼貞靜，父母鍾愛，擇配小泉公。公實以潼關衛百戶調任于原也。恭人歸小泉公，持家有法。又以忠義勗其夫。故公得盡力職業，不數載屢立戰功，晉職指揮僉事，三升至陝西行都司。嘉靖丙寅，公以病居家，會北虜入寇，控弦七十萬眾，內地震恐。制臣求宿將可應敵者，以公充正兵中軍。公率卒三千人往迎虜，至定邊與賊戰，以眾寡不敵，偕主將郭公死之，詔荘嘉賞。始公既行，恭人語家人曰："虜鋒正銳，夫氣益雄，此行必死矣！"已而果然。恭人聞訃，驚悼幾絕，乃哭之曰："夫死于官，妾獨不能死夫乎！念夫有孤在，高氏之脈僅僅有此耳，我將撫育之。俟此孤成立，滅胡以報君父，亦願也。"孤即今都閫君，彼時甫六歲，閫母生也。初誕時，恭人入襁抱中，撫養無異己出。及公沒，恭人焚香祝天曰："保護無父兒，保護無父兒！"都閫君天資甚美，承母訓愈加黽勉。視篆三年，升岷州守備。再三年，又升今官。都閫君赴岷，即迎恭人，養甘旨必竭。及恭人恙，都閫君供湯藥，抅衾嘗糞，禱以身代。固天性至孝，亦得之恭人之慈也。恭人病劇，以後事囑都閫君曰："吾以壽沒，且兒能承先報國，吾將忻忻然逝矣！"遂于萬曆八年十二月十六日卒于岷之公府。

都閫君以新命，當領甘涼班兵，其妻冷夫人扶櫬歸，卜四月廿七日將合葬于小泉公之塋。參戎徐平公謂粹曰："趙先生素愛以文銘節義，今宜銘，不可辭也！"

粹聞諸父老云："高氏不絕如絲。"又云："恭人無出，俱若可憂者，胡恭人維持至此哉？夫為微官，則相之以晉秩效忠；于為遺孤，則育之以成家柱國，是高氏之門其顯而大也由恭人，其延而昌也由恭人，孰謂婦人不能作光裕事耶？嗚呼！賢矣哉！"

恭人生于弘治十二年十一月十一日，卒于萬曆八年十二月十六日，春秋八十有二。都閫君娶百戶單洽女，繼娶舍人冷和女。孫男一，曰廣佛保。孫女三，孟許參將徐勳應襲，單出。仲許千戶賀守義應襲，季者尚幼，俱冷出。族之疏者不悉也。銘曰：

嗟！恭人也，女易妒其孋，獨振振也。世莫知坤儀，獨有臻也。與彼紛若作瑤岷也，忠烈佩于禰。夫之冰筠也，簪纓旆旒旗。育子麟也，馨問何以如範縉紳也。桓母垂簡詞，亦有倫也。作銘藏壙兮，榮世者之甄也。

不肖孤哀男節泣血上石

四四、明 奉直大夫王公（道济）既配宜人
张氏合葬墓志铭

万历壬寅（一六○二年）
国家三级文物
现藏宁夏固原博物馆

王公既配宜人张氏合葬墓志铭1组（2件），红砂岩石质。志盖，长方形，边缘四周双线内阴刻卷草纹，上书九叠篆4行，每行4字，第5行空两字，"明奉直大夫王公既配宜人张氏合葬墓志铭"18字。长72厘米，宽51.5厘米，厚8厘米。

志石，长方形，长71厘米，宽51.5厘米，厚7.5厘米。四周双线内阴刻楷书志文，39行，行满27字。

44 明 奉直大夫王公（道濟）既配宜人張氏合葬墓志銘

### 志文

明奉直大夫、直隶安州知州仁菴王公偕配宜人张氏墓志铭

赐进士出身、通议大夫、兵部左侍郎、庆阳克菴字桢撰文

文林郎、直隶涞水县知县、郡人中斋吴从众书丹。

儒学廪膳生员、郡人麓溪徐正己篆盖。

北地距原州僅三百里，余为诸生时已知原州有王公，蓋人傑云。恒以未及遠趨其門为歉；迨隆慶丁卯，余與公同領鄉薦，始獲識公。公嚴毅端莊，有壁立万仞狀，叩其學，淵源有自。一时髦俊咸推領袖。噫！公誠人傑也哉。私心竊欲朝夕親就，以聆謦咳。第余自官南台，歷二本兵，與公相齟齬者二十年，所弗克如願。比余得諸骸骨，而公不禄矣。嗚呼，余忍銘公也耶。按狀：公諱道濟，字溥澤，別號仁菴。系出南京之鳳陽，正統間始大父寬仕陝西延安府葭州學正，卒于官，遂家焉。嘉靖初，創建白馬堡，曾大父學志在從戎，徙居之。今为固原白馬堡人，生子諱武勃，勃有隱德，是爲公父。公鳳殖奇穎，握筆談文，不爲世局語。以尚書魁秋闈，諸同儕先達輩，莫不期公遠。到訖而殿落，蓋奇數也。官北直保定府安州知州，有惠政，安人咸以召杜方公。顧公性峭直，不善事上官。居無何，以貝錦歸，行李蕭然如寒士，安人扳轅號泣曰："奈何去我父母。"人心如此，則公議可知矣。抵家，杜門謝客，以耕讀課諸子若孫，或操觚染翰，竟日不暇，家人咸以爲請，公曰："我自樂此，不爲勞也。"築別墅城北，栽花植木，徜徉其間，自謂義皇以上人。昔伯循歸家，讀書不識治生業；靖節陶情詩灑，不復談世務，史艷稱之。故今論義行與古人騰鶩者，必曰仁菴王公云。配張氏，以公貴，封宜人，柔婉貞順，克勤克儉，家人子稍事乘縻，輒正色責之曰："此豈吾門素風也。"用是閫範，肅然爲一方所矜式。

公生于嘉靖乙未正月十八日，卒萬歷壬寅三月朔九日，享年六十有八。宜人生嘉靖丁酉八月二十一日，卒萬歷庚寅三月朔二日，享年五十有四。子男三：孟國棟，配百户李曜長女，卒，繼次女，遊擊將軍國用之妹也。仲國楨，配百户黃銘女。季國柱，配義官王東女。三子俱庠生員，以焰焰聞。而楨先公卒，女一，适百户汪文洋。孫男四，曰就講，聘文洋側室郭氏女。曰就義，棟出。曰就謀，聘士張朝甫女。曰就訪，聘百户吉勵女。楨出孫女一，尚幼。嗚呼！公有經世之學，而不能使南宮之必售，有循良之政，而不能杜饞口之不行，有仁人之德，而不能享胡考之惟休，是公之所能者，人所不能者，天也。嗟嗟，痛哉！卜以卒之年十一月望日葬北城新阡。啟宜人張氏墓而合窆焉。其子及孫持別駕澄齋趙公狀，再拜請銘，念辱公知厚，且趙公慎與可者，狀已足徵銘，安敢辭。銘曰：嗟哉王公遽登仙，負質玉立才且賢。瑤環瑜珥光相先，筮仕大郡聲騰騫。盤錯頓解利器懸，武曲善政同汝川。循資積望宜崇遷，胡爲萎菲歸浩然。大才爲盡人悲憐，生死有命天道玄。行年六十逾八年，知公冥（瞑）目無縈牽。有子麒麟其比肩，蓀枝森森詩永傳。公雖云亡猶生全，高原拱秀來蜿蜒。伉儷合璧歸吉阡，勒文斯石名永堅。

孤哀子王國楨等泣血上石。

四五、明 将仕郎夏资式邑少尹桂庵齐公（登科）墓圹

现藏隆德县文物管理所

国家三级文物

一九八四年隆德县城关镇出土

万历四十二年（一六一四年）

明将仕郎夏资式邑少尹桂庵齐公墓碑1组（2件），均为红砂岩石质。呈正方形。志盖，边长64厘米×64厘米，厚13厘米。边缘四周双线内阴刻卷草纹，中部竖阴刻篆书"明将仕郎夏资式邑少尹桂庵齐公墓圹"，4行4字。志石，边长64厘米×64厘米，厚13.5厘米。志石边缘四周双线内阴刻卷草纹，竖阴刻楷书志文26行，行满26字。

45-1 明 将仕郎夏资式邑少尹桂庵齐公（登科）墓圹（志盖拓片）

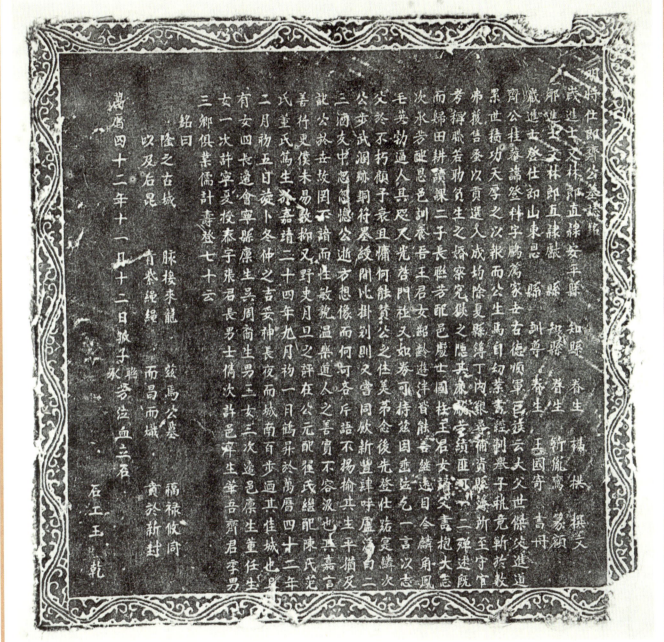

45-2 明 將仕郎夏資弍邑少尹桂庵齊公〔登科〕墓壙〔志石拓片〕

明將仕郎齊公墓誌銘

歲進士文林郎直隸安平縣知縣眷生楊拱 撰文

鄉進士文林郎直隸獻縣知縣眷生靳胤鷟 篆額

歲進士登仕郎山東恩縣訓導眷生王國寄 書丹

齊公桂庵，諱登科，字鵬薦。家世右德順軍巨族云。大父世傑，父進道，累世積功，天厚之以報而公生焉。自幼業書經，制舉子執（藝），竟靳於數，弗獲售。盍以貢選入成均，除夏縣簿，丁內艱。尋補資縣簿，所至守，官考稱職。若助貧生之婚，察究獄之隱，其廉獻芳績，匪可一二殫述。既而歸田耕讀，課二子。長聯芳，配邑處士國柱王君女，誦父書，報大志；次承芳，配恩邑訓養吾王君女，齠齡遊泮，皆能善繼遠目，今麟角鳳毛，英勃逼人。其咫尺光啟門祚，又如券可持。茲因垂泣，乞一言以志父於不朽。顧予衰且憊，何能贊公之休美，第念後先登仕，路實鱗次，公步武濶跡銅符墨授間。比掛冠，則又嘗同飲新豐肆，呼盧浮白二三酒友中，忽忽憶公逝，方想像而何可吝片語，不揚揄其生平？猶及記公於世故罔不諳而性敏貌溫，樂道人之善，實不容汲也，其嘉言善行，更僕未易數，抑又野史月旦之評在公。元配翟氏，繼配陳氏、范氏、董氏。篤生於嘉靖二十四年九月初一日，鶴升於萬曆四十二年二月初五日。旋卜冬仲之吉，妥神長夜，而城南百步遒其佳城也。且有女四：長適會寧縣廩生吳周裔，生男三女三；次適邑廩生董任，生女一；次許寧夏授泰宇張君長男士儁；次許邑庠生華吾齊君。季男三卿，俱業儒。計壽登七十云。銘曰：

隆之古城，脈接來龍。茲焉公墓，福祿攸同。

以及後昆，青紫繩繩。而昌而熾，賁於新封。

萬曆四十二年十一月十二日孤子聯芳、承芳泣血立石。

石工 王乾。

四六、明 武略将军近池卢公（应蛟）墓志铭

现藏宁夏固原博物馆

国家一级文物

天启四年（一六二四年）

明武略将军近池卢公墓志铭1组（2件），均为红砂岩石质。志盖，长54.5厘米，宽52厘米，厚9厘米。边缘阴刻带状勾连云纹一周，中部由左至右竖阴刻篆书"明武略将军近池卢公墓志铭"12个大字。

志石，长54.5厘米，宽52厘米，厚9厘米。边缘一周亦阴刻带状勾连云纹。中部由左至右竖阴刻楷书志文。

46-1 明 武略將軍近池盧公（應蛟）墓誌銘（拓片）

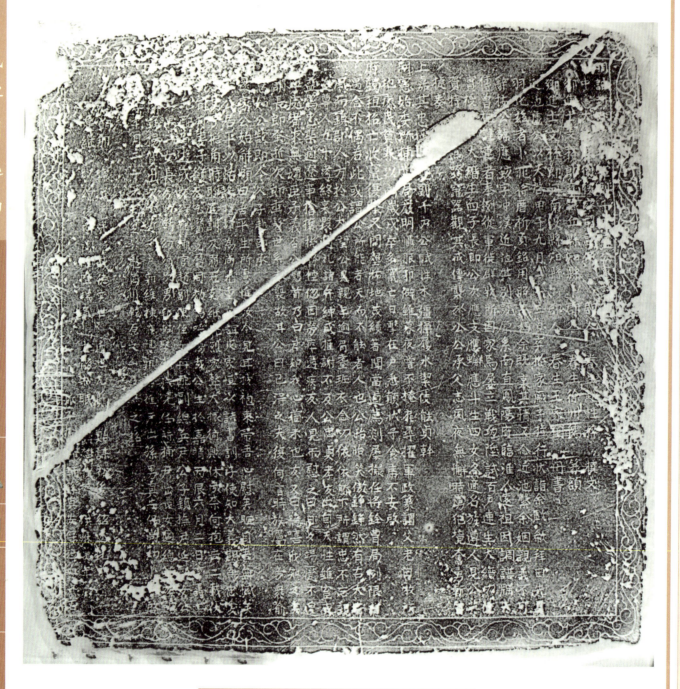

46-2 明 武略將軍近池盧公（應蛟）墓誌銘（拓片）

**志文**

明誥封武略將軍副千戶盧公墓誌銘

中憲大夫□衛按察司副使、郡人、眷生趙性粹撰文。

鄉進士文林郎、直隸丘縣知縣、郡人、眷生徐州儒篆額。

鄉進士文林郎、河南汲縣知縣、郡人、眷生王家相丹書。

近池盧公，以天啓甲子九月二十三日卒於家，厥子持行狀詣余歔欷拜曰："先君羽化，茲者卜兆將厝，析貞銘用昭不朽。"余既衷其情，又念近池繫余姻親，義不可辭。按：公諱應蛟，字沖漢，近池其別號。原系南直鳳陽府臨淮人。遠祖因調，譜牒失傳。曾祖諱連者，奉例從軍，徙群牧所，因家焉。屢立戰功，陞試百戶。連生大繒，功□實授□□。大繒生四子，長既公，次應支、應蟬、應斗；生四女，各適名族。遵人見公英資持達，□□為跨竈器，觀其成，傳襲於公，公承父志，夙夜無懈。時虜犯境，奮勇斬□，捷奏，上嘉其忠，授□□副千戶。公賦性木強，操履冰潔，技能貞幹。制憲始委所捕，當局嚴明，攝服邪僻，雖暮夜，嘗不掩扉。尋擢軍政篆。謂父老曰："牧所地瘠民貧，兼以凶歲，戍卒多竄亡，日系在戶悉顛狀，予食席不安。"啓府蠲租，拾亡收竄，復□又開墾拓地，茂績著聞，當道薦刻屢抑，任將銓曹局例限□，遇合不偶若此，或謂公所能者天，而不能者人也。公怡怡笑傲錚錚然，有古大將風，而鎮郡人方於公大望。公見親年逾眉耋，斑衣念切，依依膝下，所謂忠不忘親，□尊人九十考終，哀毀過禮，諸弁紳咸推謝不及。公忠貞孝友，出自天性，雖宦威益篤，忠柴適遼搶攘，撥務佗憶，因勞瘁遘疾，友人見而慰之曰："日夕竭蹷，不遑寧處者，求無媿臣子義否？"公懸首，乃曰："君知我心猶未也。"友又曰："噫嘻！我知之矣。"謂長郎早逝、次郎垂髫，世系未襲故耳。公曰已得之，夫復何言。時族屬在旁，衆喻□如，公欲即令次子赴部承還家。公始解頤曰："吾平生所慮惟汝，今見耳，披袍束帶，吾心慰矣。瞑目吾無憾矣。"公居平以恬靜禮讓為尚，尤重友誼。處家恒以詩書訓子，使知大義，期為忠愛。其子總角，時聆庭訓，及弱冠，克繼光烈，家聲大振。詎歟休哉，奈何抱病二載，伏□旬月，妻子籲天乞醫，竟屬罔效。嗚呼傷哉。公生於嘉靖丙辰六月二日，享壽七□□，元配賀遊成女；繼配鄉宦趙副使侄女；再配副總兵尹公子鎮撫尹延齡女。公□二男二女，長男邦□幼殤，次男邦輔，娶李氏，現任所捕。尹出長女適總鎮□鼓□□蘇揚，賀出次女，適千戶郭維棟，應襲郭□進。尹出孫男真安保，尚幼。卜以（天）啓□□（年）十月二十六日窆於鼉崗川乾原之山。乃為之銘：

□□朝邦，□發盧□，載德奕世，近池尤賢。

貽謀裕後，銘述□前。□□是繼，以綿後□。

□□瑞氣，□□□眠，鬱鬱佳城，洪麻漢年。

孤子盧邦輔、孫真安保泣血上石

四七、明 兵部尚书石茂华立石碑（落款）

明代
一九八六年固原县（今原州区）城内征集
国家三级文物
现藏宁夏固原博物馆

明兵部尚书石茂华立石碑1件，红砂岩石质。碑呈长方形，高104厘米，宽56厘米。此碑应为一巨碑之落款部分。

47-1 明 兵部尚書石茂華立石碑（落款）

47-2 明 兵部尚书石茂华立石碑（落款拓片）

钦差總督陝西三邊軍務兵部尚書兼右副都御史益都石茂華立

一七八

四八、明 皇明登仕郎养吾王公（国寄）暨配孺人董氏合葬墓志铭

崇祯七年（一六三四年）

一九七一年固原县（今原州区）城内征集

现国家三级文物

藏宁夏固原博物馆

王公暨配孺人董氏合葬墓志铭1件，红砂岩石质。志盖，呈正方形，长62厘米，宽61厘米。四面斜刹，边缘四周双线内阴刻卷草纹，盖平面。竖阴刻篆竖5行、每行4字"皇明登仕郎养吾王公暨配孺人董氏合葬墓志铭"，斜刹上阴刻卷草纹。

志石，正方形，边长65厘米。四边阴刻卷草纹，从右至左竖阴刻楷书志文，共35行，每行37字。

48-1 明 皇明登仕郎養吾王公（國寄）暨配孺人董氏合葬墓誌銘（拓片）

48-2 明 皇明登仕郎養吾王公（國寄）暨配孺人董氏合葬墓誌銘（拓片）

## 志文

　　微仕郎山東平山衛經歷前直隸清豐縣縣丞眷生華野董泰　撰文

　　承德郎直隸松江府通判眷晚生□門楊泰書並篆。

　　登仕郎王公，其先世農居于隆德之水落城，迨祖得昌，移居縣治西二里許。得昌生六子，行六者諱祿，公高祖也。祿生堂，堂生慶，慶生公。父應詔，世業耕讀，代有隱德。公父應詔娶房縣令李公女，生子三，長國定，仲國靜，季即公。公諱國寄，字維才，養吾其別號也。公少孤，二兄以慵治生人業，家道中落。公負笈就傳，飯糗衣鶉，諷誦先王宴如也。于人世紛華綺豔行徑，絕口不道，絕跡不入。晨昏攻苦詩書外，止手持《省身集要》諸書，以淑其身，以訓誨其子若婿，而里中于是有古人稱也。翱翔天路，直看指日無何。奇于數，止以戊戌鄉薦筮仕山東恩縣訓導，模範岩岩，不□□位卑祿薄，而少怠厥志、少懈厥職也，是以恩人士被其化者如飲醇自醉，而共宗之為太丘昌黎矣。然終以性直，不解軟媚，左遷開化王教授。公曰："只恐人負官耳，長沙、膠西未聞古之名賢弗就也。"移傳王孫，資其微祿，俾三子勉習其舉子業，于是三子□次第叨廩餼，而公即拂袖歸林矣。其時王孫具呈保留，監司張公鍵佳其高尚，行文長史司云："教授王某，教諭有方，裋躬無玷，鴻賓遐舉，雅致翩翩，而羽儀堪重，王孫恋恋。"長史司著實慰留務挽已脂之轍；而公歸志已決，無能挽留也。遂扁其門曰"五柳高風"云。比及歸里，仍誦習《省身集要》諸書不輟，且且與二三老友酬飲談心者，歷二十年，所而啟口無非陰德事。即屬纊時，環子婿而永訣曰："吾無以貽若輩也，《省身集要》諸書為若輩受用家資矣！"公配孺人子先君富順公女，茹淡勤績，多方輔相成公業；且盡獲訓子，含飴弄孫，種種懿行，宜其偕公祿、偕公官，又偕公而享三子之祿養者終身焉。生子三：長曰璧，邑廩生，娶孫氏，早逝。遺女一，適邑人李倉輝，亦早逝。繼娶蘇氏，生男一，名之垣。側室陳氏，生男一名之藩，女一尚幼。馬氏生男一，名之圻。仲曰璽，邑廩生，娶鄭氏，早逝。遺女一，適邑廩生張禔，男起鵬，亦廩生。繼娶孫氏，亦早逝。遺女一，適邑庠生張龍光，又娶靳氏、火氏，俱早逝，又娶方氏，生男一，名之翼；女一，許配邑庠生剡奇，男文瀾。季曰曆，邑廩生，娶董氏。生男三：長之模，娶鄭氏，生男一，名首重；次之範，聘邑掾劉芳清女；季之衛，女二，一許配故廩生李文詔，男現龍一尚幼。公女四，長適邑廩生王化淳。次適邑廩生齊承芳，早逝。一適邑庠生李斐庭。一適邑掾齊衡，亦早逝。公侄二，曰瑞，曰瑜。公生于嘉靖二十九年十月十五日，卒于崇禎六年十二月二十五日；孺人生于嘉靖三十九年十一月二十五日，卒于崇禎五年七月二十六日。卜吉崇禎七年二月二十七日，合葬于縣東細腰□之新塋。嗚呼我公！人之所難全者道德，而公繩步尺趨，賢聖是遵，公之道德以全矣；人之所難遂者功名，而公之化洽兩地，祿奉多年，公之功名以遂矣；人之所難盛者子孫，而公三子祿奉，八孫飴戲，公之子孫以盛矣；人之所難偕老者夫婦，多曆者年所，而公終于六年之冬，配終于五年之秋。公壽八十有五，配壽七十有三，雙雙白髮，相繼仙昇；兩兩靈輪，仝阡合葬。有如是之夫婦，有如是之壽考者，幾人哉！於都我公，可謂享人間世之完福者矣！是宜為之志且銘。銘曰：

　　盛哉王公，川岳之英，金玉爾德，雲漢爾文。

　　窮克守已，達剩作人，福祚綿綿，子姓森森。

　　夫婦偕老，仝御玄宮，寧此吉扦，奕世亨通。

　　崇禎七年歲次甲戌二月孝男王璧、王璽、王曆，孫之模、之範、之垣、之藩、之翼、之衛、之圻，曾孫首重泣血立石

　　石工田進禮　鐫

四九、清 诰封骠骑将军龙泉曹公（进安）墓志铭

顺治九年（一六五二年）

一九八八年固原县（今原州区）城关征集

国家三级文物

现藏宁夏固原博物馆

诰封骠骑将军龙泉曹公墓志铭1件，红砂岩石质。呈长方形，长128厘米，宽76厘米。四周边缘阴刻卷草纹，碑文楷书，共51行，行满27字。

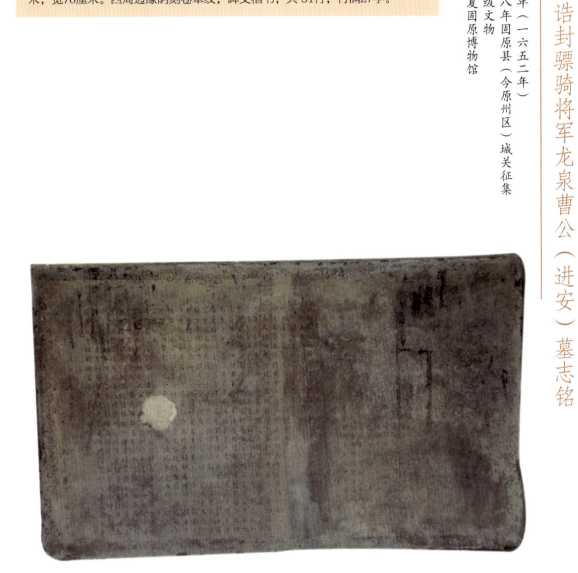

**49-1 清 誥封驃騎將軍龍泉曹公（進安）墓誌銘**

**49-2 清 誥封驃騎將軍龍泉曹公（進安）墓誌銘（拓片）**

欽差分守冀北道管大同府督理屯政駐劄朔州按察司副使眷生胡廷佐撰文

順治九年正月朔一日，龍泉曹公考終於家。其家子志哀毀盡禮，將及壙，遣使持狀屬余曰：“先大人不祿，藐焉煢孤，靡所哀控，唯是，先大人生平未志，益用心悲，敢祈貞珉，以光不朽。”余既哀其情，而又嘉先生之義，誼不可辭。按狀：

公諱進安，號龍泉，延安米脂人也。先世代有令人，潛光未耀，至公父而于門始大。公父諱繼昌。配馮氏，起家素封。生子二，仲氏曰進忠，官守備，配宋氏，生子惠。惠生五歲而母見背。再逾年，父復以奮戰捐軀，先公卒。伯氏即公，公生而岐嶷，嬉戲與常兒異，識者蚤已器之。及長，技擅穿扎，氣雄等夷，遂爾攘臂用武顯，由軍功累級榆林衛左所百戶，歷官兩海、遵化、三屯、密雲諸處，中宣千戎九任，所居多要害，議者難之。公設防據隘，力保危城。薊遼總督劉公大為奇賞，題補密雲守備。既以功升督標奇兵營參將，尋復敘功，加一級團練。五營兵馬，時值餉絀，黜丁沙語公，自出貲，傾囊佐之不數，毀簪珥等物。一時囂亂屏息，公自是名冠列鎮矣。後西秦寇作，當道簡名將，特檄公駐防平涼。未幾，闖寇夜襲取壘，暖泉蟻附而上，公奮勇登障，挺刃直前，官軍一時協力死戰，斬俘數百，寇遁去。平涼保全，公之力也。當道以涇原倚公保障，畫圻分守，不令暫離。公遂以家僑居固原。爾時固原營伍虛縮，率由將不得人，大司馬鄭公以公將略鳳嫺，堪當一面，委公署左營遊擊事。公撫御多恩，訓練有方，士卒咸感奮，至今餘風尚在。公為將三十年，所至聲赫起，去則謳思如一日，雖古名將莫能過也。

今清朝定鼎，公告老家居，譽望尤著。大司馬孟公略地至秦，一見公歡若平生。愍公之年，命子城守固原，以便奉養。益憐將軍老而愛其材氣無雙，其周全眷注如此。大抵公為人性仁孝，襟懷洒落，視躬以謙，容物以度，居家訓子，唯是事上忠、與人和、馭下惠而已。然處庭闈絕不使恩勝於義，小有不若，督責隨之。至撫弟遺孤，鞠育備至，一如己子。為矜其失怙，不忍不加意耳。公悅事浮屠，四方緇衲及鰥寡孤貧，詣門無虛日，公悉應之。凡齋醮、修建一切善事，知無不往。歲大侵，骼髐遍野，公捐貲易糧、易蓬子食之，存活甚眾，恩及萬姓，未嘗以是德色，是其慈惻天性乃爾。鄉閭以公德若壽，稱為達尊。當事采月旦，延公為鄉飲上賓，公於此凡御既授，尊養兼隆，琴瑟觴組，可優遊以享難老矣。乃嘉祉方來，移□忽報，天乎，安可問哉！公卒之日，猶以元旦乘馬詣制府拜參，公□歸而偃息床間，呼家君至榻，未及永訣，跌坐而逝。嗚呼！世之人□不蓄德以庇身，臨終無所于歸，雖屬纊而難瞑目者，往往□□。公以介冑發祥，爵位既崇，光裕既遂，生有令德，歿有令名，繼□而有光大之令子，宜其輾然無憾於中。是乃所以坦化歟！公之謂也。

大司馬孟公聞訃雪涕，遣官弔祭如禮，蓋公材氣無雙，榮其生而哀其歿，其始終眷注如此。公生於萬曆四年七月二十四日，距卒得壽七十有七。元配淑人張氏，繼娶高氏。公子一，諱志，張淑人出，為今固鎮城守將。配李氏，榆林衛指揮李時實仲女。生孫男二，長壽生，次憨憨。侄惠，配潘氏，固原州知州潘雲程仲女，生孫男一。年□卜吉，於是年四月二十日歸殯城北紅土山，坐艮向坤之陽。銘曰：

神也有天，列星煜光。魄也在地，佳城固藏。

積之者長，蘊之者藏，發之者祥。斯億萬年，以永厥印。

時順治九年歲次壬辰孟夏吉旦

不肖男曹志泣血上石

五〇、清　赠安人显妣母李太君之墓碑

嘉庆十年（一八〇五年）

一九八〇年固原县（今原州区）城郊征集

国家三级文物

现藏宁夏固原博物馆

　　赠安人显妣母李太君之墓碑（已断裂）1件，青石质。长方形，高150厘米，宽72厘米，厚16厘米。碑身正面竖阴刻楷书"赠安人显妣母李太君之墓碑"13字。碑身四周双线内阴刻缠枝花卉纹，碑文楷书，共22行，每行50字。

**50-1　清　赠安人显妣母李太君之墓碑（碑阳）**

50-2　清　赠安人顕妣母李太君之墓碑（碑阴）

皇清勅贈安人、顯妣李太君墓誌銘

嗚呼！此我母太君之墓。母姓李氏，諱正統，世居固原州城南十里石羊沙溝。母，翁季女也，年十八。父，恭儉仁愛而有禮。事我祖父母□，□我父無不克盡婦道，妯娌之間，溫溫如也。其教誨子女，法肅詞嚴，而撫育諸親又寬柔慈惠。自家少微，及後積裕，持以勤儉，不使過侈，曰奢惰非持家者也。又不令畜奴婢，曰雇役足供使，令畜此不善，是貽子孫累也。嗚呼！如我母之事親治內，教子垂訓，夫豈猶夫母也者。痛哉，未獲躬享大年。於乾隆三十七年壬辰三月初九日午時疾終內寢。距生於康熙五十八年己亥正月初三日子時，享壽五十有四。遂卜吉於四月十二日祖塋安葬。生子三：長世晟，邑增廣生員，娶段氏、馬氏。次世昉，武舉，兵部差官。出嗣世昱，其季也，廩膳生員，薦舉孝廉方正，娶馮氏、韓氏、劉氏。孫五：長紹祖，增廣生員，娶李氏、劉氏；次繩祖，太學生，娶陶氏、楊氏。俱晟出。次維祖，太學生，娶徐氏、蔣氏；次緒祖，業儒；次繼祖，幼。俱昱出。曾孫三：長萬青，太學生，娶楊氏；次萬選，業儒，娶唐氏；次萬全，業儒。俱紹祖出。女三：長績適邑歲貢生葉成棟；次適邑拔貢生、雷公育震侄焜；幼適邑廩膳生郭起慶。孫女二：一適州醫官劉正德，一適庠生王恩蔭。曾孫女三：一適邑庠生高聯第，餘幼。嗚呼！自我母卒之三十三年，其子昱始克表其墓而志之。子婿葉成棟百拜為之銘曰：

嗚呼！我母生長名門，端莊賦性，溫溫其恭。高堂致順，克家難鳴；訓嚴子女，慈惠諸親。群欽淑德，胥仰懿行；深閨全范，奕世芳踪。窀穸鞏固，永利嗣人。

時

嘉慶十年歲在乙丑秋九月穀旦

欽命軍功議叙六品優廩姻晚生李登遠百拜


皇清勅贈安人顯妣李太君墓表

嗚呼！惟我母卜吉祖塋三十有三年，子昱始克表其墓。非敢緩也，欲有待也；待至今而更難待也。昱，童年而母既見背，父鰥居二十餘載，僅承庭訓，不聞慈誨。矧昱材庸陋，躬刊庠序，幸食廩餼，而年逾四十，未獲叨一科第，通籍王朝，邀一命之榮封，贈先人不孝之罪，其何不遑，母卒二十三載而父棄世，父服甫闋，昱謬膺薦孝廉方正之選，策名天府，私心竊謂庶丁搏一命，以慰我先靈矣。維時不幸，長兄又逝，家門之痛，未易殫數。越五載而恩綸始下，賜昱以六品頂戴榮身，因援例就職布政司，理問呈請贈，又逾年焉，紫誥方頒，勅贈我母為太安人，錫之誥命。嗚呼！是豈足以慰我先靈，而光我宗祐耶。亦所藉以表我母之墓，而著不孝怠緩之罪也。嗚呼，昱庸劣不材，不能光顯先人，而我母之淑溫恭，未獲躬享生前。然雖弗能昌大於其子也，猶可望於後之子孫若曾，爰勒貞珉，以詒後人。

時嘉慶十年歲在乙丑秋九月穀旦，男世昱表。

## 五一、清 重修固原州城碑记

现藏宁夏固原博物馆
国家一级文物
一九八六年征集于固原县（今原州区）城关
嘉庆十五年（一八一〇年）

重修固原州城碑记1组（2件），青石质。碑首高82厘米，宽82厘米，厚13.5厘米。碑身长方形，通高192厘米，宽82厘米，厚13.5厘米。圭行碑首，额题阴刻篆书"重修固原州城碑记"8字。阴刻楷书碑文17行，满行48字。

**51-1 清 重修固原州城碑记**

51-2 清 重修固原州城碑记（拓片）

**碑　文**

兵部尚書兼都察院右督御史，總督陝甘等處地方軍務兼理糧餉，管巡撫事兼理茶馬那彥成撰並書。

蘭郡迤東，形勢莫如隴；隴之險莫若六盤。六盤當隴道之衝，蜿蜒而北折，有堅城焉，是為固原州治。州本漢高平地，即史所稱"高平第一"者也。北魏於此置原州，以其地險固，因名固原。城建自宋咸平中。明景泰三年重築，疑就"高平第一"舊址為之。今年遠不可考，然觀其城內外二重，內周九里，外周十三里許，規模宏闊，甲於他郡。國初特設重鎮。康熙庚寅，乾隆己卯，修葺者再。歲久日傾圯，有司屢議修而未果。

嘉慶庚午，余奉命再蒞總制任。甫下車，有司復以請。時州苦亢旱，民艱于食，余方得請賑貸兼施，為之焦思徬徨。頒章程，別賑弊，俾饑民沾實惠，顧敢用民力修作致重困。既而思之，城工事固不可緩，且來歲青黃不接時，民食仍未足，奈何？莫若以工代賑，為一舉兩得計。會皋蘭亦給賑，情形相同，因並縷陳其狀以聞，得旨如所請。行己，乃遴員董工役，相度版築。以十六年閏三月興工，次年秋工竣。計是役募夫近萬人，用帑五萬餘金，民樂受雇而勤於役。向之傾者整，圯者新，垣墉屹然，完固如初。

方余之議重修也，或疑為不急之務。謂是州之建在明，時套虜窺伺，率由此入，惟恃一城以為守御。州境延袤千里，北接花馬池，迤西徐斌水，諸處又與敵共險，無時不告警。當時之民憊甚，故城守不可不講。若我國家中外一統，邊民安享太平之福百有餘年，城之修不修似非所急。余曰不然。夫城郭之設，金湯之固，本以衛民，體制宜然。猶人居室，勢不能無門戶。守土者安可視同傳舍，任其毀敗，致他日所費滋多。使其可已，余曷敢妄為此議。況地方每遇災祲，仰蒙聖天子軫念痌瘝，有可便吾民者入告，輒報可，立見施行。民氣得以復初，歡欣鼓舞，若不知有儉歲者。茲非其幸歟？救荒之策既行，設險之謀亦備。從此往來隴西者，登六盤而北眺，謂堅城在望，形勢良不虛稱矣。雖然在德不在險保障哉，無忘艱難。余願與賢有司共勖之。是為記。

五二、清 旌表节妇王太岳母
黄老太君墓志铭

道光八年（一八二八年）

一九八四年征集于固原县南郊乡（今原州区开城镇）二十里铺

国家三级文物

现藏宁夏固原博物馆

王太岳母黄老太君墓志铭1件，红砂岩石质。碑身呈长方形，高174厘米，宽67厘米，厚15厘米。弧形碑额，额题篆书"皇情"二字，额题旁边浮雕瑞兽、祥云。边缘四周双线内阴刻卷草纹、几何纹、回纹。碑文楷书14行，行满25字。

**52-1 清 旌表節婦王太岳母黄老太君墓誌銘（碑陽）（拓片）**

52-2　清　旌表節婦王太岳母黃老太君墓誌銘（碑陰）（拓片）

碑阳文：阴刻额题篆书"皇情"2字。碑身正中竖阴刻"顯考府君處士王府君，旌表節孝顯妣黃孺人之墓"，左侧阴刻"男尚賢偕孫丕"

碑阴文：阴刻额题楷书"流芳"

旌表節婦王太岳母黃老太君墓誌銘

王太岳母者，姓黄氏，系出江夏。貞静之德源於天生焉。十六歲于歸太岳翁，克敦婦道，方十四年，太岳翁以疾棄養。家道儉嗇，太岳母矢志不嫁，教子育孫，備嘗艱苦。道光八年正月十六日殁，守節卅一年，享年五十有九。子一人，諱尚賢。孫四人：丕顯、丕承、丕謨，皆業賈；丕烈，業儒。二十九年始蒙旌表，崇祀節孝祠。嗚呼！爲善無不報，天道也。太岳母飲冰茹蘗四十餘年，始邀封典，雖未身受其荣，九原之下亦可少慰苦心矣。將勒石以記其事，囑銘於昀，昀系姻親，備知梗概，不揣固陋，爰親縷以述其事始終，而爲之銘。銘曰：

則暢茂栢亦嶙峋，天之生物，亦有不泯；人不同物，德可長春。作苦於前，報施之理，固自有真。惟我太君，今雖已逝，壼範知新，冰霜之節，並铸貞珉。

吏部候銓州判，己酉科選貢進士、愚孫婿李成昀頓首撰□□。

五三、清　商裕集益会重修东书房碑记

现藏宁夏固原博物馆

国家二级文物

一九八五年固原县（今原州区）城内征集

道光十五年（一八三五年）

红砂岩石质。弧形碑额，额题楷书"商裕会重修东书房碑记"10字，额题边饰双龙腾空，两首相对，下饰水波纹。碑身呈长方形，高156厘米，宽73厘米，厚17厘米。四边双线内阴刻卷草纹。楷书碑文16行，行满26字。

**53-1　清　商裕集益會重修東書房碑记**

**碑文**

　　商裕集益會自道光丙戌歲募資修理西書房藥王□□葺各殿宇完工立會鐫碑以後，關城客商信士樂從，共集會首四十餘人。恒憶東書房地勢狹隘，閎展維艱，未曾重新，每戚戚於心。至道光壬辰，會眾集議展修東書房，無不允悅欣美，各秉虔誠，情願捧疏分募。推何仲喜首先出頭倡募，結緣廣而獲資多。客商會首俱皆踴躍持疏奔馳，不憚煩勞，盡心竭力，共成善果。統計募化銀千兩有奇。買展近鄰劉姓地界，南北寬七步，依東閎展一步，拆落舊宇，築砌臺基，仿照重建西書房規模，修蓋殿宇三楹，捲棚、獻殿、照壁煥然一新。添設遊廊，後面續蓋圍房四間，餘資彩畫大殿龕閣，補修西娘娘殿捲棚，東西兩面建立重閣。金妝神像，更換柵欄，製造接扇暨前後廟院、臺階，鋪砌一律重新。廟貌壯觀，神人胥悅。總計前募之數，不敷費用。會首四十餘人量力自捐，復湊二百二十餘金，開光、建醮、獻戲，開銷外欠一一清楚。是皆神靈之默佑，誠念之感格。立碑銘志，猶望後之客商、仁人君子永繼不朽，垂昭綿遠，維五原造福無疆云爾。

　　督工會首時遇隆、楊慕起

　　管賬會首萬和生、天成店

　　管辦材料會首賈文福、高應生

　　道光十五年八月吉立、邑庠弟子錢樹基書丹

## 五四、清 皇清恩荣耆老韩公（世贵）焚券碑

同治二年（一八六三年）
一九九六年征集于彭阳县城阳乡城阳村岔口门韩家祖莹
国家三级文物
现藏彭阳县文物工作站

　　韩公（世贵）焚券碑1件，紫砂岩石质。由于历年破坏，今仅存碑首、碑座、碑体11件（组）。通高222厘米，碑首高80厘米，宽79厘米，厚14厘米。雕刻双盘龙，中间竖刻"皇清"二字，下有榫窝与碑体榫卯相接。碑体高142厘米，宽77厘米，厚13厘米。碑文通篇行书，凡15行，507字。

**54-1 清 皇清恩荣耆老韩公（世贵）焚券碑**

54-2　清　皇清恩荣耆老韩公（世贵）焚券碑（拓片）

**碑文**

皇清恩榮耆老韓公焚券碑記

蓋聞人之不朽者，太上立德，其次立功、立言。所以鄭僑云亡，宣尼泣其遺愛；隨武既歿，趙文懷其餘風。茲于太親翁韓公征之矣。公，諱世貴，字永卿，五原東鄉人也。具瑰異之雄才，含圭璋而有曜，神茂芳齡，才隆弱冠。太儒人有賢行，公烝烝色養無間，晨昏孝敬不違，人無異言。其後家益饒裕，倉箱充盈。值道光癸巳歲大凶，穀價逾兩。公為之出粟賑濟，多所存活。後二男文成武就，連步黌宮。公之不廉於財，樂施不倦，天之眷佑，夫善報應亦不爽也。年逾七旬，適志山巖，值賓筵重典，屢辭不就。所謂良田廣宅，適符仲長之言，洛水邙山，宛協應叟之志也。咸豐庚申歲，公抱病日臻，猶以未竟之志，囑其子曰："道光庚子以前契券，悉為焚毀。"是公不欲以負債者竭人之脂，尤不欲以貪得者長子之傲。范文正之麥舟為贈，維其有之；齊孟嘗之文券悉焚，不是過也。歲在癸亥，葬於北山之新塋。凡在里黨戚屬謂：古人生有聞於世，而名不歿於後者，悉賴有以著述也。於是思衛鼎之垂文，想晉鐘之遺則。睎高山而仰止，刊玄石以表德。辭曰：於戲韓公，利薄德劭。因心則友，永言思孝。濟急恤貧，不吝倉窖。施捨不倦，錙銖寧較。會不留遺，玉樓赴召。岩藪知名，罔不悲悼。羊公德大，豎碑垂涕；田文思深，同規共調。爰勒斯銘，擒其光曜。嗟爾後嗣，是則是效。

鎮邑庠生眷姻晚安進德頓首拜撰文

邑增廣生員眷晚常佐清頓首拜書丹

吏部候銓儒學訓導貢生眷姻晚趙維成頓首拜書額

同治二年癸亥 月 日男文生、育英秀，孫作蕭哲仁 仝叩立

碑背親友族戶人名202名（略）

五五、清 太学生云轩冯君
（构堂）墓志铭

现藏宁夏固原博物馆

国家二级文物

一九八三年固原县什字乡（今泾源县六盘山镇）出土

同治七年（一八六八年）

均为灰色砂石质。志盖为长方形，长65厘米，宽32.5厘米，厚3厘米。边缘一周阴刻带状流云纹。中部从右至左竖阴刻篆书"文林郎冯公墓志铭"8字。志石呈正方形，由两块32.5厘米×32.5厘米，厚3厘米。碑文楷书，共16行，每行22字。

**55-1 清 太學生雲軒馮君（構堂）墓誌銘（志盖拓片）**

清太學生雲軒馮君墓誌銘

公姓馮諱構堂字雲軒太學生行三余之姑丈也其先世

自前明至今世以耕讀為業家道素豐而衣冠文物為邑

望族曾祖諱漁亨也周太學生　祖諱景樟字𢽾于

源歲貢士以李孫星齋授側𠭊贈儒林郎　　父諱焰于

棟園邑庫生側贈儒林郎　公太翁之中子也生而俊秀

好讀書吾屬文而小試輒不售後因兄弟分聚家事紛紜

授倒公成均馬德能孀人余文三姑母也當余在襁抱時

母多疾病日夜惟姑是依姑亦燧憐之甚及于歸姑公家

終日唔哭然不知其何往也時或歸盥則欣欣雀躍然亦

不知其何來也至稍長常往省諸姑以　公家為東道主

至必款留數日戀戀焉待如子任菫盖　公愛於子嗣故

愛恭如此厥後連生五女而始得一男名鐘即余夫弟也

生甫數歲而孀人逝公哭之痛或勸之　公曰賢如室

入可謂得内助矣今甫生子而竟爾長逝能不悲哉繼娶

雄孀人亦於名門淑媛也生女三子𠯁名鏡尚幼後因

55-2　太學生雲軒馮君（構堂）墓誌銘（志石拓片-1）

蜂起攜家率衆財物為賊所刦者進退兩難之甚恩民
之感人類如此及蓮鎮克復始還鄉馬及歸房舍園廬俱
成灰燼　公司拮心傷遂終日飲酒聊遣悲懷成疾至一病
不起寫予痛哉時賊氛未遠不能小憩乃暫殯焉今年秋
余夫弟來家言將改葬　公未志於余余碣由人飛不肯
筆墨然知　公之詳且悉者莫余若因不揣譾陋援筆而
為之誌　公生於嘉慶三十一年十一月二十六日辛於
同治七年二月十二日得年五旬有二子二長鍾栍母出
火鏡雄擒人出女八長通傅氏次道何氏即位半卒三適成
氏存四適參氏五適高氏卒卒姑母出六通龐冬七適趙
氏八未字幼儒人出孫七繼元年十月二十八日遷窆
於姑母新塋之首丁未丁丑分金
隴山之陽隴水之夢為公之兆位鎮中央山環水抱固若
　　　金湯子子孫孫百世永昌
　　銘曰

奉直大夫提舉銜□□學宮□□□男貢生胞姪孫江顏首拜撰
敕授中憲大夫戴花翎即任福順縣知縣辛科拔貢愚男姪孫海頻百拜書

55-3　太學生雲軒馮君（構堂）墓誌銘（志石拓片-2）

**志 文**

　　皇清太學生雲軒馮君墓誌銘，公姓馮，諱構堂，字雲軒，太學生。行三，余之姑丈也。其先世自前明至今世，以耕讀為業，家道素豐，而衣冠文物為邑望族。曾祖諱濂，字也周，太學生。祖諱景樟，字季豫，歲貢生，以季孫星齋援例貤贈儒林郎。父諱熵，字棣園，邑庠生，例贈儒林郎。公，太翁之中子也，生而俊秀，好讀書，善屬文，而小試輒不售，後因兄弟分爨，家事紛紜，援例入成均焉。德配儒人，余之三姑母也。當余在襁抱時，母多疾病，日夜唯姑是依，姑亦愛憐之甚。及于歸公家，終日啼哭，然不知其何往也；時或歸寧，則欣欣雀躍，然亦不知其何來也。至稍長，常往省諸姑，以公家為東道主，至必款留，數日戀戀焉，待如子侄輩。蓋公艱於子嗣，故愛慕如此。厥後連生五女，而始得一男，名鋒，即余表弟也。生甫數歲，而孺人逝，公哭之痛，或勸之，公曰："賢如室人，可謂得內助矣，今甫生子，而竟爾長逝，能不悲哉。"繼娶雒孺人，亦名門淑媛也。生女三，子一，名鏡，尚幼，後因逆賊蜂起，攜家來縣，財物為賊所劫者，逆渠聞而還之，其恩義之感人，類如此。及蓮鎮克復，始還鄉焉。及歸，房舍園廬俱成灰燼。公目睹心傷，遂終日飲酒，鬱鬱成疾，竟至一病不起，嗚呼痛哉！時賊氣未遠，不能卜葬，乃暫殯焉。今年秋余表弟來家，言將改葬公，求志於余。余硯田久荒，不事筆墨。然知公之詳且悉者，莫余若，因不揣謭陋，援筆而為之志。公生於嘉慶二十一年十一月二十六日，卒於同治七年二月十二日，得年五旬有三。子二，長鋒，姑母出；次鏡，雒孺人出。女八：長適傅氏，次適何氏，俱早卒。三適成氏，存。四適蔡氏。五適高氏，亦卒，姑母出。六適龐氏。七適趙氏。八未字，雒孺人出。擇吉光緒元年十月二十八日遷葬於姑母新塋之首，丁山癸向，丁未、丁丑分金。銘曰：隴山之陽，隴水之旁，為公之宅，位鎮中央。山環水抱，固若金湯。子子孫孫，百世永昌。

　　例援奉直大夫、提舉銜候銓、儒學訓導、癸酉科歲貢、愚內侄孫江頓首拜撰

　　誥授朝議大夫、運同銜賞戴花翎、前任四川閬中縣知縣、現任富順縣知縣、辛酉科拔貢、愚內侄孫海頓首拜書並篆蓋

五六、清（吴大澂）书三关口
修路碑记

光绪元年——三年（一八七五年——一八七七年）
一九七二年征集于固原县蒿店乡（今泾源县六盘山镇）三关口
国家一级文物
现藏宁夏固原博物馆

吴大澂书三关口修路碑记1组（4件），青石质。四块碑均高127厘米，宽76厘米，厚10厘米。正文由吴大澂书写隶书。前三块，每块竖阴刻文字5行，行满11字或10字不等，正文96字，第四块为3行。全文完结落空。落空部分刻有杨重雅后写的行书"跋文"。

**碑文**

　　三關口為古金佛峽，山石犖确，雜以潰流，夏潦冬雪，行者苦之。坡南舊通小道，西出瓦亭驛，亂石齒路，車騎弗前。慶、涇、平、固觀察使邵陽魏公，始以光緒元年二月開通此路，為道廿餘里。鑿隘就廣，改高即平。部下總兵官蕭玉元，副將魏發沅、楊玉興，參將鄒冠群、彭桂馥、岳正南、羅吉亮、徐有禮等分督興作。凡用功八千餘人役，勇丁四萬餘工，炭、鐵、畚、鍤器用功費糜白金千兩有奇。是年五月詑功。行人蒙福，去就安隱。督學使者吳縣吳大澂採風過此，美公仁惠，勒石紀事，以示來者。

　　大清光緒元年三月榖旦立。

**跋文**

　　雅於同治辛未入隴，其時金積初平，河湟未靖。恪靖伯甫從平涼進營安定，以午壯觀察留鎮平涼，治軍嚴肅，行旅如歸，心竊韙焉。抵郡之次日，道出蕭闗，北宋用兵處也。山石連澗，蹬僅容車，覺王陽蜀道，殆有以過之。光緒丙子奉移桂徼，重出是闗，見夫平平蕩蕩，向之巉巖欹仄者，今且如砥如矢矣。讀吳學使摩崖記，知觀察以治軍之暇，用軍士平之。益嘆觀察之善將兵，且益嘆伯相之善將將也。今年冬觀察重刻其族祖歎深先生《海國圖志》告成，不遠數千里馳价致贈。可見觀察所志之大，而視天下事之可平一如此闗也。因以向所藏于中而不能置者，書以相贊。

　　丁丑歲十月楊重雅記。

56-1 清 （吴大澂）書 三關口修路碑記

**56-2 清 〔吴大澂〕書 三關口修路碑記**

奇是之丰五月記功汗人蒙　器用功費糜白金千兩有　勇丁四萬餘工炭鐵鐘番鍾金　分督興作凡用功八千餘人程　岳正南羅吉亮徐有禮等

56-3　清　（吴大澂）書　三關口修路碑記

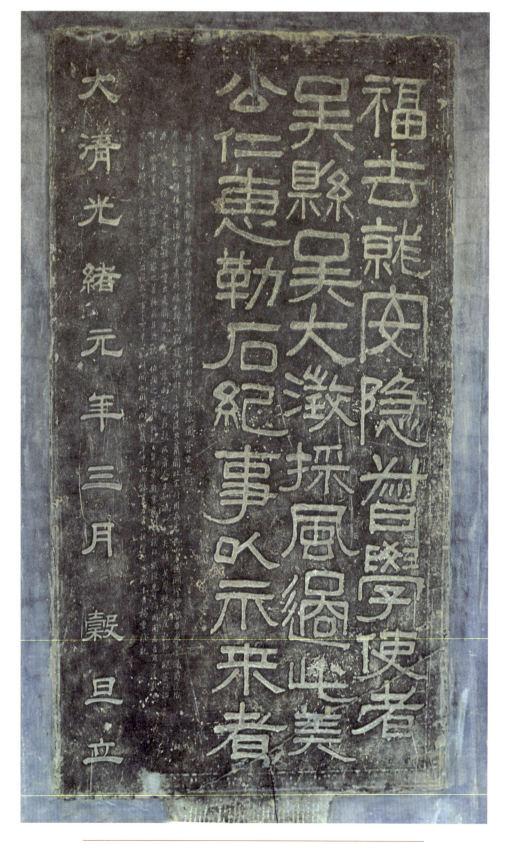

56-4 清 （吴大澂）書 三關口修路碑记

## 五七、清 增修三关口车路记

光绪二年（一八七七年）

一九七九年征集于固原县蒿店乡（今泾源县六盘山镇）三关口

国家一级文物

现藏于夏固原博物馆

增修三关口车路碑记1件，青石质。长113厘米，宽70厘米。

**57-1 清 增修三關口車路記**

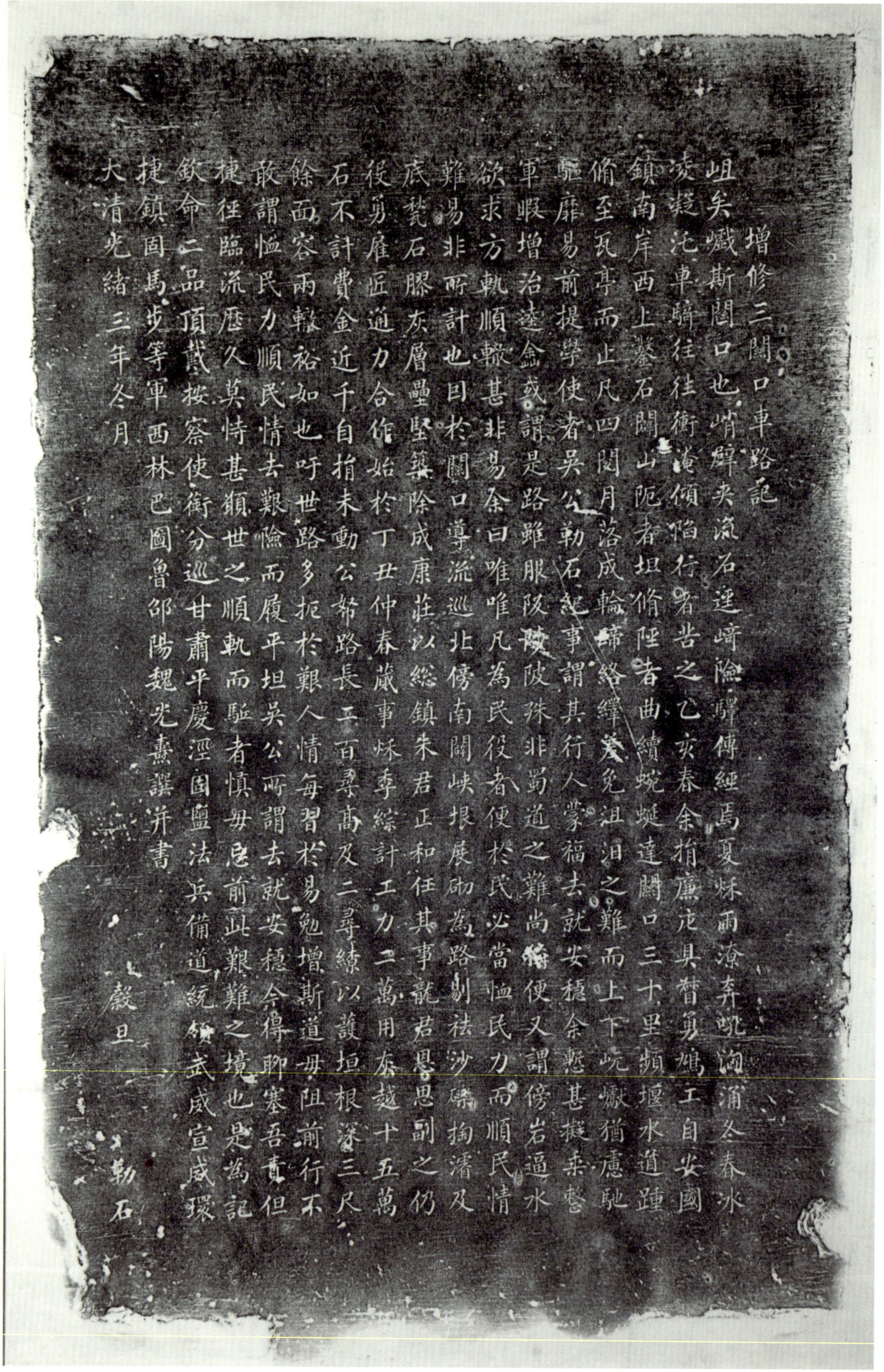

增修三關口車路記

岨矢巇斯閣口也峭辟夾流石連嶙險礐傅經馬夏姝雨潦奔咙洵涌各春冰

凌礙沱車轍往往傾陷行者苦之乜亥春余捐廉屯縣督夏竭工自安國

鎮南岸西上鑿石閣山阤春坦俯陸者曲續蜿蜒達閣口三十里頻堰水道馳

俯至瓦亭而止凡四閱月落成輪蹄絡繹嵗免岨汨泪之難而上下崎嶮猶慮馳

驅靡易前提學使者吳公勒石紀事謂其行人蒙福去就安穩甚擬柔鬗

軍暇增治遠盗戎謂是路雖服陂陵陂非蜀道之難尚愍民力而順民情

欲求方軌順轍甚非易�📌日唯凡為民役者便於民必當愍民力而謂傍岩逼水

底礱石膠除成康茌以總鎮朱君正和任其事籌君恩副之仍於總鎮

從易雇匠通力合作始於丁丑仲春蕆事姝季綜計工力二萬用帑越十五萬

石不計費金近千自指未動公帑路長二百尋高及二尋繚以護垣根瑩三尺

餘面容兩軌裕如也呼世路多拒於艱人情每習於易勉增斯道毋阻前行不

敢謂恫民力順民情去難憐而履平坦吳公兩謂去就安穩會得卿塞吾責但

捷往臨流歷久莫特甚頫世之順軌而驅者慎毋忘前此艱難之境也是為記

欽命二品頂戴按察使衔分巡甘肅平慶涇固鹽法兵備道統領武成宣威環

捷鎮固馬步等軍西林巴圖魯邵陽魏光燾譔并書

大清光緒三年冬月　　　　　　　穀旦

　　　　　　　　　　　　　勒石

57-2　清　增修三關口車路記（拓片）

岨矣巇，斯關口也！峭壁夾流，石逕崎險，驛傳經焉。夏秋雨潦，奔吼洶湧；冬春冰凌凝沍，車騎往往衝淹傾陷，行者苦之。乙亥春，余捐廉庀具，督勇鳩工。自安國鎮南岸西上，鑿石闢山，阨者坦修，陘者曲續，蜿蜒達關口三十里。頻堰水道，踵修至瓦亭而止，凡四閱月落成。輪蹄絡繹，差免沮洳之難。而上下嶢巇，猶慮馳驅靡易。前提學使者吳公勒石紀事，謂其行人蒙福，去就安穩。余慚甚，擬乘整軍暇，增治遠塗。或謂是路雖服阪陟陂，殊非蜀道之難，尚稱便；又謂傍巖逼水，欲求方軌順轍，甚非易。余曰："唯唯。凡為民役者便於民，必當恤民力而順民情。難易非所計也。"因於關口導流，巡北傍南，鬮峽垠，展砌為路，別祛沙礫，掏濬及底。甃石膠灰，層疊堅築，除成康莊。以總鎮朱君正和任其事，龍君恩思副之。仍役勇雇匠，通力合作。始於丁丑仲春，蕆事秋季。綜計工力二萬，用灰越十五萬石不計，費金近千，自捐，未動公帑。路長二百尋，高及二尋。繚以護垣，根深三尺餘，面容兩轍裕如也。吁！世路多扼於艱，人情每習於易，勉增斯道，毋阻前行，不敢謂恤民力、順民情、去艱險而履平坦。吳公所謂去就安穩，今得聊塞吾責。但捷徑臨流，歷久莫恃。甚願世之順軌而驅者，慎毋忘前此艱難之境也。是為記。

欽命二品頂戴按察使銜、分巡甘肅平慶涇固鹽法兵備道統領武威宣威環捷鎮固馬步等軍西林巴圖魯邵陽魏光燾譔並書。

大清光緒三年冬月穀旦勒石

## 五八—六○　山关口摩崖石刻简介

山关口位于泾源县六盘山镇（六盘山东麓峡谷），史称"弹筝峡"，又名"金佛峡"。此地，两山绝壁，谷地狭窄，中通泾水（由西向东流过）。据郦道元《水经注·河水注》云："泾水经都卢山，山路之内常有如弹筝之声，行者闻之歌舞而去。又云：弦歌之山峡口，水流风吹滴崖，响如弹筝之韵，因名之。"唐代诗人储光羲在《使过弹筝峡》诗文中写道："鸟雀知天雪，群飞复群鸣。原田无余粟，日暮满空城。达士忧世务，鄙夫年征程。晨过弹筝峡，马足凌兢行。双壁隐灵曜，莫能知晦明。皑皑坚冰白，漫漫阴云平。始信古人言，苦节不可贞。"明代诗文家赵时春曾有赞美弹筝峡的诗篇："筝峡唐时道，萧关汉代名。连山接玉塞，列戍控金城。形胜双流合，乾坤一壑平。凭高瞻斗柄，东北是神京。"直到20世纪40年代叶超先生总纂的《民国固原县志》中，仍将弹筝峡列为"绝景"。

早在唐代，因此地西越六盘，必经六盘关；北出塞外，须过驿藏（瓦亭）关；南逾陇山，可达制胜关。据此为三关东进关中之口，被俗称为"三关口"。亦为古丝绸之路东段北道的必经之地。唐代以后，更是长安西过平凉北出塞外以及通往河西走廊之交通要道。

据宣统元年（1909年）《新修固原直隶州志》陈明猷标点本《宣统固原州志》艺文志（下）"三关口摩崖碑"条记："按碑一曰'峭壁奔流'无年月可考，惟下款有'晋江明题'四字。一曰'泾汭分流'下刊'丙子季秋，晋江'六字。一曰'山光水韵'无年月可考，下刊'龙光氏'三字。一曰'萧关锁钥'无年月姓氏可考，仅存'锁钥'二字，土人云，早年见之，知为'萧关锁钥'。一曰'控扼陇东'道光二十二年，壬寅首夏，知固原州山东钮大绅题。一曰'山水清音'道光二十九年，岁次己酉，仲春，知平凉县事归安沈启曾题。一曰'山明水秀'。"尽管上述摩崖碑刻除"泾汭分流"为丙子季秋（光绪二年1876年），"控扼陇东"为道光二十二年（1842年），"山水清音"为道光二十九年（1849年）等3幅有明确纪年的落款外。其余均无明确纪年落款，但可以肯定一点，清宣统元年（1909年）前这7处题刻已经形成，但因百余年来自然风雨侵蚀、冲刷毁坏，现存有基本能辨认的题记"峭壁奔流、山水清音、山光水韵"3处。

如今的三关口，宝（鸡）中（卫）铁路，西（安）兰（州）公路，银（川）平（凉）公路从中贯通。行人由此经过，仰望山峰巍巍，岭脊树木葱茏，下视谷地险峻，急流倾泻奔驰，形势令人望而生畏。这里不仅是历史上著名的关隘，也是著名的自然风景区，为游览之胜地。

二一〇

五八、清 三关口摩崖石刻——山水清音

公布、保护单位：泾源县人民政府 泾源县文物管理所

泾源县重点文物保护单位

现存于泾源县六盘山镇三关口（崖面上）

道光二十九年（一八四九年）

此崖碑青石质地。碑长366厘米，宽100厘米。素碑面上从右至左阴刻隶书"山水清音"4个大字。左右两侧落款纪年模糊，远距离无法辨认。据史载，原落款为"道光二十九年，岁次己酉，仲春，知平凉县事归安沈启曾题"。边缘四周阴刻宽双线格。由于此碑位置处于峭壁之下凹面，减少了雨水冲刷，人为亦很难接近，百余年来碑面仍无损坏，字迹清晰，保存很好。

## 五九、清 三关口摩崖石刻——峭壁奔流

宣统元年（一九〇九年前）

现存于泾源县六盘山镇三关口（崖面上）

泾源县重点文物保护单位

公布、保护单位：泾源县人民政府 泾源县文物管理所

崖碑青石质地。碑长400厘米，宽120厘米。素面从右至左阴刻篆书"峭壁奔流"4字。左侧竖阴刻落款"晋江明题"4字，无年月可考。但因崖壁太高，很难接近，远距离无法辨认。由于多年来风雨侵蚀、雨水冲刷，崖面风化，峭壁两字损坏严重。

六〇、清　三关口摩崖石刻——山光水韵

公布、保护单位：泾源县人民政府 泾源县文物管理所

泾源县重点文物保护单位

现存于泾源县六盘山镇三关口（崖面上）

宣统元年（一九〇九年前）

此崖碑青石质地。长208厘米，宽70厘米。此碑亦是从右至左阴刻篆书"山光水韵"4个大字。左侧竖阴刻落款"龙光氏"三字，但无年月可考。由于自然环境因素，前两字"山光"保存较好，后两字"水韵"及落款由于多年雨水冲刷受到损坏。

六一、清 董福祥继母诰封碑

光绪五年（一八七九年）
现藏青铜峡市小坝镇董府

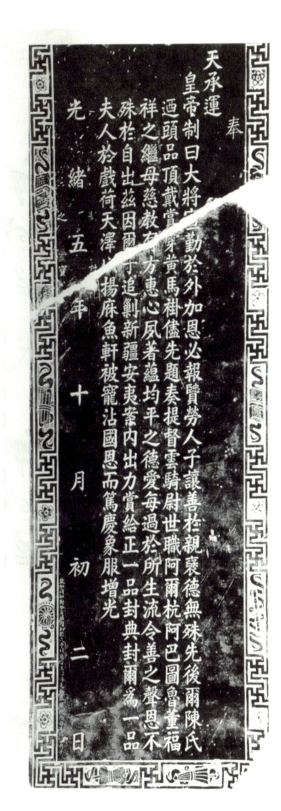

**碑文**

奉天承運，皇帝制曰：大將宣勤於外，加恩必報賢勞，人子讓善於親，褒德無殊先後。爾陳氏迺頭品頂戴、賞穿黃馬褂、儘先題奏提督、雲騎尉世職、阿爾杭阿巴圖魯董福祥之繼母，慈教有方，惠心夙著，蘊均平之德愛，每過於所生；流令善之聲恩，不殊於自出。茲因爾子追剿新疆安夷，案內出力，賞給正一品封典：封爾為一品夫人。於戲！荷天澤，以揚麻魚軒被寵，沾國恩，而篤慶象服增光。

光緒五年十月初二日

欽加同知銜分省補用知縣

子科優貢生臣練克勳　恭錄

陝西白廷錫　敬刻字

六二、清 关帝庙碑记

光绪七年（一八八一年）

一九七三年征集于固原县（今原州区开城镇）三十里铺

国家三级文物

现藏宁夏固原博物馆

二一四

关帝庙碑记1件，红砂岩石质。高145厘米，宽70厘米。弧形碑首，额题阴刻楷书"关帝庙碑记"5字。额题边缘饰二方云纹。碑身呈长方形，阴刻楷书碑文19行，行满32字。

**62-1 清 關帝廟碑記**

62-2　清　關帝廟碑記（拓片）

**碑文**

重修三關口關帝廟序

平涼西行七十里山沓水陡險扼通衢曰三關口古金佛峽也舊有□□□□□

圮搜讀殘碣為關帝廟其右为聖母殿東西廊为兩楊將軍祠□止□□

陝西提軍雷君緯堂謀重新之梁棟甫立阻於軍役未克竟事歲丙□□□□

巡隴右所部力役稍暇治峽道路既治迺捐廉令彭蘭亭協成□□□□□

歲后旌曲伍偕作斯廟以成增其式廊光明神麗顯翼於關隘間□□□□□

圣母無遺像設木主以祀各因舊制從俗也客有問於余曰□□□□□

下謂其氣壯山河光照日月馨香足萬古也兹三神者奚自□□□□□□

有之嘗訪父老考志乘莫溯其源聖母其福不一说□□□□□□

悉附會嘗考宋代防夏楊瓊知安國軍戰功最偉故曇存□□□□□

與於瓦亭之役其父忠先歿於陣適當其地由是訛詔□□□□□

之然此帝君廟也正氣攸歸百靈效命使三神者冥□□□□□

察正者扶之邪者黜之亦天地福善禍淫

朝廷旌淑別匿之道上帝无私亦所簡在能捍大患□□□□□□□

人心大有補救尤亟宜崇祀也又何必鑿求其解□□□□□□□□□

可以默質神鑒矣客唯唯而退因記之

欽命二品頂戴甘肅提刑按察使司按察使總理關內防軍營務處總統武威剛毅等營西□國□□……

管帶武威後營陝甘推補副將借補烏魯木齊提標右營都司彭□□□……

大清光緒七年冬月吉日立

## 六三、清 昭忠祠匾额

光绪七年（一八八一年）
一九七八年固原县开城乡（今原州区开城镇）征集
国家二级文物
现藏宁夏固原博物馆

昭忠祠匾额1件，青石质。匾呈长方形，长167厘米，宽59厘米。阴刻楷书碑文。

**63 清 "昭忠祠" 匾额（拓片）**

 碑文

上款：钦命陕西固原提督臣雷正绾奉旨

主题："昭忠祠" 3个大字

下款：光绪辛巳年孟二月吉旦建立

## 六四、清 建修昭忠祠碑记

光绪十五年（一八八九年）
一九七九年征集于固原县南郊乡（今原州区开城镇）羊坊村
国家二级文物
现藏宁夏固原博物馆

建修昭忠祠碑记1件，青石质。据清《宣统固原州志》记："按碑刊于光绪十五年，雷少保正缩建，在王字街，其略云：祠为协戎熊公观国专祠。因固原昭忠祠兵燹后无款修理，遂以多忠勇公沈提都，并殉难官民，一律附祀。而仍颜曰昭忠祠。"碑呈长方形，高158厘米，宽91厘米，厚22厘米。碑阳四周双线内阴刻回纹，楷书碑文，共21行，每行40字。碑阴为题名记。

### 碑文

　　蓋聞莫為之前，立法以建始，是為創；有基之後，踵事而增華，則為因。乃有事主創而近於因，名雖因而實則創者，如余等新建之昭忠祠是。固原城內向有昭忠祠，春禴秋嘗，由來已久，所謂創也。若夫彰一人之忠藎，另建專祠，似無庸。仍襲其名，致因創之兩相混，而抑知事有未可概。論者憶同治四年余率隊攻克固原州城，其戰歿諸將士均於事後請恤。惟副將熊觀國首先登城，效死尤慘。當於是年具疏，旨飭部照，總兵陣亡，例從優議恤，並請在死事地方建立專祠，以昭忠烈。奉旨允准在案。唯時軍務倥傯，未遑舉辦，迨關內外肅清，始與各將領昌捐俸薪，各營員弁、勇丁亦量力資助。在鼓樓巷購隙地一隅，擬為修建。旋據營官李廣珠等稟稱：精選全軍隨多忠勇公於同治元年進援陝甘，既定關中，復平隴右，其各營將士在各處接仗身亡者甚眾。今為熊故將軍建祠，可否將節次陣亡諸將士附祀，以慰忠魂等情前來。因思精選全軍久隸忠勇麾下，藎屋之役，忠勇捐軀長安，雖建專祠，我輩不崇享祀，將飲水思源之謂，何擬置主。時多公居上，熊故將次之，其先後殉難將士，皆廁名左右，熊故將當幸得所依，坿而英光灝氣，更薈萃一堂矣。質諸同人，僉曰善，議遂定。隨咨請陝甘督部堂楊轉飭固原州立案，有卷可稽。光緒七年，乃命李鎮廣珠鳩工監造，各將領亦輪班協修、購料、庀材、平基、定礎，不數月而寢室成、拜台啟、穿堂建，後廳、兩廡屏壁、樂樓亦次第告竣。丹臒既塗，題額待定。余以前次請建，系熊故將專祠，今多公居上，諸將士坿之，直顏曰'熊公祠'，度熊故將在天之靈，必不欲獨專其美，故不曰'熊公祠'，而仍顏曰'昭忠祠'。所謂事主創而近於因，名雖因而實則創者，此也。吁！規模雖定，此中之缺略尚多，經費無餘，以往之明禋，宜繼後君子倘相與維持，而護惜之，俾祠宇常新，馨香永薦。是則余之厚望也。夫謹記。

　　欽命頭品頂戴、統領精選達春馬步全軍、陝西固原提督軍門、達春巴圖魯、一等軍功、加七級雷正縮撰並書

　　欽加鹽運使銜、賞戴花翎道員用甘肅候補知府、總理精選達春馬步全軍營務處尹翊□□。

　　光緒十五年歲次己丑孟秋月吉日立

**64 清　建修昭中祠碑記**

六五、清　昭忠祠题名碑记

光绪十五年（一八八九年）
题名记刻于前《建修昭忠祠碑记》之碑阴

碑面边缘四周线刻回纹，碑文楷书，共16行，行满19字。

65-1　清　昭忠祠题名碑記（拓片）

65-2 清 昭忠祠题名碑记

**碑文**

　　昭忠祠於光緒九年冬已落成矣。方擬勒石，適統帥雷調赴海防，其舉遂寢。嗣經理無人，祠宇及城外店鋪修葺乏資，住持率將店房當出，由是入項漸少，出項不敷，幾有江河日下之勢。凱旋後，余等稟奉帥諭，續籌款項為貞瑉補修之費。並將當房贖回，交城守營經管，五營副之。隨立定章，以垂永久。所願諸君子相與維持，則庶乎有基勿壞矣！謹將續捐銜名列後：

　　欽命頭品頂戴提督陝西固原全省軍門統領精選達春馬步全軍達春巴圖魯雷正縮捐銀百兩

　　管帶達春中旗升用提督軍門荇阿巴圖魯劉宗璋捐銀叁拾兩

　　管帶達春左旗記名提督軍門晉勇巴圖魯陳義捐銀叁拾兩

　　管帶達春右旗記名總鎮數勇巴圖魯郎永清捐銀叁拾兩

　　管帶精選中旗儘先即補遊府凌維翰捐銀伍拾兩

　　管帶精選左旗前任鎮海協爽勇巴圖魯劉璞捐銀伍拾兩

　　管帶精選右旗儘先即補游府魏榮斌捐銀伍拾兩

　　升用提督記名總兵管帶練軍步隊提標中營參府直勇巴圖魯成光裕、特授莊浪同知王南薰捐安安橋店一座共房十七間

　　管帶提標練軍馬隊儘先協鎮即補參府匡文玉捐銀貳拾兩

　　住持李記錄

　　大清光緒拾伍年歲次己丑孟秋月穀旦立

六六、清 豁免派买粮德政碑

光绪十七年（一八九一年）

一九七四年固原县（今原州区）城内征集

国家一级文物

现藏宁夏固原博物馆

豁免派买粮德政碑1件，红砂岩石质。长方形碑身，通高206厘米，宽86厘米，厚16厘米。弧形碑首，额题楷书"豁免派买粮碑"5字。额题两侧浮雕龙凤图。阴刻楷书碑文26行，行满50字。

**66 清 豁免派买糧德政碑（碑阳拓片）**

**碑文**

頭品頂戴陝甘總督部堂譚

德政碑

特授固原直隸州正堂羅

竊謂固原境接邊塞，土地瘠薄。兵燹後，民戶凋殘，招徠無幾。農業少，粟自不多，而食此粟者，實繁有徒焉。提驃各營暨防營眾矣，兵馬食糧，年近萬石。惟我一州，按地科派，農民炙膚鞭足，終歲勞苦，正供差徭工資外，所餘無幾。一經派買，磾地之所出，竭廬之所入，瓶罌已罄。追逋時聞，舊欠尚未完齊而新派又至。嗟我婦子，終年啼饑，此我州家家愁苦之所不免者也。查採買條例，禁止勒派。蓋以勒派之害，其弊百出。雖有廉吏，亦難杜徒隸之侵蝕。如我州初派時，先賄蠹役幫詞減數。既派後，再賄催差代比緩期，官糧未納顆粒，而下人之橐已肥矣！且承催之人，良莠不一，奉勸輸之恩諭，而狐假作威。叫囂驟突，民皆警竄；一經捕獲，肆行鞭笞。民之父母，無從而知。及運糧上倉，更有難焉。四陲貧民，或派糧一斗，負擔汗喘，往返數百餘里，工資盤費尤須數斗之貼賠。收糧時，官不能兼顧。委任員吏與斗級合謀，淋尖踢斛，更兼拋撒，計長餘之積數，列等瓜分。至若糧價必待估撥，而估撥不至，只得給一空票。領價自無定期，小民執票來城往返再四，糧價未獲一文，而盤費已過半矣。及估撥到日，而委任員吏亦有身資，開除而外，不無虧短。兼有二爺三小抽錢陋規，鄉約堡頭，又扣規費。重疊削剝，民已空手。更兼兵糧緊急，按月支備，一有遲欠，饑訛凌逼，累官累民，上下交困。派買之害，可勝言哉！幸至光緒九年歲終，會我州主羅下車時，問民間疾苦。我州鄉紳杜映旌以派買稟車對。我州主羅惕然，隱有志更除。因於光緒拾年貳月初，我州老紳杜映旌，民人蒲九儒、金萬壽、陳秀等會議，有廩生李茂，民人張鳳翔、江廣財、陳明貴，貢生閻丙辰，先後出稟平涼道方案；後有黑水監里長黨樂真赴蘭省上控，即於光緒拾年三月十五日，以"苦虐累民，民不堪命事"呈稟督憲譚轅下，批飭平、慶、涇、固、化道提案訊究等因到道，由道轉飭固原州提訊。至閏五月初四日，我州主羅升坐大堂，傳集案內孝廉方正杜映旌，廩生李茂，武舉賀奏凱，武生張玉堂，農畯楊如雨，里長黨樂真，民人張鳳翔、江廣財八人聽審。研訊之下，所稟情事屬實，皆得無羞。審案後，我州主羅察明實情，直言抗疏。謂歷年兵糧，名為採買，其實按畝攤派。為害於民者，約有四端，逐細分晰，洞呈情弊詳覆。督憲譚案下蒙批："兵糧按畝派買，違例病民，莫此為甚。仰甘肅布政司悉心酌議。或預籌巨款，發交固提，派弁採買一歲應發本色糧石，以備軍食。所有各縣撥解之糧，均按時價折解司庫。每至秋收後，由司先發固提採辦。庶各牧令，不至因折價爭執，民間亦不受勒買短價之苦，是為至要。"繳原稟抄發。由是兵糧改歸該營自辦，不得復行派買。我州主得脫支供之苦，小民永免勒派之害。積年巨累一旦豁除，出湯火登衽席，父老婦孺莫不感激稱頌，慶賀升平。惟念此害之除，實督憲譚愛民之德，亦我州主羅力稟之恩也。我小民鏤骨銘心，刻不能忘。奈愚賤蚩氓，至微至陋，雖有獻報之忱，莫知生佛之報。願立峴碑記事原委，以表尊慈而申孺慕，庶作甘棠之遺愛云。

光緒十七年姑洗月穀旦

固原州五原书院碑记1件，红砂岩石质。碑呈长方形，高184厘米，宽77厘米，厚18厘米。边缘四周雕刻花卉、几何纹。阴刻楷书碑文20行，行满56字。

六七、清 固原州五原书院□□□□□□碑记

光绪十八年（一八九二年）

一九八三年固原县（今原州区）城内征集

国家二级文物

现藏·宁夏固原博物馆

67-1 清 固原州五原書院□□□□□□碑記（碑阳拓片）

固原历代碑刻选编

二二六

**67-2 清 固原州五原書院□□□□□□□碑記（碑陰拓片）**

碑阳文:

　　從來人才之盛衰，視乎學校之興廢。無以培植之，猶不耕而欲其獲，無米而使之炊也。固原漢故高平地，前明三邊總督建牙所在。國朝該設提督與州牧，同域州治遼闊。光緒初，析置西北境為海城、平遠二縣，仍隸本州。升州為直隸州。州地廣袤，尚數百里。生斯土者，良將才官，後先相望。獨文學中，以科第起家者，落落如晨星。豈山川形勝，宜武不宜文歟？毋亦培植之方猶未至也。

　　回逆之亂，城社為墟，戡定後復設有書院。凡束脩膏火之費，暨城鄉義學賓興之需，均由地方籌措。雷維堂少保復兩次捐廉助之。惟是款項既繁，出納宜慎，不有定章，曷昭恪守。歲辛卯李松舟刺史條議程規，將為經久計。旋移官去。匡策吾使君甫下車，以振興文教為先務。延訪紳耆，增利剔弊。即於是年秋，以添籌書院經費，酌議考課，及義學、文社條規，歷詳上臺，批准立案。而余適以次年應聘，來主講席。齋長南鄭兩明經，合諸生謀刻石以垂久遠，請為文記其事。

　　竊惟文教之興，有開必先。昔文翁勸學，蜀人以文章、經術著者，若司馬相如、張寬世輩，固一時傑出。歐陽修所見翁弟子石柱題名，尚一百有八人，何其盛也。近年吾秦隴南書院之設，掇甲科、預館選者，聯翩接踵出其中。何地無才，顧所以培植者何如耳。諸生果爭自濯磨，無負賢使君教養兼權之意，他日成就必有可觀。由是轉相引翼，蔚然成文物聲明之邦，飲水思源，當如何感激。至於經理文社，出入款項，則尤冀後之人，公而忘私，以無墜地方善舉。斯又使君之志也。爰樂為之記，以諗來者。其議定經費及□□見□□於碑□□

　　□□□□□□政大夫前□林院編修 國史館編修 記後御史安維俊撰文

　　侯□□□郡歲貢生王　翰敬書

　　拔貢生南化生

　　　　　合諸生仝立

　　貢生鄭大俊

　　光緒十八年歲次壬辰吉月穀旦□學立

　　□□准書院義學條款暨出入錢項細數、書院□□每年□次提憲及州尊每月初三日輪流考試，皆捐□從优獎賞，以崇鼓舞，遇閏照加。

　　書院堂課每月兩次，外加課經、策、雜藝一次，均逢八日應考。

　　書院膏火，原為鼓勵生童而設，如必以二月甄別為定則，已取者或至始勤終怠，未取者不免故事奉行，非振興文教善策。以每□取錄等第，分別正副，照額給發，俾生童有爭勝之心，應課入者皆知奮勉矣。

　　義學塾師，歲由地方官考定，方准充當，並隨時考察勤惰，以定去留。免至虛縻館資。

　　文社辦公紳士如有挪移侵蝕及格外優累地方者，由官革換徹究。

　　書院入款每年約捌佰余仟文，內監局稱用每年貳佰余仟文，車騾貨物擔頭錢，每年伍佰余仟文，文社舊有發商生息膏火本錢伍佰仟文，每年息錢陸拾仟文。

　　書院修金膏火，面觔、薪工等頂出款，每年捌佰余文。內山長每年修金貳佰肆拾仟文，伙食錢陸拾仟文，聘金捌兩，節敬銀拾貳兩，共錢叁拾貳仟文。監院每年薪水錢陸拾仟文。齋長一名，每年津貼錢貳拾仟文；院夫每年工食錢叁拾仟文，看守文昌廟工食在內。生貢正課陸分，每名每月膏火錢壹仟陸佰文，歲需以□拾陸仟文；副課八分，每名每月膏火錢捌佰文，歲需钱陸拾肆仟文。童生上卷肆名，每名每月膏火錢捌佰文，歲需钱叁拾貳仟文；中卷陸名，每名每月膏火钱肆佰文，岁需钱貳拾肆仟文。肄業生貢面觔貳拾分，童生面觔肆分，每名每月钱捌佰文，岁需钱壹佰玖拾貳仟文。官課每月用紅格卷陸柒拾本，每本工料钱拾陆文，岁需钱拾仟之譜。

共支義學入款每年壹仟叁拾仟文，內雜貨□酒稱用錢，每年約捌佰文，文社地租雜糧糶錢每年約貳拾伍陸仟文，文社地基租錢每年約叁拾肆伍仟文，七□每年交十稱，用錢□拾仟文。提憲雷捐給學校鋪店三□許，成本銀壹仟兩，後續銀貳佰叁拾兩，歲得賃租錢壹佰壹拾仟文。前項若有餘剩，仍存公所，以備不敷之處，不得挪移濫用，致干未便。

供支義學並公局薪工等項出款，每年壹仟壹拾仟文。內本城義學四處，每年每處束修錢陸拾仟文，歲需錢貳佰肆拾仟文；四鄉義學十處，每年每處束修錢肆拾仟文，歲需錢肆佰仟文。經理文社紳士一名，歲給錢陸仟文，伙食在內。稱夫一名，伙夫一名，每名歲給工食錢三拾仟文，共錢玖拾仟文。每年雜費錢肆拾仟文，又賃房錢肆拾仟文。各壇廟祠宇及文武衙署香燭紙油等項，每歲需錢捌拾仟文。每年正月城鄉各紳匯算上年出入賬項，准酒飯錢陸拾仟文。管社倉紳士一名。年借支錢陸拾仟文，俟放有息糧，此錢仍歸文社，不得視為定例。

本城糧行斗用錢，每年約肆拾餘仟文。

鄉試賓興，每屆發錢捌拾仟文，恩科照辦，每年約提錢貳拾陸柒仟文。客籍士子，概不給發。公車同此。

每屆舉人公車□優拔貢進京朝考，統給百金，均由斗用項下開除。

前項收發銀錢，概行責成經理首士、地方官但可稽查，按月由經理首士具条呈報，年終歸算總賬，造具一歲出入總數清摺，呈州查閱存案，以杜弊端。

六八、清 董福祥母亲陈太夫人之墓碑

光绪三十二年（一九〇六年）

现藏青铜峡文物管理所

**68-1 清 董福祥母亲陳太夫人之墓碑（碑阳）**

**碑阳文**

光绪三十二年岁次丁未清和月榖旦

诰封一品夫人显妣董母陳太夫人之墓碑

男董福祥率曾孙恭敬首勒石

六九、清 光禄大夫建威将军董公
（世猷）之墓碑

光绪三十三年（一九〇七年）

现藏青铜峡文物管理所

**69-1 清 光禄大夫建威将军董公（世猷）之墓碑（拓片阳文）**

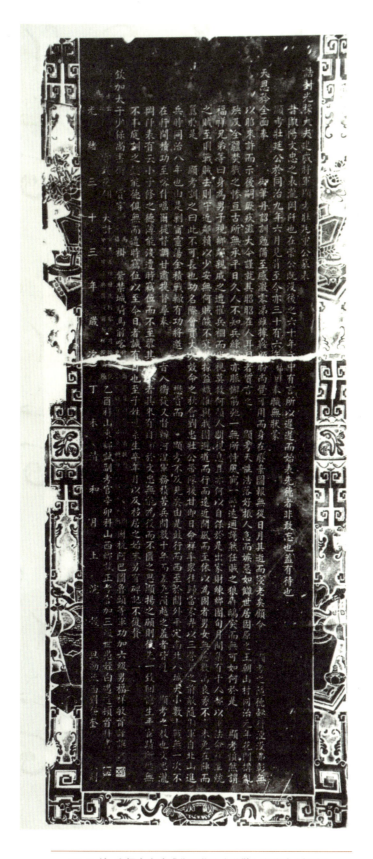

69-2 清 光禄大夫建威将军董公（世猷）之墓碑（拓片）

**碑阳文**

光绪三十三年岁次丁未清和月毂旦

诰封光禄大夫建威将军显考讳世猷字壮廷董公之墓碑

男董福祥率曾孙恭敬首勒石

**碑阴文**

昔欧阳文忠之表泷冈阡也，在崇公既没后之六十年。文中有言，所以迟迟而始表先德者，非敢忘也，盖有待也。

显考壮廷公于同治九年六月见背，至今亦三十有六年。福祥奉职无状，蒙天恩矜全，面奉御笔丹诏，训勉备至，感激零涕。虽据鞍顾盼，尚觉可用。而身在废弃，图报无从，日月其逝而侵老矣！顾令显考之隐德懿行，湮没弗彰，无以昭来许而示后嗣，厥疚滋大。今谨就其昭昭在人耳目者质言之：

显考天性浩落，好赈人急而嫉恶如仇，世居固原之王朝山村。同治元年，花门构乱，浃及全疆，焚戮之惨，亘古所无。承平日久，人不知兵，绿营亦脉懈筋弛，一无所恃。风鹤一惊，远迩哗然，任贼之狼奔豕突而无可如何。于是显考愤然谓福祥兄弟等曰："身为男子，视乡邻亲戚之遭罹兵祸而坐视莫救，何颜人间视息，且亦何以自保？"于是出家财，练乡团，旬月间集有千人部，以军法命祥辈统之。贼至则战，贼去则守，近邻赖以少安。无何贼焰不衰，焚掠益炽，惟遇我团避道而行。而远近闻风而至。依以为固者，男女无虑数万，良莠不齐，未免在阵而嚣，于是显考训之曰："此不可长也，功名际会，实丈夫效命之秋。"会刘忠壮公带队援甘，即日命祥率众往归。当蒙畀以三营驱之，前敌随湘军自北山进兵，时同治八年也。由是剿宁灵，荡金积，战辄有功，将邀懋赏，而显考不及见矣。由是鼓行而西至于关外，平定南北八城，大小数十战，无一次不在行间积功。至喀什噶尔两提督调甘肃提督，寻奉旨入卫。旋又督办河湟军务，积苦兵间数十年，而差免陨越之羞者，皆遵显考之教也。文忠泷冈阡表有云："小子修之德薄能浅，遭时窃位，而不至颠其先者，其来有自。"祥于文忠无能为役，而不匮之思、显扬之愿，则后先一致。回忆生平宦迹，所历无不本庭训之。懿能德俱无而遭时窃位以至今日者，诚有日也。至于姓世系生卒年月，以及移居之始末，另有碑记，不复赘。

钦加太子少保尚书衔赏穿黄马褂带貂褂、紫禁城骑马前喀什噶尔提督调任甘肃提督世袭骑都尉兼云骑尉督练甘军总统武威从军阿尔杭阿巴图鲁头等军功加六级男福祥敬首谨撰

赐进士出身钦加布政使衔赏戴花翎大计卓异署理甘肃按察使司按察使分守凉兵备道前翰林院编修乙酉科山东乡试副考官辛卯科山西乡试正考官加三级世愚侄白遇道顿首拜书勒

陕西刘登奎、改槐荫、白廷锡 敬刻

光绪三十三年岁次丁未清和月上浣毂旦□□□□□□

# 七〇、清 董公（福祥）墓志铭（早年拓片）

光绪三十四年（一九〇八年）
二〇〇九年四月征集于原州区清河镇
国家二级资料
现藏宁夏固原博物馆

## 志盖文

皇清诰授光禄大夫、建威将军、太子少保、尚书衔赏貂膝袿、黄马袿、花翎、紫禁城骑马、肩舆、世袭骑都尉、兼云骑尉、新疆喀什噶尔提督、甘肃全省提督军门、阿尔杭阿巴图鲁、议叙头等军功，星五董公墓志铭

## 志石文

皇清诰授光禄大夫、建威将军、太子少保、尚书衔、甘肃提督军门、阿尔杭阿巴图鲁、星五董公墓志铭

诰授中议大夫、花翎三品衔、赐进士出身、候选道甘肃固原直隶州知州王学伊顿首拜撰文

诰授资政大夫、花翎二品衔、赐进士出身、甘军营务处陕西补用道、旧属王世相顿首拜书丹

诰授光禄大夫、建威将军、头品顶戴、赏戴花翎、陕西固原提督、励勇巴图鲁、旧属张行志顿首拜篆盖

光绪三十有四年，岁戊申，少保董公疾终金积堡寄庐。其孙恭奉舆归葬固原，手状踵门，涕泣而请曰："先大父崛起戎行垂四十载，武功卓然，示子孙毋忘；今将安窀穸矣。乞为文，铭诸圹。"伊以孄陋，固辞之弗获，遂熏楮濡毫而纪实焉。谨按状：

公讳福祥，字星五，姓董氏，陇东固原人也，世居王朝山阳。曾祖万随、祖焕章、父世猷，曾祖母石氏、祖母高氏、母王氏，均以公贵，赠一品秩。昆季三，公其仲也。少家贫，以农为业，读书未竟厥志。髫龄嬉戏，率陈矛戟，演战队，时人异之，相者矜其貌魁梧壮伟，谓与班定远等。既长，慨然有大志，卓越不羁，喜谈兵法；赠公勗以力田，公曰男："儿志在四方，安能郁郁耕凿间乎？"咸丰中，回逆马化隆辈肆扰秦陇，迁避者踵相接。公曰："避之而生，宁捍之而死！"遂集团练，驰驱环、庆、固、宵诸路，助官军所不及。一时豪士如张壮勤诸君，皆隶部伍。同治己巳，刘忠壮公督师剿宁夏，檄公赴前敌，号曰董字三营。薄肉迎战，迭克金积堡等处三十馀所，生擒巨酋，手刃数百级，巢穴荡平，分军屯之。公之居金积堡也实肇于此。壬申，剿西宁，下大小峡、桌子山诸寨。癸酉，河回米㻞臣叛，驰往堵截，报克胪绩，闻于朝，奖花翎，洊保提督。光绪丙子，刘襄勤公率忠壮旧部，治新疆伊犁军事，倚公如左右手，叠复天山木里河、玛纳斯诸名城。疏上，以裹创力敌，叙头等军功。召免骑射，赏黄马袿、阿尔杭阿巴图鲁，袭骑都尉，兼云骑尉职。公之征天山也，峭壁千寻，平沙万里，会天大风，昼黑如夜，诸将莫敢进。公曰："治敌攻不备，竟鼓行而前，退缩令斩！"敌惊溃，歼其魁而归。丁丑节次，剿古牧地、乌鲁木齐、达坂城、托克逊、伊犁南八城诸匪，所向无前，望帜来降。而董军之名，震于西域，安集延乞抚，羁縻之，复踞寨里河。公曰："犬羊之性，动事反侧；力制之，遂以授首。"左文襄公奇其才，举湘楚、恪靖各营、西四城防务赖以调、留守。叶尔羌等处，时有巨逆白彦虎者，猛且骜。公袭追之，身不停镳，一昼夜行四五百

里，將就擒，逆躥俄界得脫。公曰："狡哉賊乎，彼之幸，吾之憾也。"餘逆至是不復逞，邊境肅清，公猶嚴守，繕為戒備。統新疆馬步全軍，軍律無稍弛。洎乎丙戌授阿克蘇總兵，庚寅擢喀什噶爾提督，甲午述職北上，召對大悅，加尚書銜，賞福壽字、決拾、佩玉諸品。命練甘軍駐河西，務為保衛計。乙未，河州回亂復作，奉命援剿，兼程行踰洮河，直搗王家嘴、邊家灣、康家崖匪巢，而太子寺、河州城圍立解。丙申，轉征西寧，力奪米拉溝、大通、漫坪、多巴要隘，既奏捷。蒙恩晉太子少保，調甘肅提督。丁酉，入謹，迭頒克食，旋領武衛後軍屯薊州。賜紫禁城騎馬、肩輿、如意、綢緞、銀兩悉備，至如帶縢貂袿，為貴胄服。公以武功膺懋典則，尤臣工所豔美者也。庚子變起倉猝，會聖駕西狩，授隨扈大臣，節制滿漢各軍。比回鑾，天意厭兵，修好鄰國。公自以引疾乞歸里，及陛辭，皇上出手詔一封，嘉其忠勇，慰其艱難。公跪而讀之，感泣不置。由是解兵柄，講屯墾，仍全積堡而居焉。公之所以荷主知與、所以識時務者，倜乎遠矣！甲辰夏，皋蘭黃水為災，出金巨萬以賑，孫恭獎道員，加二品銜，甚盛事也。今年春正月，有寒疾，觸舊傷，憊甚。人日，忽肅衣冠，北向展拜，捧詔莊誦，揮涕漬襟。既而曰："休短有數，吾疾不瘳，天也。惟自憾無以報朝廷耳。吾聞之：子孫賢而多財，則損其智；愚而多財，則益其過。吾儕所贏約四十萬，誠天恩之高厚也。今新政迭行，需款孔亟。悉舉以助帑，毋違吾言，子孫自食其力可耳。"言訖端坐，家人叩之，亦不復與語。旋於初九日亥時溘然而逝。公既歿，孫恭檢遺書，報大府上其事，得旨嘉獎。孫恭仍以道員存記，世澤弗替。嗚呼！如公者，其始也為鄉里謀，其終也為國家謀。而其賦性如汲黯，戰功如馮翊，輸財如卜式，既明且哲，知進知退，實有超出尋常萬萬者。古人云："關東出相。關西出將。"如公者洵兼之哉。配張氏、趙氏。嗣子天純，一品蔭生；媳張氏，生孫恭，二品銜候選道。公生於道光己亥十二月初五酉時，歿於光緒戊申正月初九日亥時，春秋七袤。是年八月葬固原南鄉十里墩官山，新阡辛山乙向。從形家言，系以銘曰：大河之南，崆峒之北，碩輔篤生，功在社稷。四十餘年，橫戈邊域。矯矯虎臣，威儀不忒。用行舍藏，順帝之則。文孫繩武，天眷有德；大星殞矣，寒淚拉拭。斯銘不渝，貞珉永勒。

陝西咸甯白廷錫上石

**70-1 董公（福祥）墓志銘拓片（线装本–封面）**

70-2 董公（福祥）墓志铭拓片

70-3 董公（福祥）墓志铭拓片

70-4 董公（福祥）墓志铭拓片

70-5 董公（福祥）墓志銘拓片

固原文物考古与碑刻图版

二三九

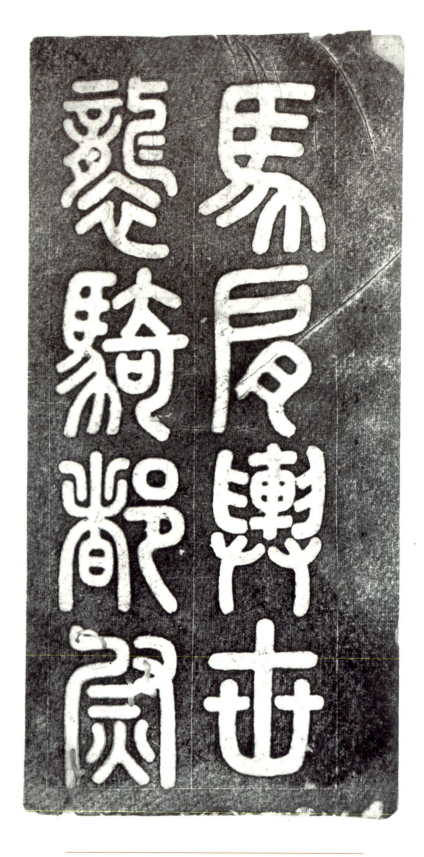

**70-6 董公（福祥）墓志铭拓片**

**70-7 董公（福祥）墓志铭拓片**

**70-8 董公（福祥）墓誌銘拓片**

**70-9 董公（福祥）墓志铭拓片**

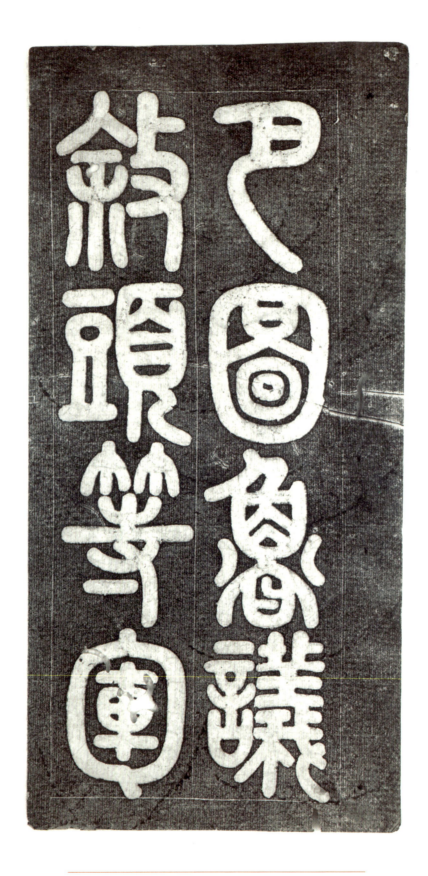

**70-10 董公（福祥）墓志铭拓片**

70-11 董公﹙福祥﹚墓志銘拓片

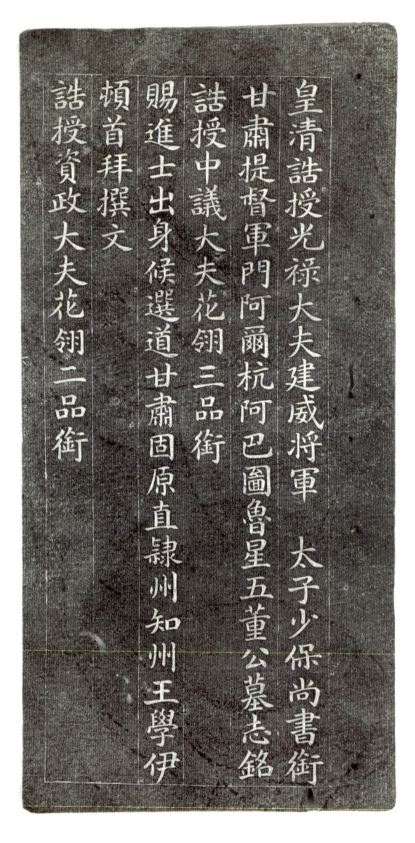

皇清誥授光祿大夫建威將軍　太子少保尚書銜

甘肅提督軍門阿爾杭阿巴圖魯星五董公墓志銘

誥授中議大夫花翎三品銜

賜進士出身候選道甘肅固原直隸州知州王學伊

頓首拜撰文

誥授資政大夫花翎二品銜

**70-12 董公（福祥）墓志銘拓片**

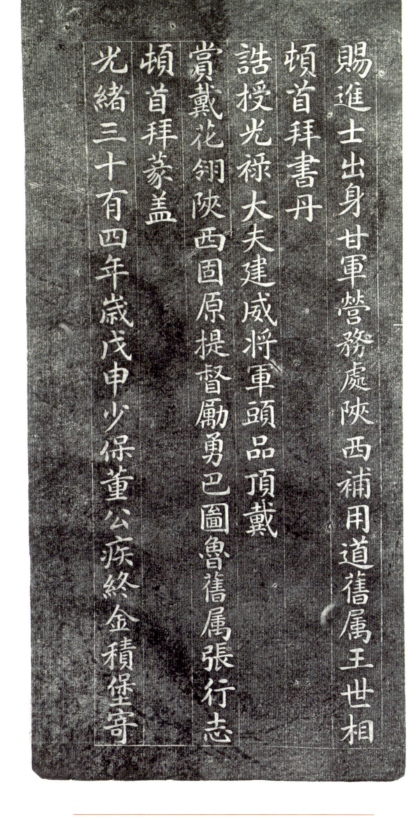

賜進士出身甘軍營務處陝西補用道舊屬王世相

頓首拜書丹

誥授光祿大夫建威將軍頭品頂戴

賞戴花翎陝西固原提督勵勇巴圖魯舊屬張行志

頓首拜篆蓋

光緒三十有四年歲戊申少保董公疾終金積堡寄

70-13 董公（福祥）墓志銘拓片

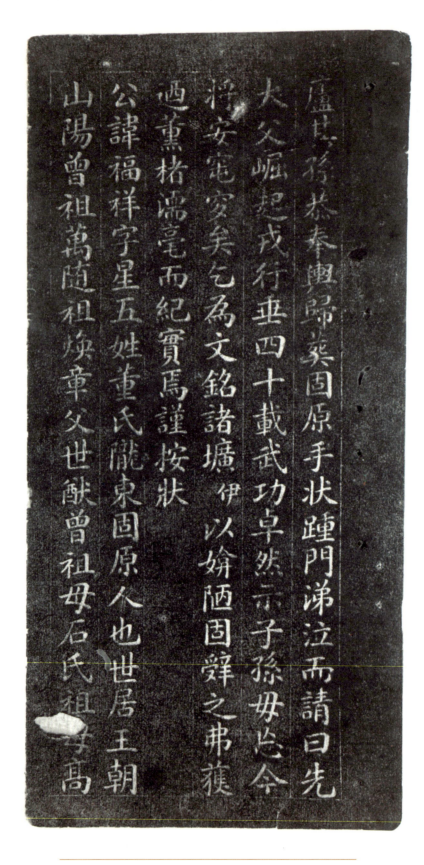

盧其孫恭奉輿歸葬固原手狀踵門涕泣而請曰先
大父崛起戎行並四十載武功卓然示子孫毋忘今
將安寇窆矣乞為文銘諸壙伊以娟陋固讓之弗獲
迺薰楮濡毫而紀實焉謹按狀
公諱福祥字星五姓董氏隴東固原人也世居王朝
山陽曾祖萬隨祖煥章父世獻曾祖母石氏祖母高

**70-14 董公（福祥）墓志銘拓片**

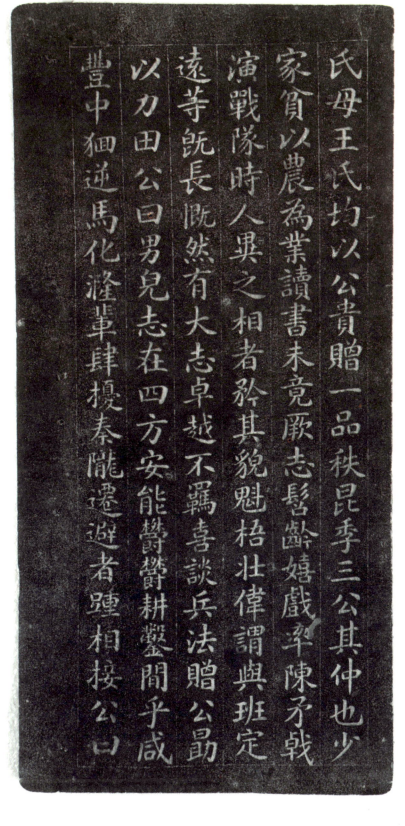

氏母王氏均以公貴贈一品秩昆季三公其仲也少
家貧以農為業讀書未竟厥志髫齡嬉戲率陳矛戟
演戰隊時人異之相者於其貌魁梧壯偉謂與班定
遠等既長慨然有大志卓越不羈喜談兵法贈公晶
以刀田公曰男兒志在四方安能欝欝耕鑿間乎咸
豐中迴逆馬化滏輩肆擾秦隴遷避者踵相接公曰

70-15　董公（福祥）墓志銘拓片

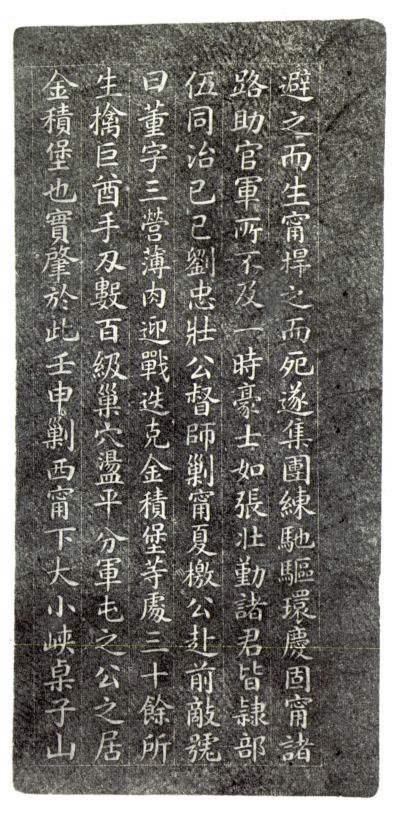

避之而生甯悍之而死遂集團練馳驅環慶固甯諸
路助官軍所不及一時豪士如張壯勤諸君皆隸部
伍同治巳巳劉忠壯公督師剿甯夏檄公赴前敵虢
曰董字三營薄肉迎戰迭克金積堡芋慶三十餘所
生擒巨酋手及斃百級巢穴盪平分軍屯之公之居
金積堡也實肇於此壬申剿西甯下大小峽桌子山

**70-16 董公（福祥）墓志銘拓片**

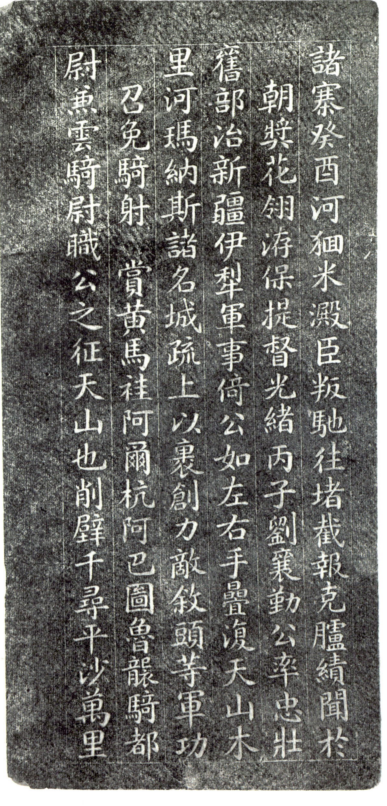

諸寨癸酉河狪米澱臣叛馳往堵截報克臚績聞於
朝獎花翎游保提督光緒丙子劉襄勤公率忠壯
舊部治新疆伊犁軍事偕公如左右手疊復天山木
里河瑪納斯諸名城疏上以襄創力敵敘頭等軍功
召免騎射　賞黃馬褂阿爾杭阿巴圖魯龍騎都
尉魚雲騎尉職公之征天山也削壁千尋平沙萬里

70-17　董公（福祥）墓志銘拓片

固原文物考古与碑刻图版

二五一

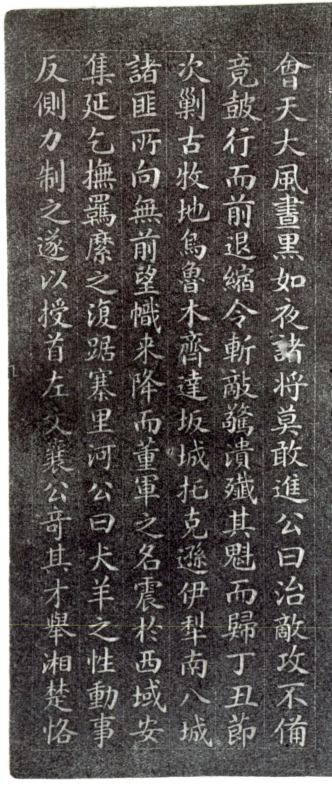

会天大风昼黑如夜诸将莫敢进公曰治敌攻不备
竟鼓行而前退缩令斩敌骁溃殱其魁而归丁丑节
次剿古牧地乌鲁木齐达坂城托克逊伊犁南八城
诸匪所向无前望帜来降而董军之名震於西域安
集延乞抚羁縻之復踞塞里河公曰犬羊之性动事
反侧力制之遂以授首左文襄公哥其才举湘楚恰

**70-18 董公（福祥）墓志铭拓片**

靖各營西四城防務賴以提調留守葉爾羌等處時
有巨逆白彥虎者猛且鷙為公嚴追之身不得繾一晝
夜行四五百里將就擒逆竄俄界浔脱公曰狡哉賊
乎彼之幸吾之憾也餘逆至是不復遑邊境肅清公
猶嚴守繕為戒備統新疆馬步全軍軍律無稍弛泊
于丙戌授阿克蘇總兵庚寅擢喀什噶爾提督甲午

**70-19 董公（福祥）墓志銘拓片**

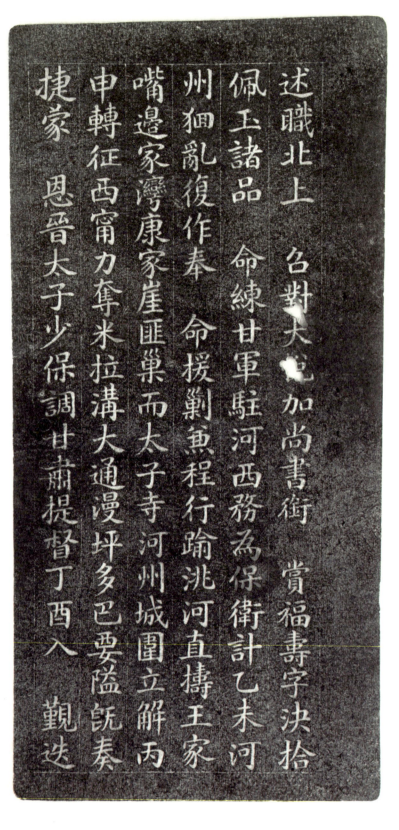

**70-20 董公（福祥）墓志铭拓片**

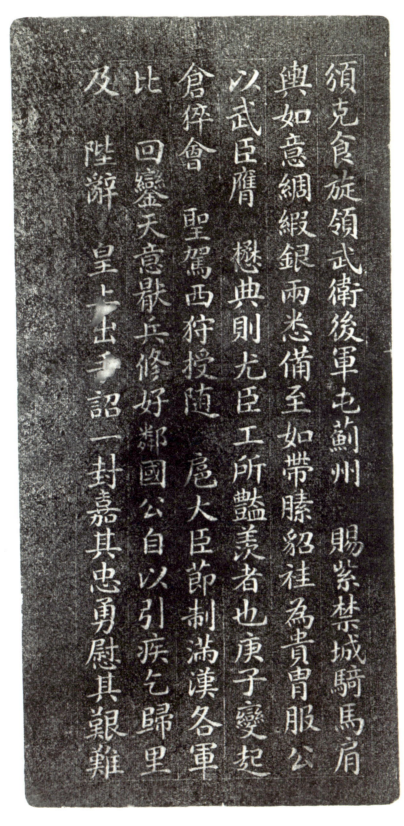

頒克食旋領武衛後軍屯薊州　賜紫禁城騎馬肩
與如意綢緞銀兩悉備至如帶縢貂裘為貴冑服公
以武臣膺　樾典則尤臣工所豔羨者也庚子變起
倉猝會　聖駕西狩授隨扈大臣節制滿漢各軍
比回鑾天意獸兵修好鄰國公白以引疾乞歸里
及陛辭　皇上出手詔一封嘉其忠勇慰其艱難

70-21　董公（福祥）墓誌銘拓片

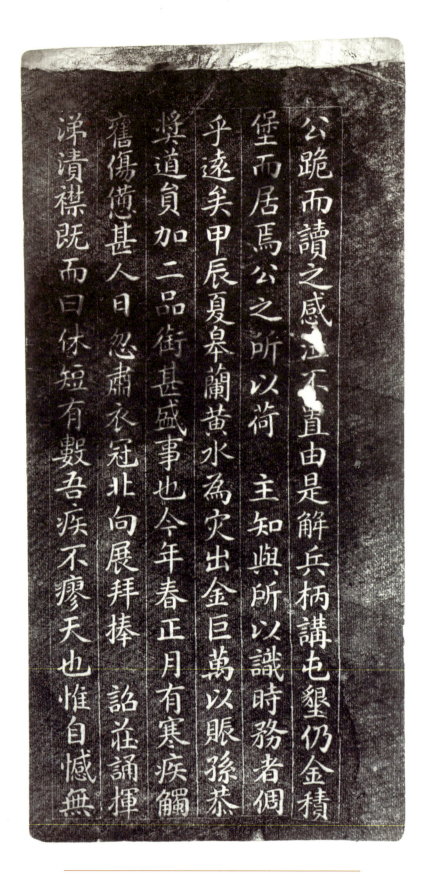

公跪而讀之感泣不直由是解兵柄講屯墾仍金積
堡而居焉公之所以荷主知與所以識時務者個
乎遠矣甲辰夏皋蘭黃水為災出金巨萬以賑孫恭
獎道員加二品銜甚盛事也今年春正月有寒疾觸
舊傷憊甚人日忽肅衣冠北向展拜捧詔莊誦揮
涕漬襟既而曰休短有數吾疾不瘳天也惟自憾無

**70-22 董公（福祥）墓志铭拓片**

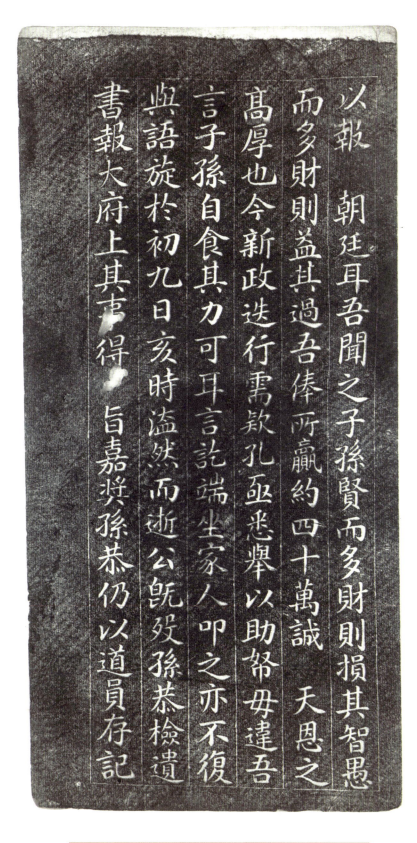

以報

朝廷耳吾聞之子孫賢而多財則損其智愚

而多財則益其過吾俸所贏約四十萬誠天恩之

高厚也今新政迭行需款孔亟悉舉以助帑母違吾

言子孫自食其力可耳言訖端坐家人叩之亦不復

與語旋於初九日亥時溘然而逝公旣歿孫恭檢遺

書報大府上其事得 旨嘉獎孫恭仍以道員存記

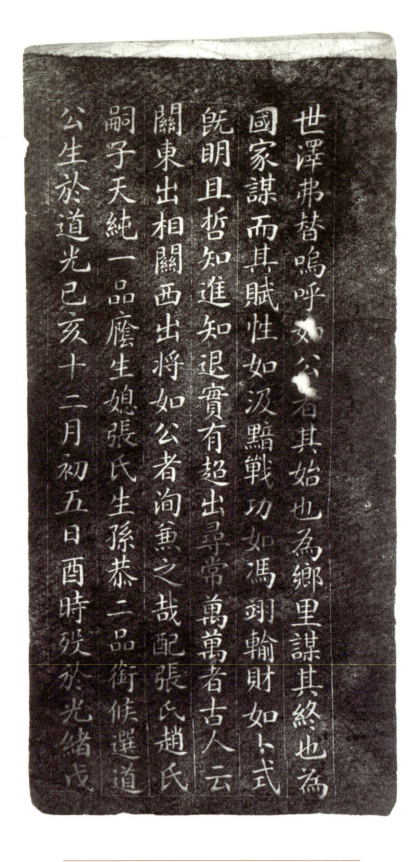

世澤弗替嗚呼如公者其始也爲鄉里謀其終也爲
國家謀而其賦性如汲黯戰功如馮翊翰財如卜式
既明且哲知進知退實有超出尋常萬萬者古人云
關東出相關西出將如公者洵魚之哉配張氏趙氏
嗣子天純一品廳生媳張氏生孫恭二品衛候選道
公生於道光己亥十二月初五日酉時殁於光緒戊

70-24 董公（福祥）墓志銘拓片

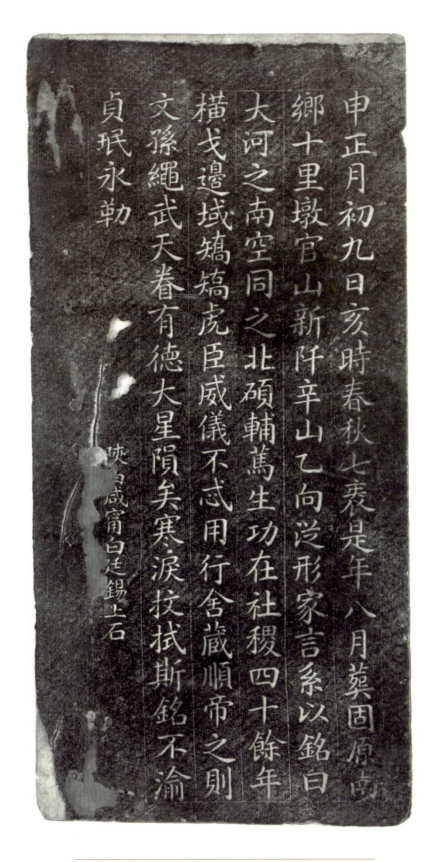

申正月初九日亥時春秋七袤是年八月葬固原南
鄉十里墩官山新阡辛山乙向送形家言系以銘曰
大河之南空同之北碩輔蔫生功在社稷四十餘年
橫戈邊域矯矯虎臣威儀不忒用行舍藏順帝之則
文孫繩武天眷有德大星隕矣寒淚抆拭斯銘不渝
貞珉永勒

陝白咸甯白廷錫上石

**70-25 董公（福祥）墓志銘拓片**

## 七一、清 董少保（福祥）故里碑

光绪三十四年（一九〇八年）

一九八三年固原县南郊乡（今原州区开城镇）二十里铺征集

国家一级文物

现藏宁夏固原博物馆

　　董福祥故里碑1件，为青石质。据清《宣统固原州志》记："董少保故里碑，按碑刊于光绪三十四年，知州王学伊书，绅民共建，在南乡官道。"碑首呈长方形，长113厘米，宽85厘米，厚20厘米。正面碑首浮雕双龙戏珠图案，龙头相对向下弯曲，尾部沿边连在一起，中部额题篆书"皇清"二字。下部雕饰瑞兽，花草纹。背面碑首浮雕飞龙、祥云，下部雕瑞兽。边缘四周饰绳纹，飞龙、祥云。碑身亦呈长方形，长218厘米，宽81厘米，厚21厘米。四周阴刻福字、万字等，楷书碑文。

### 碑阳文

碑额篆书：靈毓邊關

光绪三十四年戊申陽月穀旦

"董少保故里"

头品顶戴陕西固原全省提督蒲城張行志謹拜鎸

花翎候選道固原直隸州知州文水王學伊謹拜題

**71-1 清 董少保（福祥）故里碑（碑阳）**

**71-2 清 董少保（福祥）故里碑（碑阴）**

**碑阴文**

　　诰授光禄大夫、太子少保、尚书衔甘肃提督军门星五董公神道碑

七二、清 董少保（福祥）神道碑

光绪三十四年（一九〇八年）

一九七八年固原县南郊乡（今原州区开城镇）二十里铺征集

国家一级文物

现藏宁夏固原博物馆

董福祥神道碑1件，青石质。碑首高97厘米，宽77厘米，厚26厘米。正面雕刻为三层，第一层高浮雕盘龙，二龙戏珠，中部应为龙宫建筑，两侧直立盘龙柱，中间阴刻有篆书"奉天诰命"4字，前部立有3根廊柱。第二层布满水波纹。第三层中浮雕图，两侧方框内雕有8个站立人物浮雕像，应为八仙图。背面亦分为三层，上为云纹与飞龙，中为篆书"董宫保德政序"，下雕有莲花与花瓶。碑身呈长方形，碑身高217厘米，宽87厘米，厚27厘米。正面边缘四周雕有回廊、人物故事、小桥流水、喜鹊登梅、牡丹孔雀等。背面边缘雕有花瓶、回廊等。楷书碑文。

72-1 清 董少保（福祥）神道碑（碑阳）

72-2 清 董少保（福祥）神道碑（碑阴）

## 碑阳文

上款：宣統二年太歲在上親閹茂月陽則如中浣黃道社建。

主題：誥授，光祿大夫建威將軍、太子少保、尚書銜、隨扈大臣、節制滿漢各軍、總統武衛後軍、督練甘軍、援剿甘肅河皇軍務、總理新疆伊犁西四城馬步全軍恪靖營、頭品頂戴、賞戴花翎、賞穿黃馬褂、賞坐二人肩輿、紫禁城騎馬、賞穿戴貂膆褂、賜福壽虎字、銀錁綢緞，議敘頭等軍功、世襲騎都尉、兼雲騎尉、覃恩加級記錄阿爾杭阿巴圖魯、阿克蘇鎮總兵、新疆喀什噶爾提督、甘肅提督軍門，星五董公神道。

下款：各級各類官員126人全敬立。

## 碑陰文

皇清誥授光祿大夫、建威將軍、太子少保、甘肅省提督軍門、阿爾杭阿巴圖魯、議敘頭等軍功、覃恩加十二級、記錄二十五次，福祥董府君神道碑。

古人有言曰："大變出大材，小變出小材，不變出庸材。"大材者，濟天運之窮，戡人心之亂，維國祚於不敝，非小且庸者希萬一也。今得之，少保董公矣。公諱福祥，字星五，甘肅固原人也。少家貧，未克力學。既長，修偉勁贛，喜談兵法，有不可一世之概。而困而在下，勞筋骨，餓體膚，增益不能，識者知大任將降已。

同治紀元，回逆囂張，人民籲蕩兵戈，饑饉相仍。浸假而陝西變矣，浸假而甘肅變矣，浸假而新疆伊犁又變矣。公憤而起之，振臂大呼，力衛桑梓。豪士數十人，悍徒數千眾，馳騁環、慶、平、固間，義團之名以盼。歲戊辰，督兵使劉忠壯公檄佐軍事，留強汰弱，號曰"董字三營"。未逾年，迭復金積堡、寧夏等城寨凡三十餘所。先是金積堡為酋目馬化隆所踞，忠壯殉於陣。諸軍以前敵讓公，血戰得捷。

壬申，馬貢沅等據西寧，勢極驕悍，群師莫纓其鋒。劉襄勤公率忠壯部與公密約以進。奪大小峽、桌子山要隘，獻俘告功。癸酉河回米殿臣叛，公曰："河州為全省形勝，速撲之，猶易圖也，毋使滋蔓。"乃以孤軍扼沆路，截尾道，設奇報克。天子嘉之，獎花翎，薦提督，彰勞勣也。

洎乎光緒丙子、丁丑之際，劉襄勤公、左文襄公，相繼領新疆伊犁軍。公往焉，時安集延擾於西，纏族緊於東，羌、戎諸部落縱橫於南北，將所謂漢州六國者，無尺寸樂土。公曰："是役也，儲軍實，度地勢，揆敵情，則醜虜入吾彀中，舍是鮮濟，今將為國家效命，時乎！"襄勤、文襄咸倚重之，軍略纖巨，悉以諮議。天山之圍，木里河之征。公決以步步兜攻之法，使寇無所遁。惟天山一役，大風晝晦，崎嶇萬狀，公身先士卒，弗為眩迷，殲其魁而歸。巨逆白彥虎者，驚竄走，公單騎襲追，一晝夜行五百餘里，尤神勇也。於是軍聲所及，望幟以降，如疾風之摧枯朽。而古牧地、烏魯木齊、托克遜、達坂城、瑪納斯諸路之匪，節次肅清，疏上，賞黃馬褂，免騎射，敘頭等軍功、阿爾杭阿巴圖魯，襲騎都尉兼雲騎尉職。文襄更舉恪靖、湘楚馬步營隊，以葉爾羌等處資其留守，邊境又安。

丙戌簡授阿克蘇鎮總兵。庚寅擢喀什噶爾提督。公力挽綠營積習，軍容一新，驍健有譽。甲午述職北上，召對大悅，加尚書銜，統練甘軍，為京畿衛。乙未河州撒回亂，奉命援剿，乃兼程度隴至王家嘴、康家崖、邊家灣匪巢，趲期攻之，太子寺、河州城圍因以立解。丙申，旋克西寧，群酋授首。蒙恩晉少保，調甘肅提督。既凱還，賜紫禁城騎馬、貂膆褂、福壽字及白金數鎰、磁玉、緞繡，為諸臣冠。丁酉領武衛後軍，屯薊州。

庚子之役，兩宮西狩，授隨扈大臣，節制滿漢軍。比回鑾，天意厭兵，將與海內謀休養生息，公引疾乞歸。皇上諭曰："董福祥知悉，爾忠勇性成，英姿天挺，削平大難，功在西陲。近以國步艱難，事多掣肘，朝廷不得已之苦衷，諒爾自能曲體。現在朕方屈己以應變，爾亦當降志以待時。決不可以暫時曲仰，驥卻初心。他日國運中興，聽鼓鼙而思舊。不朽之功，非爾又將誰屬也。尚其勉旃！"公跪讀之，感泣不置。由是解兵柄，旋里閒，仍金積堡而屯墾焉。甲辰，皋蘭黃水為災，出金以賑。文孫恭獎道員，加二品銜，典至渥也。

今年春正月九日，聞公星隕之耗，遠近舊部莫不瞻望太空，而同聲一哭也。宜哉。公既逝，知公彌留時，神智弗瞀，忠悃躍然，猶有摒擋遺產四十萬兩，堅囑助帑一事，其眷眷焉心系乎國計民生者，豈尋常等倫所可同日語耶。嗚呼悲哉！公之崛起也，易人所難，敢人所畏；公之治軍也，嚴人所寬，安人所危；公之籌國也，慎始慎終，知進知退。其心跡，其勳名，則為天下後世所共聞見。嗚呼悲哉！"大變出大材"，古之言信有征哉，古之言信有征哉！

七三、清 万佛阁碑记

宣统二年（一九一〇年）

国家三级文物

现藏于夏固原博物馆

**73-1 清 萬佛閣碑記（拓片）**

## 碑 文

万佛阁

娘娘楼下旧有古洞窗革，爰有廣武信士李景讓施錢陸拾千文，商仝住持僧照悟復塑百子观音童山一架，以及新修全備，彩繪一新，照悟贊成慕化。工呈告竣，係男女求子坵，上下路經，不致擁擠，是亦好善虔心，因而垂文泐石，以彰樂善不私云尔。共费錢一百三拾千文。

宣统二年九月完 立

七四、清　清阁碑

国家三级文物
现藏宁夏固原博物馆

**74 清　清阁碑﹝拓片﹞**

碑文

清阁

清平監監正林必達、王嘉會、章庭桂爲

七五、清 竹画藏诗碑

现藏海原县文物管理所

**75 清 竹畫藏詩碑（拓片）**

 碑 文

天生忠孝竹，節義傲風霜。橋梓垂青史，乾坤許並芳。

涵峰題：褒忠……南安月山□氏善竹萬□珊久固鎮西端□游戎陳望山乃褒忠后也……忠祠。

七六、民国 重修固原县四川会馆乐楼门坊记

民国九年（一九一九年）

一九八七年征集于固原县（今原州区）城关

国家三级文物

现藏宁夏固原博物馆

重修固原县四川会馆乐楼门坊记1件，红砂石岩质。碑呈长方形，长113厘米，宽75厘米，厚14厘米。边缘四周双线内阴刻回纹，楷书碑文。

76 重修固原縣四川會館樂樓門坊記（碑陰拓片）

## 碑文

重修固原縣四川會館樂樓門坊記

固原縣四川會館創自有清同治季年，前殿后寢、門房乐樓、房舍厨庫，嚴嚴翼翼，規模宏深，洵一邑之大賓館也。慨自緑营取銷，時事代謝，凡向之所謂人文薈萃、衣冠濟濟，今已寥若晨星。而每年修飲酒之禮，序達尊之誼，恭敬梓桑，報享俎豆，雖禮儀修明，駿奔如昔，至乎列坐其次，醉月談天，班荆道故，無復曩日之盛矣。兼之廟款拮据，歲修補葺困難，以致雄傑之臺閣，巍峨之門坊，爲風雨摧殘，鼠雀竄污，日見倾圮，徒嘆奈何。適余承之斯土，縈地方之觀念，動祖国之遐思，於民国七年戊午春二月初三日團拜之際，群賢畢至，少長咸集，爰咨爰慶，众□□同□□重修，用继前休。特公推雷杜二君□率其事，於三月鳩工庀材，經營建筑，至六月念九日告厥。畫棟雕甍，金碧掩映，既未改其舊貫，復夫焕乎一新，尤土堅料貫，豑歟休偉哉。韓君□臣囑余为文，勒諸貞珉。義務所在，未遑多讓，用□□顛末，詔示来英。所樂捐衔名，并載碑陰，以垂不朽云爾。是爲記。

五等嘉樂章、四等久慮章、隴東各軍营務處提調、任用固原县僉事漢南陳欽銘撰文

任用縣知事、前固原縣徵収局局長□□□籍张翔和篆蓋

三等獎章、甘肅自治畢業員前升用縣知事通川尹金鏞書丹

前□□協鎮都督府、隴東鎮守使□□□官南江諱正德立石

　總董□：先千總雷心益、把總杜紹堂、把總涂蘭亭

經理首事：王安□、黄公元、蕭洪元、王子模、何廣元、向魁武、周□

土木工師：□德华

巴中李大朝刊字

民國九年歲在上章□□□□月中浣

七七、民国　海故排长葆荣纪念碑

民国十七年（一九二八年）

国家三级文物

现立于彭阳县古城镇乃河村石窑沟口

此碑立于1928年，青石质，圆首方座。通高1.85米，宽0.85米，厚0.15米。碑座高0.55米，宽0.75米。碑额上部阳刻二龙戏珠图案，正中竖阳刻篆书"海葆荣纪念碑铭"6个大字。碑文竖阴刻隶书，凡23行，835字，首行题"海故排长葆荣纪念碑铭"两边阳刻八仙人物图案。

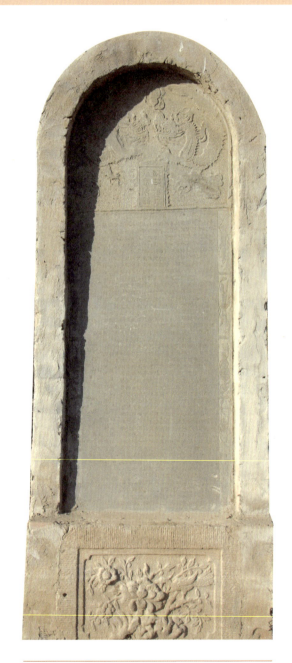

**77-1　民國　海故排長葆榮紀念碑**

77-2 民国 海故排长葆榮纪念碑（局部）

77-3 民國 海故排長葆榮紀念碑（局部）

## 碑 文

　　人之有生，不諱言死，死或重於泰山，或輕於鴻毛，由於志向各異而取舍攸殊也。男兒沙場暴骨，丈夫馬革裹尸，古之豪傑不忘此志。然有成仁之子，而無取義之父，雖志切同仇，亦終埋沒田間，不能奮勇敵愾，效忠於國也。庸庸者流，奚足道哉。海故排長葆榮属子武阿衡冢子，前歲錫武帶隊隴東，子武率葆榮而屬予曰："是子由固原高級小學修業甫畢，少無經練，當茲革命軍興，正志士立功之時，凡我国民子弟同袍，偕作俱有當盡義務，請收錄部下，以備驅策；異日爲國家建勛業，爲宗教增光彩，胥賴我公有以裁成之。"予觀此子器宇，知非凡鳥，初委差遣，繼任副官，亦知名譽閒曹，不足展其驥足。洎後奉命援陝，改編營騎，需材用人，均取相称，予竊喜葆榮今日已有位置之地，乃謂子武曰："喆嗣葆榮，吾今委以排長職務，使從事操伐，練習步武，將来待時升用，連營階級，翔步聯登，無往不可。"葆榮奉委而後，受乃父之諄囑，兼職務之在身，勤慎從公，昕夕靡倦，丙寅九月二十二日，我軍出發援陝，行底咸陽鎮，嵩軍扼守河南，我軍阻留河畔，不能長驅直入，爰號召敢死軍，截流競渡，限期過河，葆榮英勇奮發，爭先應命。予恐年少輕躁，或至誤事，不允其請；而葆榮再三請求不獲。巳時許應召，詎料血性激烈，天不永年，行至中流中敵軍流彈，遽而殞亡。時年甫二十有二。予悲其英年果毅，为國捐軀，親为依禮安埋，暫攢咸陽隴畔。今歲春，予解甲歸田，寄書與子武，道歉唁慰，數月之久，音問勘通。嗟乎！人以愛子託我，竟使中道淪喪，駿材未展，賚志以沒，我亦深为抱痛。誰知子武順受天命，熱心改革，不以葆榮之死为哀，而反以為榮焉，其見識高遠，迥非恒流之所及也。蓋子武世情練達，經學淵博，不但主講經筵为聯方穆族所敬仰，而且名列紳董，好義急公，東川衆姓莫不服其正直，而資其蔭庇焉。茲者葆榮靈櫬已遷厝祖塋，予對於存者、殁者多有抱歉之處，爰舉捐軀大概，略叙顛末，垂諸貞珉，以盡悃愊。嗚呼！泡影露電，人生皆然。九京重泉，誰能免此。長松挺秀，芝草茁靈；幽幽忠魂，同茲不朽。

　　　四等文虎章、嘉禾章陸軍中將銜少將前隴東遊擊統領兼援陝第一路司令馬錫武泐石
　　　第三屆試驗及格任用縣知事第七方面軍總指揮部軍法官署理固原縣縣長安慶豐校正
　　　一等金色章前任张掖縣縣長張纘緒書丹
　　　安肅道道尹公署諮議固原縣牛痘局局長李文輝篆盖
　　　中華民國十七年元下浣吉立
　　　寧縣石生蓮、天水羅萬倉刻字

七八、民国 重修东岳庙碑记

民国二十一年（一九三二年）

一九七九年固原县（今原州区）东岳山征集

国家三级文物

现藏宁夏固原博物馆

东岳庙碑记1件，青石质。碑呈长方形，长123厘米，宽64米。阴刻楷书碑文32行，行满12字。

**78-1 民國 重修東嶽廟碑記**

78-2 民國 重修東嶽廟碑記〔拓片〕

**碑文**

　　廟不建，民靡所祈福；善不彰，人無由觀感。固原東嶽山絕頂舊日崇奉無量祖師、聖父聖母。靈官各殿臺下左右前後，廟宇林立，神極感應，創建已無所稽。明清重修再再，碑記尚存。庚申震災，倒存土坵。幸有練師曹嗣清提倡經營，多方勸募。局長錢應昌監工助款，勞怨不辭。賈生可德，捨財助力，奔走一切。新亦隨侍左右，勉效一得。更有許多善士，樂施巨款，絡繹不絕。是以僅及五年，所有故址，均已復興。雖不及昔日之輪奐輝煌，而□神有憑依，民所祈禱，亦□□固原之一盛舉。爰爲之記。□□不朽云爾。拔貢趙生新□□。

　　……

　　民國壬申小陽上□□□□

七九、民国 甘肃省第二区保安第一大队第一中队队长在德王公（思举）德政碑

现藏宁夏固原博物馆

国家三级文物

一九八七年固原县（今原州区）城内征集

民国二十八年（一九三九年）

王思举德政碑1件，青石质。长166厘米，宽33厘米，厚11厘米。弧形碑首，额题阴刻篆书"惠及回民"四字。额题两侧浮雕双龙，两首相对。碑身呈长方形，边缘四周饰回纹。阴刻楷书碑文20行，行满43字。

79-1 民國 甘肅省第二區保安第一大隊第一中隊隊長在德王公（思舉）德政碑

79-2 民國 甘肅省第二區保安第一大隊第一中隊隊長在德王公（思舉）德政碑（碑陰）

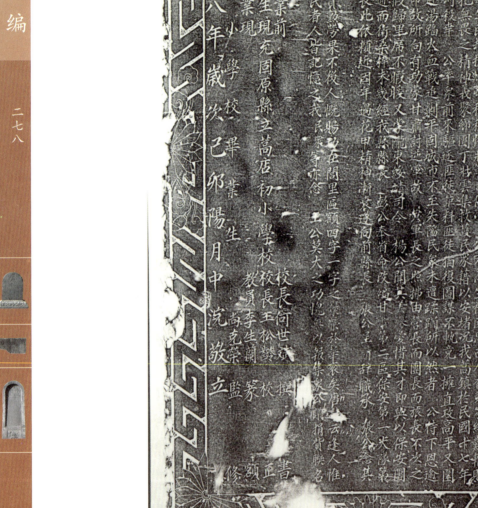

79-3　民國　甘肅省第二區保安第一大隊第一中隊隊長在德王公（思舉）德政碑（碑阳拓片）

**碑文**

甘肃省第二区保安第一大队第一中队队长在德王公德政碑

礼曰：太上贵德，其次立功，其次立言。以功论我王公之事略，可以记矣！公讳思举，在德，其字也。其先西蜀人，寄籍甘肃固原。幼而岐嶷，壮岁从戎，勇冠三军。继而回籍经商，虽居市廛而气宇轩昂，志向不凡。忽民国十五年冯军东下，西北匪氛蜂起，荼毒生民，劫掠乡村，种种惨状，触目伤心。公不忍坐视，因思古人有毁家纾难、输财助边者，于是弃商业，筹巨资，抱无畏之精神，义聚乡团丁壮，云集救护，民众藉以安堵。况我蒿镇于民国十七年六月初二日匪众突来，焚烧劫杀。幸公率众前来，驱逐匪徒。讵料匪徒犹复图谋不轨，竟一拥直攻高平，又围固原。均经王公奋不顾身，赴汤蹈火，血战追剿，平固城市不至失陷，民众未遭蹂躏。所以然者，公待下恩逾挟纩，甘苦与共，士卒感激用命，故所向有功。蒙甘肃讨逆军故黄军长之照拂，由营长而团长而旅长，不次之拔擢，非人力不至于此。后告假归里，席不暇暖。又蒙陇东绥靖司令杨公，闻其美誉，爱惜其才，即与以保安团之职，驻守本土，以资保护交通，而卫桑梓。未几，经我县县长彭公奉省命，改编甘肃第二区保安第一大队第一中队队长，仍命驻扎原地，长此依赖。近因年过花甲，精神渐衰，遂向前县长张公呈请辞职。承张公念其急公忘私，成绩卓著，转呈甘肃省政府朱主席循名核实，勋劳果不后人。慨赐"功在闾里"匾额四字。一字之褒，荣于华衮矣。唐诗云："逢人惟说岘山碑。"古之名将，泽润生民者，人皆记忆之。我民众等亦念王公莫大之功，愧无以报，集众公议，捐资联名，勒诸贞珉，永垂不朽云。

固原高级学校毕业前　　　校长何世斌　撰书
前清陕西蒲城附生现充固原县立蒿店初级小学校校长王松龄　校正
固原高级学校毕业现　　　教员李生兰　篆额
宁县高级小学校毕业生尚克荣　监修
中华民国二十八年岁次己卯阳月中浣　敬立

八〇、读道德经诗碑

一九九六年隆德县白象山寺庙址出土
国家三级文物
现藏隆德县文物管理所

读道德经诗碑1件，青石质。碑呈长方形，残长51厘米，宽61厘米，厚13.5厘米。边缘四周双线内阴刻卷草纹。楷书碑文8行，满行12字。

**碑文**

讀道德經詩

太白山人張齊物

白首太白叟，西游未返轅。偶爾訪真館，灑然遺世煩。閑偷一兩刻，志讀五千言。不離恍惚象，直見混沌根。中間誰氏子，號曰象帝尊。鑿我九竅開，誘我萬緒繁。風雨運□□，……

讀道德經詩

太白山人張□□

讀道德經詩

白首太白叟西游未返轅偶

爾访

真館瀄然遺世煩開倫一兩刻志

讀五千言不離恍惚象直見混

沌根中間誰氏子號曰象帝尊

鑿我九竅開誘我萬緒繁風雨運

**80　讀道德經詩碑（拓片）**

# 后 记

　　固原作为一个历史古镇，由于所处地理位置的特殊、所经历史时间的久远，自然也就会留下丰富、复杂的历史文化积淀。仅我馆收藏的从前秦建元十六年（380年）至清末光绪三十四年（1908年）间历代近30合墓志、墓碑，保留了历史文化等方面的诸多信息。比如就其内容、文辞而言，也可看出墓志由选料制作到定型，再由滥而衷的全部发展演变的过程。以前发表的只是北朝、隋唐时期的一部分，而且都是随墓葬发掘简报分散发表的，要作专门的一个门类研究时检阅极不方便。这次我们连同不曾发表的各个时代墓志、墓碑重新整理、校对后集中成集出版，就是想提供一个较全面、系统的本子，供学界研究使用。

　　在整理中，又觉得另一些碑碣、石刻所记载的事件内容，在一定意义上都分别从不同角度反映了固原地区不同时期政治、军事、经济、文化以至于社会风尚、民族民俗等方面的情况，所以一并收录，共成一集。

　　我们的点校原则：

　　一、碑石、拓片较为完整的，逐字、逐句一一校对。

　　1. 遇到个别因残损而无法辨认的字用"□"表示。

　　2. 对书写工整，但查不出读音的字依样照录，在其后加"※"表示；对于查不到现在通用体的字依样照录，在其后依《康熙字典》《说文解字注》原注反切法用汉语拼音注音。

　　3. 对原志文中明显地属掉丢的、依上下文意能补上的字，加（）表示；根据志文中句式结构、文意，觉得丢掉数字，但无法补上具体文字的，用"□□□"表示。

二、对碑石残损严重，文字无法缀读成句的，依残存现状录文，不作断句。

三、收录仅有存文，但已无碑，无拓片可校对的碑文，依原载照录，未作点校。

这本集子，我们觉得具有原始资料的性质，一旦有错，会影响到使用者的思路，甚至更严重，所以尽最大努力配上了拓片、原碑的照片，好让研究者、使用者能有参校的原本，自己校准，尽量减少不必要的错误，也可及时为我们指正。

但愿我们的努力能对文博事业、文博工作者有所裨益。套句古碑上的话：余愿与贤有司共勖之。

本书承蒙宁夏文化厅副厅长陶雨芳在百忙中给予极大的支持。宁夏人民出版社社长、总编辑杨宏峰为本书出版不仅大力支持且多方关照。宁夏文物考古研究所所长、研究馆员罗丰，策划了本书的编辑，并提出了指导性意见。原宁夏博物馆馆长、学界前辈文博考古专家钟侃先生审阅了书稿，宏观把握，微观斧正，不辞辛劳，并作序给予了鼓励。宁夏师范学院学报主编、教授方建春反复审阅初稿且做了大量工作。在此谨深表诚挚的谢意。

在碑刻搜集、整理、拍照过程中，我们得到了彭阳县文物管理所、泾源县文物管理所、隆德县文物管理所、原州区文物管理所、西吉县钱币博物馆、海原县文物管理所、青铜峡文物管理所领导及同行们的大力支持和无私协助。宁夏人民出版社设计部主任吴海燕、冯艳青，宁夏人民出版社编审龙城顺先生及责任编辑吕棣女士为本书的出版花费了不少心血，不辞辛劳，审阅书稿，使《固原历代碑刻选编》一书以崭新的面貌与世人见面。

在此，特向为本书的出版付出辛劳的人们一并表示衷心的感谢！

由于时间仓促、水平所限，错误和疏漏在所难免，敬请学界专家、同仁提出宝贵意见。

编　者
2009年9月